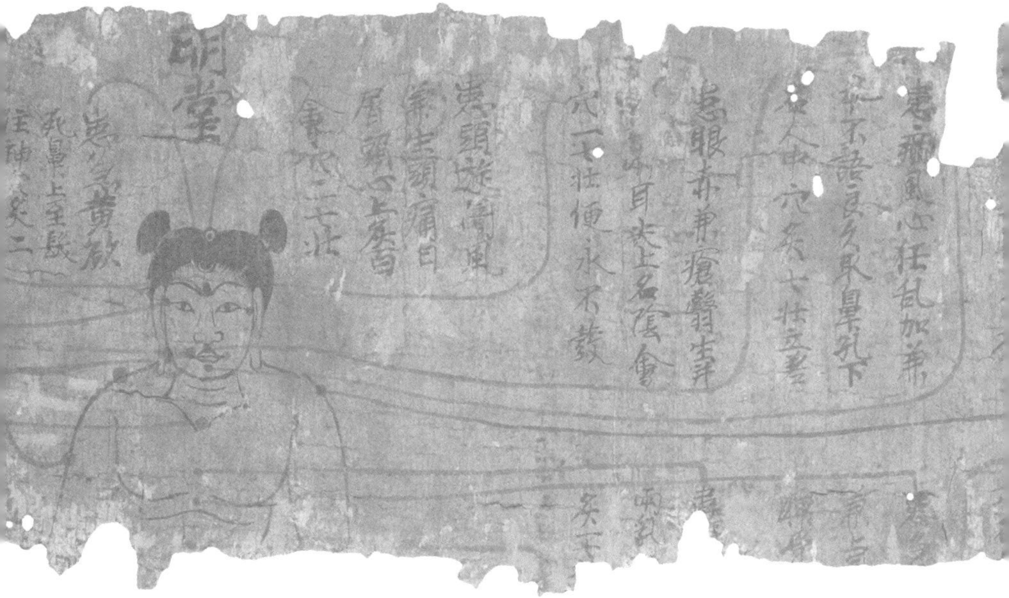

王亚丽　著

敦煌写本医籍与日本汉籍比较研究

上海古籍出版社

图书在版编目(CIP)数据

敦煌写本医籍与日本汉籍比较研究 / 王亚丽著. —
上海：上海古籍出版社，2022.10
ISBN 978-7-5732-0317-5

Ⅰ.①敦… Ⅱ.①王… Ⅲ.①敦煌学—中医典籍—研究②汉语—中医典籍—研究—日本 Ⅳ.①K870.64 ②R2—5

中国版本图书馆 CIP 数据核字(2022)第 107551 号

敦煌写本医籍与日本汉籍比较研究

王亚丽　著

上海古籍出版社出版发行

(上海市闵行区号景路 159 弄 1—5 号 A 座 5F　邮政编码 201101)

(1)网址：www.guji.com.cn

(2)E-mail：guji1@guji.com.cn

(3)易文网网址：www.ewen.co

上海商务联西印刷有限公司印刷

开本 890×1240　1/32　印张 15.5　插页 2　字数 389,000

2022 年 10 月第 1 版　2022 年 10 月第 1 次印刷

ISBN 978-7-5732-0317-5

K·3177　定价：78.00 元

凡　　例

一、文中所引敦煌文献，一般据《英藏敦煌文献》《法藏敦煌西域文献》《俄藏敦煌文献》《敦煌宝藏》等。藏于英国国家图书馆的敦煌文献，用 M. A. Stein 之名编号的，简称 S。藏于法国巴黎国家图书馆的敦煌文献，用 P. Pelliot 之名编号的，简称 P。俄藏敦煌文献以对之进行整理编目研究的学者 K·K·弗鲁格名字的缩写字母 ф 或以敦煌两字译音的缩写字母 Дx 作为编目代号。文中涉及敦煌文献编号均用其简称。

二、在敦煌写卷编号之前加的标题，原卷有标题的使用原卷标题，原卷无标题的，为方便使用和照顾习惯等原因，未重新拟题，多参照使用丛春雨先生《敦煌中医药全书》中的标题。

三、引录敦煌写卷原文时，缺少或模糊不清用“□”表示；缺少或难以辨识有几字用几个“□”；不能确定具体字数的均用“▨”表示；缺字根据上下文文意、异本补出，用[　]括出；假借字、错讹字用(　)括出，用[　]补出正字。

四、文中引用敦煌写卷标明卷号，引用其他文献用脚注形式标注征引文献的具体页码。不便标注具体页码的，在脚注或文后参考文献中列出版本来源。

五、引录文献原文时，除特殊需求，诸如解说该俗体、繁体，或者没有对应的简化字等保留原形体外，其余均改作对应简化字。

六、为求行文简洁，文中引用前贤时修之说，若直书其名，未赘先生等字样，敬慕未减。

目　录

第一章　敦煌写本医籍简介

敦煌写本医籍是指发现于敦煌莫高窟石室中的中医药古文献，包括专门的医药文献及内容与医药相关的写卷，是我国已知出土医学卷子中数量最丰富的古医籍。作品时间从先秦到宋代，大多为南北朝以后的隋唐时期所著，计 150 多种。抄写年代为南北朝至宋，其中唐代写本最多。

国外收藏的敦煌写卷有英国藏斯坦因所获的万余种卷子，用 M. A. Stein 之名编号，简称 S 或斯。其中与医药相关的卷子有 51 种，分别为：《食疗本草》(S. 76)、《疗胸痹心痛医方残卷》(S. 79)、《脉诊法残卷》(S. 181)、《伤寒论·辨脉法》(S. 202)、《〈伍子胥变文〉中的药名诗》(S. 328)、《茶酒论》(S. 406、S. 5774)、《治病药名文书第一种》(S. 1467V)、《治病药名文书第二种》(S. 1467)、《〈阴阳书〉中有关病症与药名摘录》(S. 1468)、《〈佚类书·医卜〉医家董奉郭玉传》(S. 2072)、《绝谷仙方》(S. 2438)、《杂证方书第一种》(S. 3347)、《简便医方方书》(S. 3395)、《〈救诸众生苦难经〉中的十种死病一》(S. 3417)、《美容方书》(S. 4329)、《求子方书》(S. 4433)、《新修本草·果部、菜部、米部等》(S. 4534)、《〈百一物本〉中的医用药品》(S. 4636)、《〈佛说痔病经〉中的病名》(S. 5379)、《杂证方书第二种》(S. 5435)、《佛家神妙补心丸》(S. 5598)、《张仲景〈五脏论〉一卷》(S. 5614)、《〈平脉略例〉一卷》(S. 5614、S. 6245)、《五脏脉候阴阳相乘法》(S. 5614、S. 6245)、《占五脏声色源候》(S. 5614、S. 6245)、《〈类书〉上残存的医学术语》(S. 5725)、《灸经明堂》(S. 5737)、《残辟谷方》(S. 5795)、《残本草》(S. 5968)、《某僧向大德乞药状》(S. 5901)、《陵阳禁方残卷》(S. 6030)、《服食养生方书》(S. 6052)、《无名方书目录》(S. 6084)、《佛家香浴方》(S. 6107)、《灸法图》(S. 6168、S. 6262)、《妇科单药方书》(S. 6177)、《病症残卷》(S. 8289)、《王叔和脉经残卷》(S. 8289)、《病症和病名残卷》(S. 9431)、《〈新修本草·果部〉残卷》(S. 9434)、《病症残卷》(S. 9443)、《五石药方残卷》(S. 9936、S. 11363)、《药方残卷》(S. 9987)、《备急单验药方残卷》(S. 9987B_2V)、《脉诊症候残卷》(S. 10527)。

法国所藏为伯希和所获万余种卷子,用 P. Pelliot 之名编号,简称 P 或伯,其中与医药相关的卷子有 51 种。分别为:《张仲景〈五脏论〉一卷》(P. 2115、P. 2378、P. 2755)、《〈平脉略例〉一卷》(P. 2115)、《治病所须》(P. 2215)、《抛暗号》(P. 2305)、《天地阴阳交欢大乐赋》(P. 2539)、《杂证方书第三种》(P. 2565)、《王宗无忌单方》(P. 2635)、《佛家辟谷方》(P. 2637、P. 2703)、《杂证方书第四种》(P. 2662)、《杂证方书第五种》(P. 2662V)、《佛家医方》(P. 2665)、《单药方》(P. 2666)、《新集备急灸经》(P. 2675)、《茶酒论》(P. 2718、P. 2875)、《〈伍子胥变文〉中的药名诗》(P. 2794)、《杂证方书第六种》(P. 2882)、《〈劝善经〉中有关的七种死病一》(P. 3036)、《服气休粮及妙香丸子方》(P. 3043)、《道家合和金丹法》(P. 3093)、《杂证方书第七种》(P. 3144)、《脚气、疟病方书》(P. 3201)、《佛家香浴方》(P. 3230)、《佛家养生方》(P. 3244)、《人神日忌》(P. 3247)、《素问·三部九候论》(P. 3287)、《伤寒论·伤寒例》(P. 3287)、《不知名氏辨脉法》之一(P. 3287)、《伤寒论·辨脉法》(P. 3287)、《不知名氏辨脉法》之二(P. 3287)、《杂疗病药方》(P. 3378)、《〈玄感脉经〉一卷》(P. 3477)、《灵枢·邪气脏腑病形》(P. 3481)、《杂证方书第八种》(P. 3596)、《明堂五脏论》(P. 3655)、《七表八里三部脉》(P. 3655)、《青乌子脉诀》(P. 3655)、《新修本草·草部》(P. 3714)、《杂证方书第九种》(P. 3731)、《佛家语喻医方》(P. 3777)、《呼吸静功妙诀》(P. 3810)、《〈新修本草·菜部〉残卷》

(P. 3822)、《杂证方书第十种》(P. 3885)、《佛家疗病催产方》(P. 3916)、《头、目、产病方书》(P. 3930)、《黑帝要略方》(P. 3960)、《道家养生方》(P. 4038)、《医方残片》(P. 5549)。

俄罗斯所藏为奥登堡所获的近两万卷,以对之进行整理编目研究的学者兼收藏家 K·K·弗鲁格名字的缩写字母 ф 或以敦煌两字译音的缩写字母 Дх 作为编目代号。其中与医药相关的卷子46种,与英藏、法藏相较残损更多,内容总量不及英藏、法藏。分别为:《服药咒》(ф281)、《钟乳散方》(ф356)、《除咳逆短气方及专中丸方》(ф356V)、《〈针灸甲乙经〉节选充实残本一》(Дх00235)、《〈针灸甲乙经〉节选充实残本二》(Дх00239)、《驱祟方》(Дх00506V)、《〈黄帝内经〉〈难经〉摘录注本》(Дх00613)、《妇科秘方》(Дх00924)、《天宰鬼镜图并推病得日法》(Дх01258)、《妇科医方残片》(Дх01295)、《张仲景〈五脏论〉》(Дх01325)、《黄帝内经残卷一》(Дх02683)、《医卜书一》(Дх02800)、《蒙学字书》(Дх02822)、《脉经残卷》(Дх02869A)、《医方残片一》(Дх02999)、《医方残片二》(Дх03058)、《〈针灸甲乙经〉节选充实残本三》(Дх03070)、《医卜书二》(Дх03183)、《推得病日法残片》(Дх04253)、《妇科医方残片》(Дх04437)、《〈救诸众生苦难经〉中的十种死病二》(Дх04537V)、《残存阿胶等药物医方》(Дх04679)、《习字残片中的身体部位及病名》(Дх04907)、《〈劝善经〉中有关的七种死病二》(Дх04942)、《妇人产后病医方》(Дх04996)、《喉咽疾病残片》(Дх05457)、《道家丹方》(Дх06057)、《〈脉经〉节选》(Дх08644)、《鬼疰心痛方》(Дх09170)、《三种枉死及服药时间》(Дх09178)、《阴阳五行学说残片》(Дх09882)、《本草经集注·序录上残片》(Дх09882V)、《八术》(Дх09888、Дх09888V)、《五败十绝》(Дх09935、Дх09936、Дх10092)、《治上气咳嗽等病医方》(Дх10298)、《黄帝内经残卷二》(Дх11074)、《五气不足》(Дх12495R、Дх12495V)、《黄帝内经素问》(Дх17453)、《医书杂抄》(Дх18165R、Дх18165V)、《佛家医书》(Дх18173)。

日本保存与医药相关文书的有龙谷大学和天理大学等图书馆以及个别私人收藏。龙谷大学藏有《本草经集注・序录》(龙530),天理大学藏有残卷一片,羽田亨藏有《新修本草・序》《换须发方》《药方》《占病书断》等。

国内收藏最多的是北京图书馆,甘肃、上海、天津等地也有若干卷子收藏,台湾地区也有部分收藏,总计有三十多家单位收藏有敦煌文献。另有私人保存若干篇,就目前已公布的来看,与医药相关的文献只有不多的几篇,有罗振玉收藏的《疗服石方》及《搜神记》(罗氏017),另有张偓南家藏《辅行诀脏腑用药法要》等。

敦煌写本医籍简要叙录及敦煌写本医籍研究概况详见拙著《敦煌写本医籍语言研究》,①此处不再赘述。敦煌写本医籍或为书目未见史籍载述,内容散见于传世各书;或为书目及内容均未见史籍载述;或为史籍载其目,内容为传世医籍征引,但原书已佚。敦煌写本中还有珍贵的藏文和于阗文写本医药学著作。出土文献具有传世文献不可比拟的文献真实性和研究价值,为古医籍的校勘和辑佚工作提供了重要资料,也为语言文化研究提供了宝贵资料。

① 王亚丽:《敦煌写本医籍语言研究》,中央民族大学出版社,2017年。

第二章 日本汉籍简介

第一节 中医东传日本

地域与地域，民族与民族，只要存在接触，文化的交流、碰撞、融合势所难免。中国和日本作为一衣带水的邻邦，在物质文化、制度文化、精神文化等方面互渗交融，源远流长。相较日本，中华文明开化更早，历史上，汉文化强势进入，对日本本土的和文化的冲击和碰撞，使日本文化深受影响，日本文化呈现出新的特点，展现出前所未有的新面貌。在日本文化史中，不难看到汉文化在异域行走和生存发展的踪迹。宗教、音乐、舞蹈、科技等都可能成为文化的载体形式，中医是技术，也是一种文化积淀，同时又是其他多种文化的承载体。中医传入日本，作为技术传入，同时也作为文化载体传入。这一点，和中医西传西方国家有所不同，中医传到西方，鲜有作为医学技术引进的，更多的是作为一种异域文化西传。下面以中医传入日本的发展轨迹为例，管窥文化的异域生存。

一、中医东传日本的历程

《史记·秦始皇本纪》有徐市东渡的记载。秦始皇二十八年

(公元前 219 年),“齐人徐市等上书,[①]言海中有三神山,名曰蓬莱、方丈、瀛洲,仙人居之。请得斋戒,与童男女求之,于是遣徐市发童男女数千人,入海求仙人”。[②] 蓬莱、方丈、瀛洲为神话传说中的仙人居处,有考据为日本,也有其他处所之说。如果徐市东渡的地方不能确定为日本,那公元前中日之间有否交往,这个就不能作为实据。但据日本富士川游《日本医学史》,在日本孝灵天皇时代,中国秦朝徐福去日本求仙药,求而不得,遂留居,还带去百工技艺和医方。[③] 在日本的弥生时代中后期,中日之间的交往频繁,已是共识。《后汉书·东夷传》:“倭在韩东南大海中,依山岛为居,凡百余国。自武帝灭朝鲜,使驿通于汉者三十许国。”“建武中元二年,倭奴国奉贡朝贺,使人自称大夫,倭国之极南界也。光武赐以印绶。安帝永初元年,倭国王帅升等献生口百六十人,愿请见。”[④]《三国志·魏志·东夷传》中有记载:“倭人在带方东南大海之中,依山岛为国邑。旧百余国,汉时有朝见者,今使译所通三十国。”“景初二年六月,倭女王遣大夫难升米等诣郡,求诣天子朝献,太守刘夏遣吏将送诣京都。”[⑤]当时日本总称为“倭”,分成许多小国,与汉朝互遣使者、互赠礼物在上述两书中多有记载,不过其中记述大多简略,也并无医药交流的记载。据日本安万侣所著史书《古事记》记载:“天皇初将即位的时候,辞不就,说道:‘我长有疾病,不能即帝位。’但自皇后以至诸卿固请,因遂治理天下。其时新罗国王进贡物八十一艘,贡使名为金波镇汉纪武。此人深知药方,遂治愈

---

① 张守节《史记正义》为徐福东渡,正义引《括地志》云:“亶洲在东海中,秦始皇使徐福将童男女入海求仙人。”参见《史记》,中华书局,1959 年,第 248 页。

② 《史记》,第 247 页。

③ [日]富士川游:《日本医学史》,(东京)日新书院,1941 年,第 26 页。

④ 《后汉书》卷第八五,中华书局,1965 年,第 2820—2821 页。

⑤ 《三国志》卷三〇,中华书局,1959 年,第 854—857 页。

天皇的疾病。”[①]这是有史可考的中医传到日本的最早记录，只不过是机缘巧合般由朝鲜新罗官位为波镇汉纪、姓名为金武的人携入医学技术，为允恭天皇治好病。允恭天皇在位时间为 412—453 年，因而这是发生在公元 5 世纪的事情。据此认为，中医大约在 5 世纪从朝鲜传入日本，此后，在中国医学直接大量传入之前，源于中医的“韩方”盛行日本。

据富士川游《日本医学史》，日本钦明天皇（538—571）在位期间，吴人知聪于 562 年携带医书、明堂图等到日本入籍，是中医直接传入日本的较早的文献记载。此后，日本医家来中国学习医学并带回医籍就多见于文献记载了。7 世纪日本医家惠日、福因来中国学习，带回《诸病源候论》《千金方》等医书，回到日本后传播中医理论，开展医疗活动。[②] 隋朝之后，中日两国人民交往日益密切，中医大量输入日本，截至明治维新时期，中国医学已成为日本医学的主流。日本原有的民族医方“和方”与从朝鲜传来的“韩方”逐渐被中医所取代。但日本并不是纯粹照搬中医，正如韩方源于中医但又小别于中医一样。中医进入日本之后，日本人民根据本民族的特点，在学术、临床以及行政管理等环节全面接受中医药，并加以改进，经过充分消化吸收，逐渐创造了符合日本国情、具有民族特点的拥有独立体系的日本汉方医学，即日本化的中医。汉方医学在医学的基本理论或临床实践方面，与中医有着一定的差别。汉方医学的得名，是江户时代为与从欧洲传入的兰方医学以及日本自有的和方医学相区别，将源自中医的医学称为汉方医学。明治维新时代，汉方医学一度被禁止，民间将其改称皇汉医学。日本二战战败之后，全面肃清军国主义的文化印迹，皇汉医学又改称汉方医学。

---

① ［日］安万侣著，周作人译：《古事记》，中国对外翻译出版公司，2001 年，第 149 页。

② ［日］富士川游：《日本医学史》，第 31 页。

15世纪以后，日本汉方医学界形成以中国金元医学占主导地位的后世方派和推崇张仲景医学的古方派以及主张两者调和的折中派。不管哪种派别，都以中医的某种医学观点为宗。派别之间的学术争鸣，促进了汉方医学的迅速发展，也是汉方医学发展鼎盛的一种体现。江户时代，17世纪前后，西医荷兰医学传入日本，以杉田玄白为代表的日本兰学家提出实证第一的观点，他们认同西方的解剖学，看到了西医临床上的有效性。相比于中医疗法的缓慢效果，西医因疗效"立竿见影"而得到了民众的广泛认同，同时又得到日本政府的提倡和支持，故以迅猛之势发展起来。彼时，清代中国的闭关锁国、止步不前，导致国势渐衰，成了日本的反面教材。日本崇尚西方文化，采取富国强兵之策，质疑汉学也是时势所趋。在这样的背景下，到明治时期，汉方医学被排挤甚至遭到取缔，西方医学取代汉方医学成为医学主流。

20世纪以来，国际上关注中医的国家越来越多，西医化学药剂的副作用等也让更多的人认识和反思，转而重新评价汉方医学。通过三浦谨之助、山下顺一郎、汤本求真等学者以及汉医世家后裔的努力，汉方医学在日本得到某种程度的复兴。20世纪70年代以后，汉方医学又得到官方关注，社会地位有所提高，虽临床使用中汉方药日益增加，但很大程度上依然只在保健、医疗方面民众的认可度更高。政府也有所作为，主要表现将汉方制剂将定为保险制剂在全国通用，政府投资建立汉方研究机构等。在汉方药的开发利用上，技术也日益先进，甚至在某些技术上超越中国。

二、中医东传日本的传播形式

因为日本和中国的近邻关系，人员流动更为便捷，历史上，中日人员往来的记载很多，这种人员的自然流动过程，必然带来文化的交流融合。中医东传日本，除了以人员自然流动为通道的传播形式，还有以下一些传播形式和特点。

(一)以汉籍流布为通道的传播形式

由于日本5世纪之前的历史记载较模糊,相对于历史悠久的中华文明,日本开化较晚,因而对外来文化的吸收少有阻力。随着中日之间的交通日益发达,隋唐时期中国书籍大量流入日本,据藤原佐世奉敕在宽平五年(893)所撰的《日本国见在书目录》,其中有医书166部,1309卷。① 现图书已不存。中日两国在中医药学交流方面具有悠久的历史,在过去的年代里,大量中国中医古籍传到日本,现在日本汉方医籍的藏书量仅次于中国。中医书籍传入日本对中日医学交流和日本汉方医学的发展发挥了巨大作用。茅元仪《武备志》卷二三一"古书"条下,记录其日本购书嗜好:"五经则重《书》《礼》,而忽《易》《诗》《春秋》;四书则重《论语》《学》《庸》,而恶《孟子》;重佛经,无道经;若古医书,每见必买,重医故也。"②

不仅从中国传入大量汉籍,日本从中世纪开始模仿中国国内刻印典籍的习惯与形式翻刻中国文献典籍,这类汉籍被称为和刻汉籍。最初主要是寺庙刻书,德川幕府时期官版才兴起,江户时代私人刊印汉籍渐多。这一时期,书铺、刻本满街,上至皇室,下至商贾,都热衷于翻刻汉籍事业。汉文化也藉此不断传入日本,并日益深入,对日本经历数百年动乱之后的文化繁盛也起了重要作用。日本是除中国本国之外,翻刻中国典籍数量最多的国家。和刻本汉籍是中国古代文献在日本流传的一种特殊形式,它构成了我国典籍在国外传播与保存的一个特殊系统。因为这些和刻本,中国典籍得以流传后世,保存至今,形成独特的文化异域生存形式。

和刻汉籍中,宋元本中国典籍的复刻本最多,其次为明初刻本。除佛典外,经、史、子、集均有,当然医书也在其列。如1528年

---

① [日]藤原佐世:《日本国见在书目录》(《本朝現在書目録》),《古逸丛书》之十九,影旧抄本《日本国见在书目录》,黎庶昌校勘,黎庶昌刊于日本东京使署,第37—42页。

② 茅元仪:《武备志》卷二三一,《续修四库全书》本,第250页。

以明成化三年(1467)熊氏种德堂刊本《新编名方类证医书大全》为摹写底本翻刻的《医书大全》。据日本真柳诚《日本江户时期传入的医书及其和刻》,江户时期,日本翻刻医书有 314 种之多。① 翻刻医书是有选择性的,据真柳诚的研究,江户时代传入日本的医书有 804 种之多,却仅翻刻了其中的 314 种。② 很显然,日本是从自身角度有选择性地翻刻、接受汉籍医书。

(二)日本人用汉字撰著医书

除了翻刻汉籍,日本人还用汉字撰著。用汉字撰写医书的有平安朝前期的《金兰方》50 卷,已佚。日本针博士丹波康赖(912—995)于永观二年(984)撰成日本现存最古老的医书《医心方》30 卷。③ 该书内容广泛,涉及医学的各个领域,乃至于养生、房中,集当时日本汉医之大成。书中内容主要辑自中国隋唐前的医书,引用隋唐医书 200 余种,引用的医书一部分已经亡佚,但在此书中还得见一斑,故本书有很高的文献价值。日本现存版本有半井氏家藏版、安政本、仁和寺残本、1909 年浅仓屋本等。

日本平安朝时代所著汉文医书就已不少,但大多已佚,如康赖的曾孙丹波雅忠(1021—1088)根据康赖所遗漏的隋唐医书,撰成《医心方拾遗》20 卷,已佚;物部广泉于 824 年左右撰《摄养要诀》20 卷,为养生专书,比《医心方》约早 159 年,也已亡佚。尽管如此,日本人所著汉文医书现存的仍然不少,除了前面提到的《医心方》,还有和气广世的《药经太素》、深江辅仁的《本草和名》、丹波康赖的《康赖本草》、丹波雅忠的《医略抄》、释莲基的《长生疗养方》、

① [日]真柳诚:《日本江户时期传入的中国医书及其和刻》,《中国科技史料》2002 年第 3 期,第 232—254 页。

② 同上。

③ [日]丹波康赖:《医心方》,东京国立博物馆藏半井家本。又参影印浅仓屋本,人民卫生出版社,1955 年,第 1—3 页。

具平亲王的《弘决外典钞》等。①

日本人撰著的这些汉文医书，也多据中国医籍，如《医心方》分类方式依据《千金方》等；深江辅仁《本草和名》收载药物 1025 种，卷目次序据《新修本草》，引用唐以前的本草方书 30 余部。②

之后的镰仓时代（1186—1331），汉学逐渐衰微，但佛教兴隆，撰著汉文医书的僧医不少，这些僧医用日文撰著医书，也用汉文撰著了不少有代表性的医书。如僧医梶原性全，于 1313 年用汉文写成《万安方》62 卷。

三、从中医东传日本看文化的异域生存

回顾中医东传日本的发展轨迹，和大多文化交流的通道一样，主要是通过人员流动、书籍流布、商业活动等方式展开的。但因为中日的邻邦关系和文化交流的源远流长以及文明开化程度的差异，也呈现出中日文化交流的独特特点。

（一）长久历史渊源的文化交流使民众对异质文化认同度高

中日因为邻邦关系，源远流长的文化交流历史，使汉文化深深影响了日本本土文化。日本本土文化一边吸收、接纳、借鉴汉文化，一边融入自己的民族和地域特点，发展成具有新特点的文化形式，但发展的原则总是倾向于具有优势的文化一方。在与异质文化的较量中，具有明显优势的一方更容易被另一方接纳吸收，传播得也更为迅速，处于劣势的一方甚而会积极主动吸收接纳更为优势的异质文化。如中医在日本发展成了一支具有独特特点的学术派系。

（二）官方的认可与否决定异质文化的沉浮

从汉方医学的历史沉浮，我们也可以看到，官方的态度对异质

① 陈存仁编撰：《皇汉医学丛书》，（台北）新文丰出版公司，2015 年。
② ［日］深江辅仁：《本草和名》，早稻田大学图书馆藏影印本，第 1 页。

文化的生存状态具有至关重要的作用。由于日本平安朝等时代，官方对汉学的重视，贵族对汉文化的推崇，佛教僧侣对汉文化的重视，因而整个社会对汉文化的热衷也达到了前所未有的程度，因而才会有大量用汉字撰著汉籍的现象出现。这些汉籍有的依据汉籍相关体例，有的大量征引汉籍内容，从这些我们可以看出这些撰著者对中国文献典籍的熟稔，熟稔到可以自如地引经据典，且引经据典的数量之大也令人惊讶。

（三）异质文化强势与否决定其被接受度

政治、经济、文化从来都不是独立的，而是紧密相关的。强势的政治、经济条件，必然会推进文化的强势传播。中医作为中华文明的传统文化精粹，在中国古代国势最鼎盛的隋唐时期，以压倒性优势传入日本，然后被接纳吸收。日本结合本土特点作适合本土地域的调适，因为对中医的全面吸收，在最后形成的汉方医学中，本土地域的成分都明显弱于中医。大量翻刻汉籍和用汉字撰著书籍，可以明显看出汉文化的接受程度之深、之广。在文化交流中，达到这样的接受程度是少而不易的。晚清国势衰颓，汉方医学在日本生存维艰，被强势文化代表之一的西医所排挤和替代。

（四）宗教对于异质文化传播有着重要作用

隋唐时期中医大量传入日本之后，日本的医事制度多仿唐制，多依大宝令。但在实际的行医活动中，除了官方行为，佛教传入后的奈良时代，为祓除疾病灾厄，僧尼不仅祈祷，还建立施药院、疗病院等机构。在之后的镰仓时代，僧侣把持世俗文化话语权，这一时期僧医数量多，成就也大。在中日的宗教交流活动，医学也以宗教为载体流动。

除了人口自然流动、书籍流布、宗教载体，当今文化传播的最大特点是积极主动地送出去、引进来的政府参与行为，文化的流动更快更广也更深入。政治、经济之外的软实力，文化实力也算其中的一种。文化的融合可以削弱、消除种族、民族、地域的隔阂。文化实力可以是源远流长的文化积淀，也可以是伴随政治、经济的强盛而衍生的文化优势。对文化的异域生存问题的关注，可以更好地践行一带一路的战略构想，经济合作和文化取向也有着一定联系。如何得到最大程度的认同，也是值得深入探讨的问题。

第二节　日本汉文医籍及其他汉籍简介

一、日本医籍简介

（一）概述

从6世纪中叶中医传入日本，到奈良时代（710—794），日本基本完全接受了中国医学典籍及医疗方式。中国医籍源源不断地涌入日本，日本汉文医籍的数量累积到仅次于中国，据891年藤原佐世所编《日本国见在书目录》记载，当时日本官方所存中医药书籍已达163部1309卷。日本奈良时代和平安时代（794—1185），除了收藏中国汉文医籍，也用汉字撰著中国医籍。这里我们主要关注日本用汉字撰著的医籍，这样才能更好地比较日本汉文医籍和敦煌出土医籍二者的异同，这样的比较才更能看出中日文化的联系与区别。奈良时代之前的飞鸟时代（约593—710），撰著医书的记载甚少。参照敦煌医籍的时代，即中国的南北朝至宋初，因此这里主要关注日本奈良时代、平安时代撰著的医书，大致分医经、本草、医方、养生、外科、临床综合类等概述如下。

医经类。811年，小野藏根著有《太素经集注》（一名《集注太素》）30卷，出云广贞著有《难经开委》。均已佚。

本草类。779年，典药头兼大学头和气广世编纂《药经太素》两卷，收载药物200多种，其药物分草木、果菜、虫兽、玉石等部，分类方法类同唐代的《新修本草》。深江辅仁著有《本草和名》上、下两卷，以《新修本草》第3—20卷正文中的药物为主体，同时补充了各种《食经》及《本草稽疑》《本草拾遗》等书中的药物，总计收药

1025种，其中有850种采自《新修本草》。全书卷篇次第及各卷中药物的排列顺序均依照《新修本草》，每味药物记以正名、各种异名及出处，多数标记日本名称（和名），部分列出日本产地，个别简述功用主治。丹波康赖编著《康赖本草》2卷。《香要抄》为日本高僧兼意（号成莲房）参考《香字抄》所作，约成书于日本保元元年（1156）。丹波赖基撰有《药种功能抄》。前四种收入《续群书类从》，后一种已佚。

医方类。808年，安倍真直与出云广贞奉敕搜集散布民间的古传处方，编撰《大同类聚方》100卷，原文用日本古代的万叶假名及汉字书写，参考传入日本的中国医籍《黄帝内经》《针经》《脉经》《甲乙经》《小品方》《新修本草》等书而成的，原书亡佚，现行本为江户时代伪撰。870年之前，菅原岑嗣等人奉敕编撰《金兰方》50卷。918年深江辅仁撰有《掌中方》（一名《掌中要方》《掌中药方》）1卷。984年丹波康赖撰《医心方》30卷、《神遗众古秘方录》3卷。后有丹波雅忠《医心方拾遗》20卷、《医略抄》1卷、《神遗方》3卷、《青法略治》12卷。另外，还有和气常成《家庄方类》百卷、和气定盛《和药方》、和气定长《疗治方》。传至近世的只剩下丹波康赖的《医心方》、丹波雅忠的《医略抄》。此外，流传伪撰有《大同类聚方》《金兰方》和《神遗方》，其余皆佚。

养生类。物部广泉824年前后著有《摄养要诀》20卷，已佚。此外还有佚名《养生秘钞》1卷、918年深江辅仁撰《养生抄》7卷、和气纪业《延寿明经》百卷、1184年释莲基撰《长生疗养方》二卷，除最后一种外，其余皆已亡佚。

外科类。835年大村直福吉撰有《治疮记》。

其他类。源顺承平年间（931—938）编纂了日本最早的和汉辞典《和名类聚抄》，内有疾病部及香药部。藤原时平、藤原忠平主编完成的《延喜式》，是日本平安时代中期的法律实施细则，是当时律令政治的基本法。该书于延长五年（927）编纂完成，虽主要记载官制、礼仪等内容，但其中也涉及方剂名、药名等。另外还有佚名《医大同白知要论》百卷、丹波义济《勘细记》12 卷、丹波宪基《病源抄》、丹波知康《灸穴抄》、具平亲王《弘决外典钞》4 卷。传世的有《和名类聚抄》《延喜式》《弘决外典钞》,其余佚。

上述医书对中国医籍多有借鉴,有用汉字撰著,也有用假名撰著。用汉字撰著的医书有平安朝前期的《金兰方》50 卷,已佚。日本针博士丹波康赖(912—995)于日本永观二年(984)撰成医书《医心方》30 卷。内容广及医学的各个领域,乃至于养生、房中,集当时日本汉医之大成。书中内容主要辑自中国隋唐前的医书,引用隋唐医书 200 余种,引用的医书一部分已经亡佚,但在此书中还可得见一斑,故此书有很高的文献价值。日本现存版本有半井氏家藏版、安政本、仁和寺残本、1909 年浅仓屋本等。

日本平安朝时代所著汉文医书就已不少,但大多已佚,如康赖的曾孙丹波雅忠(1021—1088),搜集康赖所遗漏的隋唐医书,撰成《医心方拾遗》20 卷,已佚。尽管如此,日本人所著汉文医书现存的仍然不少,除了前面提到的《医心方》,还有和气广世的《药经太素》、深江辅仁的《本草和名》、丹波康赖的《康赖本草》、丹波雅忠的《医略抄》、释莲基的《长生疗养方》、具平亲王的《弘决外典钞》等。

日本人撰著的这些汉文医书,也多据中国医籍,如《医心方》分类方式依据《千金方》等;深江辅仁《本草和名》收载药物 1025 种,卷目次序据《新修本草》,引用唐以前的本草方书 30 余部。

之后的镰仓时代(1185—1333),汉学逐渐衰微,但佛教兴隆,撰著汉文医书的僧医不少,这些僧医除用日文撰著医书,也用汉文撰著了不少有代表性的医书。如僧医梶原性全,于 1315 年用汉文写成《万安方》62 卷。1214 年,荣西著《吃茶养生记》,虽为茶经,但也涉及疾病与养生治病植物名。1284 年惟宗具俊撰成《本草色叶抄》,1286 年惟宗具俊撰成《医谈抄》,1293 年惟宗时俊撰成《医家千字文》,1362 年僧有邻撰成《福田方》,1574 年曲直濑道三撰成《启迪集》。此后,日本撰著了不少医书,《皇汉医学丛书》收录日本中医药学者的著作、日本古方派的代表著作,该丛书 1936 年由香港陈存仁先生编撰刊行，共72种，分为13类。计总类8种，包括《内》《难》等医经注释及考证、传略、目录等著作；内科学19种，主要为《伤寒》《金匮》《温病》等典籍文献的研究注解；外科学1种；女科学3种；儿科学3种；眼科学1种；花柳科学（性传播疾病）1种；针灸学4种；治疗学1种；诊断学1种；方剂学10种，包括名方、验方、家藏方、方剂词典、古方分量考等内容；医案医话类11种；药物学7种；论文集1种。日本汉文医籍近年来得到中国学者的关注，探访回归编纂成册的工作一直在进行。2017年初，《海外汉文古医籍精选丛书》第一辑（套装共22册）遴选出的26种海外汉文医籍，含日本18种，内容涉及医经、医方、脉学、伤寒、温病、针灸、医论、本草及临床内、妇、儿科等方面。《海外汉文古医籍精选丛书》第二辑再次遴选出20种海外汉文古医籍，以影印形式出版，含日本医籍13种，内容涉及医经、医论、本草、医方、针灸、儿科、临床综合及医学全书。日人撰著医书很多，本处关涉不多，故不赘述。

虽然中国医学在日本的发展历经皇汉医学、汉方医学等名称更迭，但日本医学体系和内核仍然和我国中医学保持高度一致。我们继承和发掘前辈们的学术经验，日本的前贤同样是我们认真学习的榜样，何况他们确实在中医学术上有着踏踏实实的学问，他们的很多著作也曾经获得过我国中医学界的很高评价。《皇汉医学》丛书不仅给我们提供一条了解日本主流医学的途径，也能为我们学好中医、运用好中医的理法方药提供一批海外中医的重要参考文献。这些日本汉方医籍的编撰，既促进了日本医学的发展，又推动了中国医籍在日本的传播。

（二）日本平安时代几部汉文医籍简介

与敦煌写本医籍时代相同或相近的日本平安时代的汉文医籍，是本节关注的重点，在此挑选传至近世的几部重要的汉文医籍《本草和名》《医心方》《康赖本草》等作简要介绍，后文也会将其从药名、医方名等角度与敦煌写本医籍作比较。

1.《本草和名》

《本草和名》是现知日本最早的本草学著作，为平安时代源濑朝大医博士深江辅仁奉敕编撰，成书于延喜十八年(918)，相当于我国后梁时期。此书由上、下两卷组成，以《新修本草》第3—20卷正文中的药物为主体，同时补充了各种《食经》及《本草稽疑》《本草拾遗》等书中的药物，总计收药1025种，其中有850种为《新修本草》中的药物。全书卷篇次第及各卷中药物的排列顺序均依照《新修本草》，每味药物记以正名、各种异名及出处，多数标记日本名称(和名)，部分列出日本产地，个别简述功用主治。

书内引用了唐以前52种本草、方书等的部分内容。《本草和名》引用的中国医籍，不见于《隋书·经籍志》《旧唐书·经籍志》《新唐书·艺文志》著录的有：(1)《雷公采药史》；(2)《本草稽疑》；(3)《本草疏》；(4)《杂注本草》；(5)《大清经》；(6)《杨玄操本草注音》；(7)《仁揖新修本草音义》；(8)《神农食经》；(9)《神仙服饵方》；(10)《丹秘口诀》；(11)《丹口诀》；(12)《丹药口诀》；(13)《丹药诀》；(14)《丹方》；(15)《丹家》；(16)《洞真丹经》；(17)《五金粉药诀》；(18)《练石方》；(19)《仙方》。

2.《康赖本草》

《康赖本草》(一名《本草类编》，一名《本草和名传抄》)，为日本平安时代从五位下行针博士丹波康赖(912—995)所撰药物学著作。该书依据《神农本草经》，按草、木、果、米谷、菜、玉石、人、兽、禽、虫、鱼顺序列举药物的性味、和名及采药时节等，每部分上、中、下品。日本塙保己一等编纂的《续群书类从》(订正三版)卷第八九三中《杂部》四十三收有。

3.《医心方》

《医心方》，日本平安时代从五位下行针博士丹波康赖(912—995)于天元五年(982)编纂，日本永观二年(984)撰成，为日本现存最古老的医书，共30卷。全书30卷，第1卷《总论》，第2卷《针灸》，第3卷《论病气》，第4—14卷《内科疾患》，第15—18卷《外科》,第 19 卷《剂法》,第 20 卷《石药》,第 21 卷《妇科》,第 22—24 卷《产科》,第 25 卷《小儿科》,第 26—27 卷《延年养生》,第 28 卷《房中》,第 29—30 卷《食养》。内容广及医学的各个领域,集当时日本汉医之大成。书中内容主要辑自中国隋唐前的医书,引用隋唐医书 200 余种,引用的医书一部分已经亡佚,但在此书中还得见一斑,故本书有很高的文献价值。日本现存版本有半井氏家藏版、安政本、仁和寺残本等。

二、日本汉文医籍研究概况

与敦煌写本医籍重点比较的几部日本汉文医籍,除了《医心方》研究相对较多,《本草和名》等研究相对较少,专门研究《康赖本草》的著述则付之阙如,仅在阐述《医心方》时顺便提及,因为与《医心方》为同一作者。对上述几部日本汉文医籍的研究情况概述如下。

关于《本草和名》的研究,仅有不多的几篇论文,如孙娜《辞书〈本草和名〉和〈新修本草〉的关系考证》(《陕西中医学院学报》2010 年第 4 期)、孙娜《日本古典辞书〈本草和名〉的和训特点分析》[《华侨大学学报》(哲社版)2009 年第 6 期]、丸山裕美子《敦煌寫本本草と古代日本の本草——『本草和名』の歴史的意義》(《敦煌写本研究年报》2016 年第十号,第 399—411 页)等。

关于《医心方》的研究相对较多。平安时代的著书,大量引用中国典籍,因而研究的关注重点也在引用的中国典籍上,如吕玉良等《龙门石刻药方与〈医心方〉所引“龙门方”之辨析》(《河南中医》2009 年第 8 期)、黄英华《〈医心方〉收载〈产经〉研究》(北京中医药大学硕士学位论文,2012 年)、亢淼《〈医心方〉所引〈集验方〉的整理研究》(北京中医药大学硕士学位论文,2012 年)、尤海燕等《〈医心方〉引录〈千金要方〉方剂文献考证》(《北京中医药大学学报》2015 年第 10 期)、肖永芝等《〈医心方〉引录〈葛氏方〉探析》(《中国医药导报》2017 第 28 期)、朱圣洁《〈医心方〉所引〈小品方〉词汇研究》(南京师范大学硕士学位论文,2018 年)、田芮凡《〈医心方〉所引〈葛氏方〉文献研究》(北京中医药大学硕士学位论文,2019 年)等。病证、药证及成就等方面的探讨,如万少菊《从〈医心方〉看我国唐以前妇人孕产的某些成就》(《江西中医药》1986 年第 1 期)、陈仁寿《论〈医心方〉对传统药学史的贡献》(《中国药学杂志》1996 年第 8 期)、孙永显《〈医心方〉中的经脉图》(《中华医史杂志》2001 年第 3 期)、龚秀琴《〈医心方〉中的护理养生观》(《时珍国医国药》2003 年第 3 期)、陈瑜《〈医心方〉内病外治特色浅析》(《中医外治杂志》2005 年第 5 期)、苏平《〈医心方〉肛肠病治法初探》(《陕西中医》2007 年第 5 期)、陈仁寿《〈医心方〉食养、食疗与食禁探略》(《中医药文化》2007 年第 5 期)、陈国勤《从〈医心方〉看唐以前皮肤美容思想和成就》(《中医文献杂志》2009 年第 5 期)、张薛光等《〈医心方〉肉桂药证研究》(《时珍国医国药》2011 年第 2 期)、李浩等《半井家本〈医心方〉"九死候"异文成因浅析》(《中医文献杂志》2011 年第 3 期)、许洪伟等《〈医心方〉导引养生初探》(《吉林中医药》2012 年第 7 期)、徐苗凤等《〈医心方〉中新生儿护理思想分析》(《江西中医药》2013 年第 10 期)等。校勘及版本等方面的研究,如陈增岳《〈医心方〉校勘拾遗》(《古籍整理研究学刊》2001 年第 1 期)、梁超等《〈医心方〉所引〈产经〉校释八则》(《汉语史研究集刊》2013 年第 2 期)、李浩《〈医心方〉版本源流系统浅识》(《浙江中医药大学学报》2015 年第 2 期)、久保辉幸《试论〈医心方〉中的七禽食方——〈金匮录〉、〈神仙服食方〉的成书年代》(《自然科学史研究》2015 年第 4 期)等。本草考证方面,如陈仁寿等《〈医心方〉中本草佚文考察》(《南京中医学院学报》1991 年第 2 期)等。其他,如王菲《巫医关系研究——以〈医心方〉妇产科为例》(华东师范大学硕士学位论文,2011 年)、增尾伸一郎《日本古代の漢诗文と道教的医方书——"医心方"房内篇以前》(《日语学习与研究》2011 第 2 期)、肖雄《〈医心方〉佛教医学初探》(《环球中医药》2015 年第 8 期)等。

综上，敦煌写本医籍与上述日本汉文医籍的比较研究，学界极少涉及，更不用说系统的比较研究了。

三、日本平安时代其他汉籍简介

日本平安时代撰著的汉籍不少，这里选取至今保存完好的几部与敦煌写本医籍作比较研究。

(一)日本平安时代几部汉籍简介

1.《和名类聚抄》

《和名类聚抄》又称《和名钞》《倭名类聚抄》《倭名抄》，是日本平安时代承平年间(794—1192)源顺应勤子内亲王的要求所编纂，是日本最早的百科全书。其分类方式受到《尔雅》的影响，分32部249门。现存10卷本和20卷本。10卷本:享和版本，稻叶通邦在真福寺本原本基础上校订，享和元年(1801)刊刻；杨守敬刊本，杨守敬在下总本系本原本基础上校订，明治二十九年(1906)刊刻。20卷本:元和古活字本，那波道圆校订，元和三年(1617)刊刻；庆安版本，庆安元年(1648)刊刻；宽文版本，宽文十一年(1671)刊刻。

2.《篆隶万象名义》

《篆隶万象名义》是日本平安时代僧人空海(774—835)所编，空海于804—806年间留学唐朝三年而归，带回大量书籍，依据《玉篇》编撰而成《篆隶万象名义》，以注音和释义为主，用汉文撰写，是日本第一部汉文字典。与日本平安时代成书的《医心方》等一样，该书手写而成，与敦煌写本相似，保留了当时汉字正俗通等字样，同样为研究中古实际用字状态的第一手资料，对于研究汉字流变有重要意义。今仅存日本山城国高山寺所藏鸟羽永久二年(1114)传抄本，此处所据为中华书局缩印日本崇文院1927年影印之版本。

3.《新撰字镜》

《新撰字镜》是日本平安时代释昌住于昌泰年间(898—901)用汉文编纂的字书，引述传入日本的《一切经音义》《玉篇》《切韵》《尔雅》《正名要录》《干禄字书》《本草》等汉文典籍的内容，主要以部首为序，兼顾类别和四声。内容主要为，收录异体，用反切注音，释义，部分收有和训，因而被认为是第一本汉和字典。与日本平安时代成书的《医心方》《本草和名》《篆隶万象名义》等一样，《新撰字镜》手写而成，与敦煌写本相似，保留了当时汉字正俗通等字样，同样为研究历史上实际用字状态的第一手资料，对于研究汉字流变有重要意义。此处参考天治元年(1124)抄本，所据为巴蜀书社《佛藏辑要》第33册所影印的天治本。

(二)日本平安时代几部汉籍研究概况

关于《和名类聚抄》的研究，有林忠鹏《〈倭名类聚抄〉与中国典籍》[《重庆师院学报》(哲社版)2000年第3期]、《〈和名类聚抄〉成书过程的文化概观》(《日本学论坛》2002年Z1期)、《〈倭名类聚抄〉所引〈兼名苑〉考》(《日本学论坛》2003年第1期)、《〈和名类聚抄〉与〈释名〉论考》(《日本学论坛》2007年第1期)、《〈和名类聚抄〉中有关“此间”注释的考证》(《日本学论坛》2007年第4期)及张小柯《关于〈倭名类聚抄〉所引〈尔雅〉》(东北师范大学硕士学位论文，2010年)、韩娜《关于〈和名类聚抄〉引用〈说文解字〉的考察》(东北师范大学硕士学位论文，2010年)、翁振山《二十卷本〈倭名类聚抄〉研究》(广西大学硕士学位论文，2011年)、桂海岚《〈和名类聚抄〉所引〈唐式〉之考察》(《剑南文学》2013年第10期)、陈晨《日本辞书〈倭名类聚抄〉研究》(山西大学硕士学位论文，2014年)、李安等《〈倭名类聚抄〉所引〈说文解字〉考》[《宁波大学学报》(人文科学版)2015年第5期]、杨秀云等《从〈和名类聚抄〉探讨异域典籍对中古汉语研究的作用》[《现代语文》(学术综合版)2016年第11期]、景德《关于〈类聚名义抄〉和〈倭名类聚抄〉所引〈尔雅〉》(东北师范大学硕士学位论文，2017年)、屈会芹《古写本〈倭名类聚抄〉研究》(浙江师范大学硕士学位论文，2018年)等。

关于《篆隶万象名义》的研究，主要从校勘、释义、语音、用字等方面进行研究，校勘有邓福禄《〈《篆隶万象名义》校释〉匡补若干例》(《长江学术》2009 年第 4 期)、吕浩《〈篆隶万象名义〉两种版本的差异》(《古籍整理研究学刊》2011 年第 6 期)、马小川《〈篆隶万象名义〉新校》(武汉大学硕士学位论文,2017 年)、叶香君《〈篆隶万象名义〉校勘数则》(《汉字文化》2020 年第 21 期)等。释义有吕浩《〈篆隶万象名义〉研究》(华东师范大学博士学位论文,2003 年)、商艳涛《〈篆隶万象名义〉双音词释义体例初探》(《语言研究》2005 年第 1 期)、范文杰《〈篆隶万象名义〉疑难词义校证札记》[《宁夏大学学报》(人文社会科学版)2014 年第 6 期]、陶曲勇《〈篆隶万象名义〉疑难义项疏证四例》(《语言科学》2020 年第 2 期)等。语音有郑林啸《〈篆隶万象名义〉中"甿""民""氓"的注音和释义》[《宁夏大学学报》(人文社会科学版)2018 年第 6 期]、《也论〈篆隶万象名义〉中的重纽》(《语言研究》2019 年第 2 期)、《〈篆隶万象名义〉反切上字取字规律初探》(《语言科学》2019 年第 2 期)、《〈篆隶万象名义〉中的遇摄特殊音切考》(《语言研究》2021 年第 1 期)等。用字有陈建裕、房秋凤《〈篆隶万象名义〉中的俗字及其类型》(《平顶山师专学报》2000 年第 3 期),潘玉坤《〈篆隶万象名义〉篆文例释》(《语言研究》2003 年第 4 期),柳建钰《〈篆隶万象名义〉俗字小议》(《南阳师范学院学报》2011 年第 11 期),张颖慧《〈篆隶万象名义〉抄本文字的笔画组合及特征》(《铜仁学院学报》2016 年第 2 期),袁金平、李伟伟《〈篆隶万象名义〉"昰,昌字"条补证》(《辞书研究》2016 年第 1 期),刘丽霞、于兆锋《〈篆隶万象名义〉俗字异形偏旁探析》(《古籍整理研究学刊》2020 年第 6 期)等。

比较研究有臧克和《〈玉篇〉的层次——基于"〈说文〉〈玉篇〉〈万象名义〉联合检索系统"调查比较之一》(《中国文字研究》第五辑,2004 年 1 月)、刘新华《原本〈玉篇〉残卷、〈篆隶万象名义〉、〈大广益会玉篇〉异读字比较研究》(北京大学硕士学位论文,2012 年)、王平《中日韩传世汉字字典所收籀文比较研究——以〈宋本玉篇〉(中)、〈篆隶万象名义〉(日)、〈全韵玉篇〉(韩)为中心》(《中国文字研究》2014 年第 2 期)、朱会会《〈篆隶万象名义〉与〈玉篇〉残卷释义对比研究》(河北大学硕士学位论文,2016 年)等。

关于《新撰字镜》的研究,介绍类有周祖谟《日本的一种古字书〈新撰字镜〉》(《文献》1990 年第 2 期)等,校勘有吴美富《〈新撰字镜〉校勘举隅》(浙江师范大学硕士学位论文,2019 年)等。字词有陈瑶《关于〈新撰字镜〉的“鱼部”汉字研究——围绕国字展开》(东北师范大学硕士学位论文,2009 年)、张磊《〈新撰字镜〉与汉语俗字研究》[《西南交通大学学报》(社会科学版)2010 年第 4 期]、张翔《〈新撰字镜〉与古汉语字词考释》(《民俗典籍文字研究》2019 年第 2 期)等。引中国典籍,有朱葆华《关于天治本〈新撰字镜〉中的原本〈玉篇〉佚文》(《中国文字研究》2007 年第 1 期)、杜占青《〈新撰字镜〉中摘自〈尔雅〉的文字研究——以俗字为中心》(天津外国语大学硕士学位论文,2014 年)等。比较研究有张磊《敦煌通俗字书与〈新撰字镜〉比较研究》(《敦煌研究》2010 年第 3 期)等。

由以上可见,未有关于这些日本汉籍与敦煌写本医籍的比较研究。

第三章　敦煌写本医籍与《本草和名》药名比较

敦煌写本未经传世篡改，其中不乏传世史籍已佚或缺载的史料，其中的药名经统计得到1728个，传世文献及辞书等多未收录。《本草和名》收药1025种，除了850种来源于《新修本草》，其余来源于各种《食经》及《本草稽疑》《本草拾遗》等书，其中部分引书已经亡佚，不少异名为传世文献及辞书所未收。每味药物记以正名、各种异名及出处，部分正名之下也记录与正名事物相关的药名。部分药名说明得名之原由，部分药名标记和名（日本名称），部分标示日本产地或者来自唐，个别简述功用主治。辑复亡佚古籍时，《本草和名》是很好的参照，现在辑复亡佚古籍，多据《证类本草》《本草纲目》等传世文献所引内容。《证类本草》虽成书于1082年，但在宋代曾经几次修订，《本草纲目》则时代更晚。成书时间更早的《本草和名》，所引内容应更接近原书，同时，所引内容也和《证类本草》《本草纲目》等不尽相同，因此，《本草和名》可资参照和补充，对中药词典的编纂，也提供了不少未收之异名。《本草和名》多标示药名引用出处，由此可知药名较早的出处。国内传世写本可能也有该药名，但大多是时代晚于敦煌写本和《本草和名》的典籍所引。同时，《本草和名》的异名出处多为已佚古医籍、国内传世文献未见，因此具有不可替代的文献价值。

《本草和名》的成书时代与敦煌写本时代相近，敦煌写本所抄内容与《本草和名》所征引的内容，或同出一源，或相关，二者参证，互为补充，对词典编纂、古书辑佚有着重要的参考价值。尤其是敦煌写本收有的部分药名,不见于传世文献及辞书,少部分殊难考证并找到文献证据,但《本草和名》却有收录,且多标示药名引用出处,由此可知药名较早的出处。

为求更为客观、全面反映敦煌写本医籍和《本草和名》的药名情况,下面列表直观展示。除了敦煌写本和《本草和名》,也选取国内四书作参照。冉先德主编的《中华药海》,[①]前言称该书载药8488种,具有资料全、收药多的特点。李经纬等主编的《中医大辞典》,[②]所收药名数量虽不及《中华药海》,但方便实用,使用广泛,其中亦有《中华药海》未收之药名。罗竹风主编的《汉语大词典》,[③]非专门词典,以收一般语词为主,是目前收词最多的汉语词典,但其中收有部分药名,且有不少《中华药海》《中医大辞典》未收之药名,因而也列在表内权作参照。《中华本草》是国家中医药管理局主持编纂的、全面总结中华民族二千多年来传统药学成就、集中反映20世纪中药学科发展水平的综合性本草著作,[④]全书共34卷,约2200万字,收载药物8980味,是迄今为止收药种类最多的本草专著。通过与上述五书的参照,基本可以看到敦煌写本医籍药名在国内辞书及本草著作中的收录情况。

表内先列敦煌写本医籍的药名,按本草的传统分类法,分为植物类、矿物类、动物类、器物类四大类。药名在《本草纲目》有的,遵从《本草纲目》归部;《本草纲目》无的,遵从其他通用归部类别。如果有异议的,可能重新归部。见于传统本草,但本草类未列归属,或者因敦煌写本之外的医籍极少见而不知何物导致归属不明的药名等,一并列在上述四类之后单独设置的"其他药名类"。前四类

---

① 冉先德主编:《中华药海》,哈尔滨出版社,1993年。

② 李经纬等编:《中医大辞典》,人民卫生出版社,2005年。

③ 罗竹风主编:《汉语大词典》,上海辞书出版社,1986年。

④ 国家中医药管理局《中华本草》编委会编:《中华本草》,上海科学技术出版社,1999年。

之中，除器物类外，其余三类均根据药名的具体情况及传统本草的分类方式分为若干子类。植物类分草部、谷部、菜部、果部、木部，矿物类分水部、火部、土部、金属部、石部，动物类分虫部、鱼鳞部、介部、禽部、兽部、人部。每个小类按照笔画排列。

每个二级子类列一表。每表分 11 栏，从左往右依次为：笔画、药名、出现频次、所在卷号、另名、其他医籍、中华药海、中医大辞典、汉语大词典、中华本草、本草和名。“笔画”是指药名首字笔画数，首字相同的，按次字笔画，依次类推。笔画少的在前，笔画多的在后，同笔画的按笔顺排列。“药名”是指敦煌写本医籍中出现的药名，原卷药名中错字、讹字、同音替代字均改为正确的字或者正字，不因字形有异而列为单独的药名。“出现频次”是指该药名在敦煌写本医籍中出现的次数，同一内容不同写卷的药名出现一次计一次。“所在卷号”是指该药名在敦煌写本医籍中所在的卷号，除少数出现频率极高的药名之外，出现频次在 20 次以下的药名尽可能列出出现的所有卷号，无编号的列卷名。“另名”仅限于列举敦煌写本医籍中同物异名的药名，敦煌写本之外医籍中的异名不包括在内。“其他医籍”一栏主要列举该药名在敦煌写本医籍以外的医籍中出现的情况，并不一一列举，只是选取具有代表性的某部医籍为代表。选取的标准为：尽量选取时代靠前的医籍，同一时代的医籍尽量选取本草类医籍。未找到使用例证的标记为“无”（囿于学识有限、查询不力等原因暂未找到例证的均标记为“无”）。“中华药海”一栏主要考察药名在冉先德等主编的《中华药海》中作为词条的收录情况，《中华药海》词条中有该药名则标注为“有”，《中华药海》词条中无该药名则标注为“无”，词条虽无但作为别名、异名、处方名收录的也尽可能在表中注明；若《中华药海》词条有该药名，则“其他医籍”一栏直接标注为“有”，因《中华药海》已列出该药名较早的出处，不再作列举。“中医大辞典”一栏主要考察药名在李经纬等主编的《中医大辞典》中作为词条的收录情况，《中医大辞典》中有该药名则标注为“有”，《中医大辞典》中无该药名则标注为"无"。"汉语大词典"一栏主要考察药名作为词条在罗竹风主编的《汉语大词典》中的收录情况,《汉语大词典》词条有该药名则标注为"有",《汉语大词典》词条无则标注为"无"。"中华本草"一栏主要考察药名在国家中医药管理局《中华本草》编委会主编的《中华本草》中的正名、异名等收录情况。"本草和名"一栏主要考察药名在日本平安时代源濑朝大医博士深江辅仁奉敕编撰的《本草和名》中的收录情况。《本草和名》中的药名,若同时有词条药名和异名或其他同类相关药名等,词条药名在前,异名等在后,用"/"把词条药名与异名隔开。若原文只有词条,没有异名,则照录词条,因而表中显示为有的仅有一个药名,有的则有"/"连接异名的情况。原文有出处的药名,出处括注于药名后。为简便起见,《辅行诀脏腑用药法要》简称《辅行诀》,《疗服石方》系罗振玉旧藏本,《新修本草》《换须发方》为羽田亨藏本,以下不再一一出注。具体情况参见下列的分类表。

第一节　植物类

敦煌写本医籍植物类药名共计 1138 个,其中草部 522 个、[①] 谷部 193 个、菜部 101 个、果部 117 个、木部 205 个。出现频次 10—19(含 10、19)67 个,占植物类药名的 6%,其中草部 44 个、谷部 2 个、菜部 3 个、果部 2 个、木部 16 个。其余 9 频次以下(含 9)。所有植物类药名按草部、谷部、菜部、果部、木部分类列表如下。

---

① 拙著《敦煌写本医籍语言研究》草部为 524 个,此处把其中的蕤仁、蕤核改到木部了,因此,只有 522 个。

一、草部

3—1—1 敦煌写本医籍与《本草和名》草部药名比较表

笔画	药名	出现频次	所在卷号	另名	其他医籍	中华药海	中医大辞典	汉语大词典	中华本草	本草和名
二画	丁历	1	P. 3714	葶苈、大适、大室、蕇	《本草品汇精要》等	无	无	无	有	亭历/大室；大适；丁历；蕇；公荠（茎名，出《陶景注》）；丁乐、狗荠（出《兼名苑》注）
	人参	79	P. 3378 等		有	有	有	有	有	人参/人衙（疑为人衔）；鬼盖；神草；人微；土精；血参、黄糸、玉精（以上三名出《释药性》）；药精（出《范汪方》）；人徼（出《杂要诀》）
	八角附子	1	P. 3714	附子	《备急千金要方》等	无	无	无	无	附子（《陶景注》）
	八角蜀附子	1	P. 3287	附子	无	无	无	无	无	附子（《陶景注》）
三画	干葛	6	S. 3347 S. 5614 P. 2115 P. 2378 P. 2755 P. 3596		《肘后备急方》等	无	无	无	有	无
	干苏汁	1	龙 530		《证类本草》等	无	无	无	无	无

（续表一）

笔画	药名	出现频次	所在卷号	另名	其他医籍	中华药海	中医大辞典	汉语大词典	中华本草	本草和名
	干苏屑	1	龙 530		无	无	无	无	无	无
	干地黄	16	S. 3395 S. 4433 S. 5598 P. 2565 P. 3596 P. 4038 龙 530		有	有	有	无	有	干地黄/地髓；苄；芑；地脉；蜀黄（《神仙服饵方》）；花名羊乳（出《杂要诀》）；土精（出《太清经》）
	土瓜	1	龙 530	王瓜	有	有	有	有	有	王瓜/土瓜；菲芴（出《兼名苑》）；生益母草（出《广利方》）；卑对、天瓜（出《杂要诀》）
	土瓜根	5	S. 4329 龙 530	王瓜根	《金匮要略》等	无（“王瓜根”条下别名、异名有）	有	无	有	无
	土瓜蒂	1	龙 530		无	无	无	无	无	无
	大青	6	P. 2662 P. 3287 龙 530 《疗服石方》		《名医别录》等	无	无	无	有	大青

（续表二）

笔画	药名	出现频次	所在卷号	另名	其他医籍	中华药海	中医大辞典	汉语大词典	中华本草	本草和名
	大黄	82	龙 530 等		有	有	有	有	有	大黄/黄良；火参、肤如（以上二名出《释药性》）
	大戟	14	P. 2115 P. 2378 P. 2565 P. 2755 P. 3714 龙 530	邛钜	有	有	有	无	有	大戟/邛钜；脯药、泽括、摽、明眏、秦茯、侨、泽蛄（以上七名出《释药性》）；大帛（出《范汪方》）。另有：泽柒/柒茎；得文、生逋、细柳、柳苗、耶苴、黄睾、聂湄（?）、重睾、大戟、白泽、野桑（以上十一名出《释药性》）
	大蓟	2	龙 530	马蓟	有	有	有	无	有	大小蓟根/虎蓟、大蓟、猫蓟、小蓟；马蓟、雄茸蓟（以上二名出崔禹）；生续断（出《录验方》）
	大适	1	P. 3714	葶苈、丁苈、大室、蕇	《神农本草经》等	无（“葶苈”子条下别名、异名有）	无	无	有	亭历/大室；大适；丁历；蕇；公荠（茎名，出《陶景注》）；丁乐、狗荠（出《兼名苑》注）
	大室	1	P. 3714	葶苈、丁苈、大适、蕇	《神农本草经》等	无（“葶苈”子条下别名、异名有）	无	有	有	亭历/大室；大适；丁历；蕇；公荠（茎名，出《陶景注》）；丁乐、狗荠（出《兼名苑》注）

（续表三）

笔画	药名	出现频次	所在卷号	另名	其他医籍	中华药海	中医大辞典	汉语大词典	中华本草	本草和名
	大小蓟根	1	龙 530		无	无	无	无	无	大小蓟根/虎蓟、大蓟、猫蓟、小蓟；马蓟、雄茸蓟（以上二名出崔禹）；生续断（出《录验方》）
	上蔡防风	2	S. 5614 P. 2115		无	无	无	无	无	无
	山姜	1	P. 3714		有	有	有	有	有	旋花/葍根花（苏敬注）；金沸；美草；山姜（出《陶景注》）；蔖旋（出苏敬注）；鼓子花（出《拾遗》）。另：术/山荆；山姜；山连；白术、赤术；山精（出《抱朴子》）；山蓟、苏（以上二名出《释药性》）；地脑（出《兼名苑》）；成练紫芝（出《神仙服饵方》）
	山葱	2	P. 3714 P. 3822	藜芦、葱苒、葱茭、茖	《本草纲目》等	无（“藜芦”条下别名、异名有）	无	有	有	藜芦/葱苒；葱茭；山葱；葱葵、蕙茭、公丹、山惠、绳（以上五名出《释药性》）；丰芦（出《杂要诀》）。另：葱实/山葱；茖；胡葱；兴渠、伧蒿（以上二名出《兼名苑》）；冻葱；汉葱；葱白；葱苒（以上六种出《陶景注》）；获葱；沙葱（以上出崔禹）；驎葱、漯葱、细葱（以上三种出《七卷食经》）；波兰（出《兼名苑》）；时空停（出《五金粉要诀》）

（续表四）

笔画	药名	出现频次	所在卷号	另名	其他医籍	中华药海	中医大辞典	汉语大词典	中华本草	本草和名
	川芎	1	Дx02822	芎藭	有	有	有	无	有	无
	及己	2	P. 3714 龙 530		有	有	有	有	有	及己
	门冬	6	P. 2755 P. 4038 龙 530		《古今医统大全》等	无	无	有	无	无
	女青	2	龙 530		《备急千金要方》等	无	无	无	有	女青/雀瓢（苏敬注）；蛇衔根；雀由祇（出《释药性》）。另：蛇全（《陶景注》为“蛇含”）/蛇衔；朝生（出《释药性》）；女青（出《释药》）；兜铃蛇衔（出《杂要诀》）
	女萎	1	龙 530		有	有	有	无	有	女萎/萎蕤；荧；地节；玉竹；马薰；痿棱；痿；委挼；蕤；玉马；虫蝉；乌蓳（以上出《释药性》）；青黏；黄芝；地节（出《拾遗》）。另：女萎/蔓楚（出《陶景注》）
	女菀	3	龙 530		有	有	有	无	有	女菀/白菀；织女；茆；白葛（出《范汪方》）；如茆（出《释药性》）
	小草	2	龙 530		有	有	有	有	有	远志/叶名小草；棘苑；要绕；细草；张华、棘温、要翘、扶苑（以上四名出《释药性》）；晞苑（出《杂要诀》）

（续表五）

笔画	药名	出现频次	所在卷号	另名	其他医籍	中华药海	中医大辞典	汉语大词典	中华本草	本草和名
	小蓟	1	龙 530		有	有	有	无	有	大小蓟根/虎蓟、大蓟、猫蓟、小蓟；马蓟、雄茸蓟（以上二名出崔禹）；生续断（出《录验方》）
	飞廉	5	龙 530《新修本草·序》	漏芦	有	有	有	有，但无植物名义项	有	飞廉/飞轻；漏芦；天荠；伏猪；伏菟；飞雉；木禾（出《本经》）；天买（出《太清经》）；苦矢（出《神仙服饵方》）
	马蓟	1	《新修本草·序》	大蓟	《范汪方》等	无（“大蓟”条下别名、异名有）	有	有	有	大小蓟根/虎蓟、大蓟、猫蓟、小蓟；马蓟、雄茸蓟（以上二名出崔禹）；生续断（出《录验方》）
	马蔺子	1	P. 2662V	蠡实	有	有	有	有	有	蠡实/剧草；三坚；豕首；荔实；马蔺子、马薤（以上二名出苏敬注）；旱蒲（出《稽疑》）；菵藾（出《兼名苑》）；独行子；狶首（以上出《释药》）
	马目毒公	4	龙 530		《备急千金要方》等	无（“鬼臼”条下别名、异名有）	无	有	有	鬼臼/爵犀；马目毒公；九臼；天臼；解毒；萑颈、萑草（以上二名出《释药性》）；萑辛（出《杂要诀》）
四画	王不留行	4	龙 530 Дx02822		有	有	有	有	有	王不留行/王不流行（出《释药性》）
	王不留行子	1	P. 3287		《备急千金要方》等	无	无	无	无	无

（续表六）

笔画	药名	出现频次	所在卷号	另名	其他医籍	中华药海	中医大辞典	汉语大词典	中华本草	本草和名
	井中苔萍	1	龙 530		《证类本草》等	无	无	无	无	无
	天麻	3	S. 5901 P. 3093 Дx02822		有	有	有	有	有	五母麻/鹿麻；归泽麻；天麻；若草
	天雄	25	龙 530 等	白幕、白薇	有	有	无	有	有	天雄/白幕；芨、堇草（以上二名出《尔雅》）；乌登（出《大清经》）；茛（出《释药性》）
	天门冬	8	S. 6052 P. 2662V P. 3144 P. 3596 P. 4038 龙 530		有	有	有	有	有	天门冬/颠勒；絺休、颠棘、浣草、棘刺（苗名也）（以上四名出《陶景注》）；地门冬、莚门、淫羊食、管松、百部（以上五名出《抱朴子》）；棘针、反刺、女木（以上三名出《兼名苑》）；仙人粮（出《太清经》）；延门、乌韭（出《杂要诀》）；仙粮（出《神仙服饵方》）
	天名精	2	龙 530	麦句姜、豕首、虾蟆蓝	有	有	有	无	有	天名精/麦句姜（出苏敬注）；蝦蟆蓝（出苏敬注）；豕首；天门精；玉门精；彘颅；蟾蜍兰（苏敬注）；覲；豨莶、豨首（以上二名出《陶景注》）；鹿活草、天蔓菁、地菘（以上三名出苏敬注）；天精、天无青、葵芦（以上三名出《释药性》）；蘸、蟾诸兰（以上二名出《杂要诀》）

（续表七）

笔画	药名	出现频次	所在卷号	另名	其他医籍	中华药海	中医大辞典	汉语大词典	中华本草	本草和名
	天南星	1	S. 5901	虎掌	有	有	有	无	有	无
	云实	4	龙 530		有	有	有	有	有	云实/员实；云英；天豆（苏敬注）；云母（苗名，出苏敬注）
	木香	1	Дx02822	青木香	有	有	有	有	有	木香/蜜香；青木香（出《陶景注》）；东华童子（出《丹口诀》）；千秋、千年、长生（出《兼名苑》）
	木贼	1	Дx02822		有	有	有	无	有	无
	木防己	1	P. 3596		《药性论》等	无	有	无	有	防己/解离；石解、木防己、解推、解名、解燕、方（以上六名出《释药性》）
	五味	6	S. 1467V 龙 530 《辅行诀》		《三家医案合刻》等	无	无	有，但无药名“五味”	有	五味（苏敬注）/会及；玄及；茎著（出《兼名苑》）
	五参	3	P. 3714 龙 530		《备急千金要方》等	无	无	无	无	无
	五香	1	龙 530		《古今医统大全》等	无	无	有，但和此处义不全同	有	无
	五味子	30	S. 4433 等		有	有	有	有	有	无

(续表八)

笔画	药名	出现频次	所在卷号	另名	其他医籍	中华药海	中医大辞典	汉语大词典	中华本草	本草和名
	五味核	1	P. 3714		《本草纲目》等	无	无	无	无	无
	五月五日苍耳子	1	P. 3596		《外台秘要》等	无	无	无	无	无
	五月五日葶苈子	1	P. 3596		无	无	无	无	无	无
	犬牙	1	P. 3714	狼牙、狼齿、狼子、牙子	《吴普本草》等	无	无	有。但无植物名	有	牙子/狼牙；狼子；犬牙（《陶景注》）；成牙、支兰、天牙、狍牙、代、骞、附子（以上七名出《释药性》）
	车前	1	龙530		有	有	无	有	有	无
	车前子	7	S. 4433 P. 2565 P. 3093 P. 3596 P. 3885 龙530 Дx02822		有	有	有	有	有	车前子/当道；芣苡；蝦蟆衣；牛遗；胜舄；马舄（出《兼名苑》）；雷精（出《太清经》）
	车前草	1	S. 3395		《四声本草》等	无	有	无	有	无

（续表九）

笔画	药名	出现频次	所在卷号	另名	其他医籍	中华药海	中医大辞典	汉语大词典	中华本草	本草和名
	车前子叶	1	龙 530		《圣济总录》等	无	无	无	无	无
	车前根叶	2	S. 5795		《千金翼方》等	无	无	无	无	无
	戈共	1	龙 530		《名医别录》等	无	无	无	无	戈共/蕈草
	互草	1	P. 3714	恒山	《本草经集注》等	无（“常山”条下别名、异名有）	无	无	有	恒山/互草；鸡骨恒山；七叶（出《释药性》）
	牙子	1	P. 3714	狼牙、狼齿、狼子、犬牙	《神农本草经》等	无	无	有	有	牙子/狼牙；狼子；犬牙（《陶景注》）；成牙、支兰、天牙、狍牙、代、骞、附子（以上七名出《释药性》）
	瓦松	1	P. 4038		有	有	有	有	有	瓦松
	贝母	20	S. 3347 等		《古今医统大全》等	无（“川贝母”条下别名、异名有）	有	有	有	贝母/空草；药实；苦花；苦菜；商草；勒母；节；芮草、茗茎（以上二名出《释药性》）
	牛蒡	1	P. 3930		《一得集》等	无	无	有	有	恶实/牛蒡、鼠粘草（以上二名出苏敬注）
	牛蒡叶	1	Дx02822		《圣济总录》等	无	无	无	无	无

（续表一〇）

笔画	药名	出现频次	所在卷号	另名	其他医籍	中华药海	中医大辞典	汉语大词典	中华本草	本草和名
	牛膝	25	P. 3930 等		有	有	有	有	有	牛膝（《陶景注》）/百倍；其稜、解仓、牛茎、诞、余容、白木（以上六名出《释药性》）；牛唇（出《小品方》）；芦薇（出《杂要诀》）
	牛膝末	1	P. 3930		《外台秘要》等	无	无	无	无	无
	牛膝汁	1	S. 76		《备急千金要方》等	无	无	无	无	无
	毛莨	2	P. 3714		有	有	有	无	有	钩吻/野葛；固活；除辛、毒根、毛莨、阴命（以上四名出《陶景注》）；正人、章草（以上二名出《释药性》）；大阴之精（出《大清经》）；黄葛（出《杂要诀》）；胡蔓（出《拾遗》）
	升麻	27	P. 2662 等		有	有	有	无	有	升麻
	丹参	13	S. 5598 P. 2755 P. 3287 P. 3731 龙 530		有	有	有	有	有	丹参/郄蝉草；赤参；木羊乳；逐马（出《陶景注》《小品方》）；鹿腹（出《杂要诀》）
	乌头	40	P. 2565 等	奚毒、乌喙、即子	《肘后备急方》等	无	无	有，但为“堇草”和“附子”别名。	有	乌头/奚毒；即子；乌喙、莨、千秋、毒公、果负、缓毒、煎、厓采、耿子（以上八名出《释药性》）；罡前（出《杂要诀》）

（续表一一）

笔画	药名	出现频次	所在卷号	另名	其他医籍	中华药海	中医大辞典	汉语大词典	中华本草	本草和名
	乌园	1	P. 3714	鸢尾	《名医别录》等	无（“鸢尾”条下别名、异名有）	无	无	有	无
	乌吹	1	P. 3714	射干、草姜、乌扇、乌蒲、乌翣	《证类本草》等	无（“射干”条下别名、异名有）	无	无	有	射干/乌扇；乌蒲；乌翣；乌吹；草姜；鸢尾（叶名，出《陶景注》）；鸢头（根名，出苏敬注）；乌喙（出《杂要诀》）；乌屡（出《兼名苑》）
	乌罔	1	P. 3714		《轩岐救正论》等	无	无	无	无	无
	乌韭	1	龙 530		有	有	有	有	有	天门冬/颠勒；絺休、颠棘、浣草、棘刺（苗名也）（以上四名出《陶景注》）；地门冬、莚门、淫羊食、管松、百部（以上五名出《抱朴子》）；棘针、反刺、女木（以上三名出《兼名苑》）；仙人粮（出《太清经》）；延门、乌韭（出《杂要诀》）；仙粮（出《神仙服饵方》）
	乌扇	1	P. 3714	射干、草姜、乌吹、乌蒲、乌翣	有	有	有	无	有	射干/乌扇；乌蒲；乌翣；乌吹；草姜；鸢尾（叶名，出《陶景注》）；鸢头（根名，出苏敬注）；乌喙（出《杂要诀》）；乌屡（出《兼名苑》）

（续表一二）

笔画	药名	出现频次	所在卷号	另名	其他医籍	中华药海	中医大辞典	汉语大词典	中华本草	本草和名
	乌韮	1	P. 3714		无	无	无	无	无	麦门冬/秦名羊韭、齐名爱韭、楚名乌韮、马韮（出《隐居本草》）、越名羊蓍；禹葭；禹余粮；禹芝、虫宁药、忍冬、忍陵、不死药、果、濮垒、随脂、楚名马韮、越名羊荠（以上十名出《释药性》）；羊芥；乌韮（出《杂要诀》）
	乌喙	10	S. 1467 P. 3714 龙 530	乌头、奚毒、即子	《名医别录》等	无	无	有	有	1. 乌头（《陶景注》）/奚毒；即子；乌喙、莨、千秋、毒公、果负、缓毒、煎、厓采、耿子（以上八名出《释药性》）；罡前（出《杂要诀》）。2. 乌喙（陶景注）/射罔。3. 乌扇；乌蒲；乌翣；乌吹；草姜；鸢尾（叶名，出《陶景注》）；鸢头（根名，出苏敬注）；乌喙（出《杂要诀》）；乌屡（出《兼名苑》）
	乌蒲	1	P. 3714	射干、草姜、乌扇、乌吹、乌翣	《神农本草经》等	无（“射干”条下别名、异名有）	无	无	有	射干/乌扇；乌蒲；乌翣；乌吹；草姜；鸢尾（叶名，出《陶景注》）；鸢头（根名，出苏敬注）；乌喙（出《杂要诀》）；乌屡（出《兼名苑》）

（续表一三）

笔画	药名	出现频次	所在卷号	另名	其他医籍	中华药海	中医大辞典	汉语大词典	中华本草	本草和名
	乌翣	1	P. 3714	射干、草姜、乌扇、乌蒲、乌吹	《本草衍义补遗》等	无（“射干”条下别名、异名有）	无	无	有	射干/乌扇；乌蒲；乌翣；乌吹；草姜；鸢尾（叶名，出《陶景注》）；鸢头（根名，出苏敬注）；乌喙（出《杂要诀》）；乌叆（出《兼名苑》）
	巴戟	2	S. 328 P. 2794	巴戟天	《本草图经》等	无（“巴戟天”条下别名、异名有）	有	有	有	无
	巴戟天	7	S. 4433 P. 2565 龙 530	巴戟	有	有	有	有	有	巴戟天/三万草；天精（出《录验方》）
	巴戟皮	1	P. 2565		无	无	无	无	无	无
	水玉	1	P. 3714	半夏、地文、示姑、守田	《本草纲目》等	无（“半夏”条下别名、异名有）	无	有	有	半夏/地文；水玉；守田；示姑；羊眼半夏；和姑；天资；水洛（出《释药性》）
	水豆	1	P. 3596		无	无	无	无	无	无

（续表一四）

笔画	药名	出现频次	所在卷号	另名	其他医籍	中华药海	中医大辞典	汉语大词典	中华本草	本草和名
	水英	1	龙 530		《本草纲目》等	无	无	无	有	1. 水蓱/水花；水白；水苏；水中大蓱、蘋（以上二名出苏敬注）；水花（出《杂要诀》）；薸（出崔禹）；七英；水英（以上出《兼名苑》）；水中大马蓱；马菜；马叶（以上出《小品方》）；苹；藻。2. 水蘄/水英；渣蘄（出《陶景注》）；水勤（出《释药性》）；楚葵（出《兼名苑》）
	水茛	1	P. 3714		《证类本草》等	无	无	无	有	石龙芮/鲁果能；地椹（苏敬注）；石熊；彭根；天豆；蓄菜子（出《陶景注》）；水堇（出苏敬注）；王孙森；水森；水茛（以上出《稽疑》）；水姜苔（出《释药性》）；水建（出《耆婆方》）
	水堇	1	P. 3714	石龙芮	《吴普本草》等	无（“石龙芮”条下别名、异名有）	有	无	有	石龙芮/鲁果能；地椹（苏敬注）；石熊；彭根；天豆；蓄菜子（出《陶景注》）；水堇（出苏敬注）；王孙森；水森；水茛（以上出《稽疑》）；水姜苔（出《释药性》）；水建（出《耆婆方》）
	水萍	3	S. 5614 P. 2115 P. 2755		《神农本草经》等	无	有	无	有	无“水萍”，有“水蓱”

(续表一五)

笔画	药名	出现频次	所在卷号	另名	其他医籍	中华药海	中医大辞典	汉语大词典	中华本草	本草和名
	孔公孽	10	S. 5614 P. 2115 P. 2378 P. 2755 龙 530 Дx02822		《名医别录》等	无	无	无	有	孔公孽(《陶景注》)/通石(出苏敬注)
五画	玉支	3	P. 3714	羊踯躅	《名医别录》等	无	无	无	无(有“玉枝”)	羊踯躅(《陶景注》)/玉支;史光(出《释药性》)
	去水	1	P. 3714	芫花、毒鱼、牡芫	《新修本草》等	无(“芫花”条下别名、异名有)	无	无	有	无
	示姑	1	P. 3714	半夏、地文、水玉、守田	《名医别录》等	无(“半夏”条下别名、异名有)	无	无	有	半夏/地文;水玉;守田;示姑;羊眼半夏;和姑;天资;水洛(出《释药性》)
	甘松	4	S. 4329 S. 6107 P. 3230 Дx02822		有	有	有	无	有	无“甘松”,有“甘松香”

(续表一六)

笔画	药名	出现频次	所在卷号	另名	其他医籍	中华药海	中医大辞典	汉语大词典	中华本草	本草和名
	甘草	128	P. 3378 等		有	有	有	有	有	白蔹/兔核；白草；白根；昆仑(按：其他地方有崑崙的写法)；甘草、蚖蚵、良俞(以上三名出《释药性》)；白临(出葛氏方)；菟菀(出《兼名苑》)。甘草/蜜甘；美草；蜜草；蕗；抱罕草、鲤鱼肠者、紫甘草(以上三种出《陶景注》)；大苦、�(以上出《兼名苑》)
	甘菊	3	P. 2115 P. 2378 P. 2755 Дx02822	菊花	《抱朴子》等	无("菊花"条下别名、异名有)	有	无	有	无
	甘遂	21	P. 3714 等	主田、甘藁、陵藁、陵泽、重泽	有	有	有	无	无	甘遂/主田；甘藁；陵藁；陵泽；重泽；草甘遂(出《陶景注》)；蚤休、重台(以上二名出苏注)；畜、日泽、慦、鬼丑、丘重泽、罢雷、丑、夹盖、承露(以上九名出《释药性》)
	甘藁	1	P. 3714	甘遂、主田、陵藁、陵泽、重泽	《名医别录》等	无("甘遂"条下别名、异名有)	无	无	有	甘遂/主田；甘藁；陵藁；陵泽；重泽；草甘遂(出《陶景注》)；蚤休、重台(以上二名出苏注)；畜、日泽、慦、鬼丑、丘重泽、罢雷、丑、夹盖、承露(以上九名出《释药性》)

（续表一七）

笔画	药名	出现频次	所在卷号	另名	其他医籍	中华药海	中医大辞典	汉语大词典	中华本草	本草和名
	甘松香	2	S. 4329 P. 2565		《备急千金要方》等	无	无	无	有	甘松香
	甘草末	2	P. 3930		《本草纲目》等	无	无	无	无	无
	甘草汁	1	龙 530		《本草纲目》等	无	无	无	无	无
	甘蕉根	1	龙 530		有	有	无	无	有	甘蕉根/五叶母；箆草；乌蔹草
	艾	6	S. 5435 P. 3378 P. 3930 龙 530		《丹溪心法》等	无	无	有	无	无
	艾叶	3	龙 530		有	有	有	无	有	艾叶/冰台；医草；白艾、朝艾（以上二名出《疏文》）；蕹（出《兼名苑》）
	艾纳	1	P. 3230		《外台秘要》等	无	无	有	无	松实/松子、木精（出《范汪方》）；松黄（花名）、䓿、艾纳（以上三名出苏敬注）
	艽	1	P. 2115		《圣济总录》等	无	无	有	无	无
	术	25	S. 1467V 等		《一得集》等	无	无	有	无	术/山荆；山姜；山连；白术，赤术；山精（出《抱朴子》）；山蓟、苏（以上二名出《释药性》）；地脑（出《兼名苑》）；成练紫芝（出《神仙服饵方》）

(续表一八)

笔画	药名	出现频次	所在卷号	另名	其他医籍	中华药海	中医大辞典	汉语大词典	中华本草	本草和名
	邛钜	1	P. 3714	大戟	《本草品汇精要》等	无	无	有	有	大戟/邛钜;脯药、泽括、摽、明眣、秦茯、侨、泽蛄(以上七名出《释药性》);大帛(出《范汪方》)
	石韦	6	P. 4038 龙 530		有	有	有	有	有	石韦(《陶景注》)/石韀;石皮;瓦韦;石产(出《释药性》);木韦(出《杂要诀》)
	石苇	2	P. 3287		《丹溪心法》等	无	无	无	有	无
	石斛	12	S. 4433 P. 2115 P. 2565 P. 2755 P. 3144 P. 3596 龙 530		有	有	有	有	有	石斛/林兰;禁生;杜兰;石蓫;木斛、雀髀石斛(以上二种出苏敬注);麦斛;山精(出《范汪方》);石精(出《神仙服饵方》)
	石长生	1	P. 3596		《备急千金要方》等	无	无	无	有	石长生/丹草;黔筋草(出苏敬注);鼠尾草;葝;陵翘
	石龙芮	8	P. 2565 P. 3714 龙 530	水堇	有	有	有	无	有	石龙芮/鲁果能;地椹(苏敬注);石熊;彭根;天豆;蓄菜子(出《陶景注》);水堇(出苏敬注);王孙森;水森;水莨(以上出《稽疑》);水姜苔(出《释药性》);水建(出《耆婆方》)
	石菖蒲	1	S. 5598	菖蒲	有	有	有	有	有	无

（续表一九）

笔画	药名	出现频次	所在卷号	另名	其他医籍	中华药海	中医大辞典	汉语大词典	中华本草	本草和名
	龙胆	7	P. 2662 P. 3714 龙 530	龙胆草	有	有	有	有	有	龙胆（《陶景注》）/凌淤（疑为“游”）
	龙胆草	2	《辅行诀》	龙胆	《履巉岩本草》等	无（“龙胆”条下别名、异名有）	有	无	有	无
	由跋	12	P. 3714 《新修本草·序》		有	有	无	无	无，有“由拔”	无
	由跋根	1	P. 3714		《本草经集注》等	无	无	无	无	无
	生牛膝	1	P. 4038		《外台秘要》等	无	无	无	无	无
	生芋汁	1	S. 76		无	无	无	无	无	无
	生地黄	19	S. 1467V S. 1467 S. 6052 P. 3596 P. 3885 P. 4038 龙 530 《辅行诀》		《中藏经》等	无	有	无	有	无

（续表二〇）

笔画	药名	出现频次	所在卷号	另名	其他医籍	中华药海	中医大辞典	汉语大词典	中华本草	本草和名
	生苏汁	1	龙 530		《医心方》等	无	无	无	无	无
	生附子	1	S. 5435		《本草纲目》等	无	无	无	无	无
	生葛根	3	P. 3287 P. 3596 龙 530		《圣济总录》等	无	无	无	无	无
	生藿汁	1	龙 530		《医心方》等	无	无	无	无	无
	生干地黄	3	P. 3144 P. 3596		《圣济总录》等	无	无	无	无	无
	生天门冬	1	P. 4038		《外台秘要》等	无	无	无	无	无
	生地黄汁	3	S. 3347 P. 3731 P. 4038		《丹溪心法》等	无	无	无	无	无
	生麦门冬	2	P. 3201 P. 3885		《圣济总录》等	无	无	无	无	无
	生天门冬子	1	P. 4038	玄中津	无	无	无	无	无	无
	生天门冬汁	1	P. 4038		无	无	无	无	无	无
	生芦笋根汁	1	龙 530		无	无	无	无	无	无

（续表二一）

笔画	药名	出现频次	所在卷号	另名	其他医籍	中华药海	中医大辞典	汉语大词典	中华本草	本草和名
	仙灵	1	P. 2755		无	无	无	有。但义不同	无	无
	仙灵脾	1	P. 2755		《备急千金要方》等	无	有	有	有	淫羊藿（《陶景注》）/刚前；仙灵裨草（出苏敬注）；可怜筋草、百年亡杖草（以上二名出《隐居方》）
	仙人余粮	1	S. 2438	黄精、重楼	《证类本草》等	无	无	无	有	黄精/重楼；菟竹；鸡格；救穷；鹿竹；垂珠（出《抱朴子》）；大阳之精、飞英（花名）、流精（根名）、马箭、委蕤、河沮、羊括、仙人余粮、苟格、白及、救穷之粮、黄花精、高楼根、代已芝（以上十四名出《太清经》）；龙衔（出《广雅》）；天精（出《兼名苑》）；马煎、可通、羊棰（以上三名出《神仙服饵方》）；仙羊（出《释药性》）
	仙灵脾草	3	S. 5614 P. 2115 P. 2378		无	无	无	无	无	淫羊藿（《陶景注》）/刚前；仙灵裨草（出苏敬注）；可怜筋草、百年亡杖草（以上二名出《隐居方》）

(续表二二)

笔画	药名	出现频次	所在卷号	另名	其他医籍	中华药海	中医大辞典	汉语大词典	中华本草	本草和名
	白及	14	S. 5614 S. 6107 P. 2115 P. 2378 P. 2755 P. 3230 P. 3714 龙 530		有	有	有	有	有	黄精/重楼;菟竹;鸡格;救穷;鹿竹;垂珠(出《抱朴子》);大阳之精、飞英(花名)、流精(根名)、马箭、委蕤、河沮、羊括、仙人余粮、苟格、白及、救穷之粮、黄花精、高楼根、代已芝(以上十四名出《太清经》);龙衔(出《广雅》);天精(出《兼名苑》);马煎、可通、羊棰(以上三名出《神仙服饵方》);仙羊(出《释药性》)
	白术	24	P. 2565 等		有	有	有	无	有	1. 术/山荆;山姜;山连;白术,赤术;山精(出《抱朴子》);山蓟、苏(以上二名出《释药性》);地脑(出《兼名苑》);成练紫芝(出《神仙服饵方》)。2. 牡丹/鹿韭;鼠姑;百两金(出苏敬注);白术(出《释药性》)
	白芷	25	P. 2565 等	香白芷	有	有	有	有	有	白芷/芳香;白茝;虈;莞;苻离;泽芬;(叶名)蒚麻;兰茝(出《陶景注》);药(出《兼名苑》);白芝(出《杂要诀》)
	白珂	1	S. 4329		无	无	无	无	无,有“白柯”	无

（续表二三）

笔画	药名	出现频次	所在卷号	另名	其他医籍	中华药海	中医大辞典	汉语大词典	中华本草	本草和名
	白前	3	龙 530		有	有	有	无	有	白前/石蓝；嗽药（以上二名出苏敬注）
	白敛	2	P. 2755 P. 3731		《金匮要略》等	无	无	无	无，有“白蔹”	无
	白幕	1	P. 3714	天雄、白薇	《神农本草经》等	无（“天雄”“白薇”条下别名、异名有）	有	无	有	1. 白薇/白幕；薇草；春草；骨美；白蜜曹（出《释药性》）；白草；岩草（出《杂要诀》）。2. 天雄/白幕；茇、堇草（以上二名出《尔雅》）；乌登（出《大清经》）；莨（出《释药性》）
	白蔹	15	S. 4433 P. 3714 P. 3930 龙 530		有	有	有	有	有	白蔹/兔核；白草；白根；昆仑（按：其他地方有“崑崙”的写法）；甘草、蚖蛔、良俞（以上三名出《释药性》）；白临（出《葛氏方》）；菟菀（出《兼名苑》）
	白鲜	5	龙 530		《神农本草经》等	无	无	有	有	白鲜/羊鲜；白羶（《陶景注》）
	白薇	9	S. 1467 P. 3201 龙 530	白幕	有	有	有	有	有	白薇/白幕；薇草；春草；骨美；白蜜曹（出《释药性》）；白草；岩草（出《杂要诀》）

（续表二四）

笔画	药名	出现频次	所在卷号	另名	其他医籍	中华药海	中医大辞典	汉语大词典	中华本草	本草和名
	白头公	3	龙 530 Дx02822	白头翁	《吴普本草》等	无（“白头翁”条下别名、异名有）	有	无	有	白头公（《陶景注》）/野丈人；胡主使者；奈何草；羌胡使者（出《杂要诀》）
	白头翁	1	龙 530	白头公	有	有	有	有	有	无
	白芍药	3	P. 3287 P. 3930		有	有	有	无	有	无
	白附子	4	S. 4329 P. 2565		《名医别录》等	无	有	无	有	白附子/章阳羽玄（出《丹口诀》）
	白茅根	2	龙 530	茅根、茅草根	有	有	有	无	有	无
	白药子	1	Дx02822		有	有	无	无	无	无
	白菊花	1	S. 6052		《圣济总录》等	无	无	无	有	无
	白鲜皮	1	S. 1467		有	有	有	无	有	无
	白蘘荷	1	龙 530		《妇人大全良方》等	无	无	无	有	白蘘荷/覆葅
	瓜蒌	1	Дx02822	栝楼	《针灸甲乙经》等	无（“栝楼”条下别名、异名有）	有	有	有	无

（续表二五）

笔画	药名	出现频次	所在卷号	另名	其他医籍	中华药海	中医大辞典	汉语大词典	中华本草	本草和名
	冬葵	1	龙 530		《证类本草》等	无（“冬葵子”条下别名、异名有）	无	有	有	无
	冬葵子	2	P. 3287 龙 530	葵子	有	有	有	无	有	1. 冬葵子（《陶景注》）/青盖（出《兼名苑》）；姑活（出《疏文》）。2. 姑活/冬葵子（《陶景注》）；固活丸（出《陶景注》）；鸡精（出苏敬注）
	冬葵子根	1	龙 530		《普济方》	无	无	无	无	无
	主田	1	P. 3714	甘遂、甘藁、陵藁、陵泽、重泽	《吴普本草》等	无（“甘遂”条下别名、异名有）	无	无	有	甘遂/主田；甘藁；陵藁；陵泽；重泽；草甘遂（出《陶景注》）；蚤休、重台（以上二名出苏注）；畜、日泽、鬼丑、丘重泽、罢雷、丑、夹盖、承露（以上九名出《释药性》）
	玄参	12	S. 1467 P. 2565 P. 3287 P. 3731	重台	有	有	有	有	有	玄参/重台；玄台；鹿肠；正马；咸；端；颓草（出《陶景注》）；鬼藏（出《释药性》）；玄精（出《范汪方》）
	玄中津	1	P. 4038	生天门冬子	无	无	无	无	无	无

(续表二六)

笔画	药名	出现频次	所在卷号	另名	其他医籍	中华药海	中医大辞典	汉语大词典	中华本草	本草和名
	半夏	56	龙 530 等	地文、水玉、守田、示姑	有	有	有	有	有	半夏/地文;水玉;守田;示姑;羊眼半夏;和姑;天资;水洛(出《释药性》)
六画	地文	1	P. 3714	半夏、水玉、守田、示姑	《普济方》等	无("半夏"条下别名、异名有)	无	有	有	半夏/地文;水玉;守田;示姑;羊眼半夏;和姑;天资;水洛(出《释药性》)
	地骨	1	P. 3714	苦参;地骨皮	《备急千金要方》等	无("地骨皮"条下别名、异名有)	有	有	有	枸杞(蒋孝《苑注》)/杞根;地骨;苟忌;地辅;羊乳;却暑;仙人杖;西王母杖;天精、杝卢、却老(以上三名出《抱朴子》);家紫、杖灵、却景、天清(以上四名出《太清经》);梃、地筋、监木、地忌(以上出《兼名苑》);都吾(花名)、去丹(子名)(以上出《神仙服饵方》)
	地黄	19	S. 5901 P. 2755 P. 3930 P. 4038 龙 530 Дx02822 《辅行诀》	地髓	《本草纲目》等	无	无	有	有	牛舌实/象尸;羊乳;地黄

（续表二七）

笔画	药名	出现频次	所在卷号	另名	其他医籍	中华药海	中医大辞典	汉语大词典	中华本草	本草和名
	地榆	12	P. 3093 P. 3714 龙 530 Дx02822 《辅行诀》		有	有	有	有	有	地榆/玉豉(《陶景注》);玉札文;玉豉文;金玉之香花;豉母(越人呼之);荧惑之精(《大清经》)
	地髓	4	S. 5614 P. 2115 P. 2378 P. 2755	地黄	《证类本草》等	无	无	无	有	干地黄/地髓;苄;芑;地脉;蜀黄(《神仙服饵方》);花名羊乳(出《杂要诀》);土精(出《太清经》)
	地肤子	2	龙 530		有	有	有	无	有	无
	地黄汁	3	P. 2662V P. 3731 P. 3930		《丹溪心法》等	无	无	无	无	无
	地榆根	1	P. 2662		《外台秘要》等	无	无	无	无	无
	芋	2	S. 76 P. 2882		《丹溪心法》等	无	无	有	有	芋/土芝梠芋、野芋、左芋(以上三名出《兼名苑》);青芋、紫芋、真芋、白芋、连禅芋、野芋、存鸮(以上七名出苏敬注);君子芋、车毂芋、锯子芋、青边芋、梦缘芋、鸡子芋、百果芋、早芋、九百芋、家控芋、曹芋、百子芋、魁芋(以上十三种出《广志》);长味、谈善(以上二名出《兼名苑》)

（续表二八）

笔画	药名	出现频次	所在卷号	另名	其他医籍	中华药海	中医大辞典	汉语大词典	中华本草	本草和名
	芍	1	《辅行诀》		《一得集》等	无	无	有	有	无
	芍药	55	P. 3731 等		《本草纲目》等	无	无	有	有	芍药/白木；余容；梨食；解食；鋋；甘木（出《杂要诀》）；里挛夷（出《释药性》）
	芎藭	35	S. 1467V 等	川芎	《神农本草经》等	无（“川芎”条下别名、异名有）	有	有	有	芎藭/胡藭；香果；（叶名）蘼芜；马衔（出《陶景注》）；胡果（出《兼名苑》）
	百头	1	P. 3714	贯众、贯渠、虎卷、扁苻、伯萍、药藻、草鸱头	《神农本草经》等	无（“贯众”条下别名、异名有）	无	无	有	贯众/贯节；贯渠；百头；虎卷；扁苻；伯蓱；药藻；草鵄头（《陶景注》）；贯来、贯中、渠母、贯钟、乐藻（藻字，据《本草补》）、黄钟（以上六名出《释药性》）；头实（出《兼名苑》）；贯草（出《杂要诀》）
	百部	1	S. 1467V		有	有	有	无	有	天门冬/颠勒；絺休、颠棘、浣草、棘刺（苗名也）（以上四名出《陶景注》）；地门冬、莚门、淫羊食、管松、百部（以上五名出《抱朴子》）；棘针、反刺、女木（以上三名出《兼名苑》）；仙人粮（出《太清经》）；延门、乌韭（出《杂要诀》）；仙粮（出《神仙服饵方》）

（续表二九）

笔画	药名	出现频次	所在卷号	另名	其他医籍	中华药海	中医大辞典	汉语大词典	中华本草	本草和名
	百草花	1	P. 2666		《证类本草》等	无	无	无	无	无
	百部根	1	龙 530		《外台秘要》等	无	无	无	有	百部根咳药（《陶景注》）/伯父根（出《范汪方》）
	当归	45	P. 3378 等		有	有	有	有	有	当归/干归；马尾归、草归（以上二名出《陶景注》）；蚕头当归；马尾当归（出苏敬注）；山勤（出《兼名苑》）；山归（出《杂要诀》）；山蕲（出《释药性》）
	当陆	1	P. 3731	商陆、章陆根	《证类本草》等	无（“商陆”条下别名、异名有）	无	无	有	商陆/募根；夜呼；募花（花名，出《陶景注》）；商棘、阳根、常蓼、马尾（以上四名出《释药性》）；章陆草、当陆、苋陆、长根、神陆、白华、逐耶、天草、逐阴之精（以上九名出《大清经》）；地精（出《大清经》）
	肉苁蓉	7	P. 2565 P. 2882 P. 3144 P. 3596 P. 4038 龙 530		有	有	有	有	有	无
	肉豆蔻	1	P. 3930		有	有	有	有	有	无

（续表三〇）

笔画	药名	出现频次	所在卷号	另名	其他医籍	中华药海	中医大辞典	汉语大词典	中华本草	本草和名
	行唐	1	P. 3714	莨菪、横唐、莨蔖、狼唐	《名医别录》等	无	无	有	有	莨蔖/行唐；横唐；狼阳根（出《杂要诀》）
	凫葵	1	P. 3714	陟厘	《名医别录》等	无	无	有	有	凫葵/荇菜；接舆；猪莼（出苏敬注）；茆；水葵（出《兼名苑》）
	刘寄奴	1	S. 328		有	有	有	有	有	有“刘寄奴草”
	守田	1	P. 3714	半夏、地文、水玉、示姑	《证类本草》等	无（“半夏”条下别名、异名有）	无	无	有	半夏/地文；水玉；守田；示姑；羊眼半夏；和姑；天资；水洛（出《释药性》）
	灯心	1	S. 5435		《圣济总录》等	无（“灯心草”条下别名、异名有）	有	有	有	无“灯心”，有“灯心草”
	羊桃	1	龙 530	藤梨	《医心方》等	无（“猕猴桃”条下别名、异名有）	有	无	有	羊桃/鬼桃；羊服；苌楚；御弋；铫弋；细子根（出苏敬注）
	羊蹄	1	龙 530		有	有	有	无	有，但所指不同	羊蹄/东方宿；连虫陆；鬼目；蓄；秃菜；酸模（出《陶景注》）；蓄葛（出《稽疑》）；姜根（出《范汪方》）

（续表三一）

笔画	药名	出现频次	所在卷号	另名	其他医籍	中华药海	中医大辞典	汉语大词典	中华本草	本草和名
	羊踯躅	2	P. 3714 龙 530	玉支	《神农本草经》等	无	无	无	有	羊踯躅（《陶景注》）/玉支；史光（出《释药性》）
	羊眼半夏	1	P. 3714		《证类本草》等	无	无	无	有	半夏/地文；水玉；守田；示姑；羊眼半夏；和姑；天资；水洛（出《释药性》）
	决明	6	S. 328 P. 2755 P. 2794 P. 3714		《古今医统大全》等	无	无	有	有	决明/马蹄决明（出《陶景注》）；草决明、萋蒿子（出《陶景注》）；草用、羊明（出《释药性》）
	决明子	4	P. 3596 龙 530		有	有	有	有	有	无
	阴命	1	P. 3714		《本草经集注》等	无	无	有	无	钩吻/野葛；固活；除辛、毒根、毛茛、阴命（以上四名出《陶景注》）；正人、章草（以上二名出《释药性》）；大阴之精（出《大清经》）；黄葛（出《杂要诀》）；胡蔓（出《拾遗》）
	防己	15	P. 3714 龙 530 《新修本草·序》		有	有	有	无	有	防己/解离；石解、木防己、解推、解名、解燕、方（以上六名出《释药性》）

(续表三二)

笔画	药名	出现频次	所在卷号	另名	其他医籍	中华药海	中医大辞典	汉语大词典	中华本草	本草和名
	防风	36	龙 530 等		有	有	有	有	有	防风/铜芸;因(当为"回")草;百枝;屏风;蕑根;百蜚;违草;茼芸(以上出《兼名苑》);同云;百种(以上出《释药性》);夏友(出《杂要诀》)
	防葵	11	S. 5614 P. 2115 P. 2378 P. 2755 P. 3201 龙 530		有	有	无	无	有	无
七画	麦冬	2	S. 328 《辅行诀》	麦门冬	《备急千金要方》等	无("麦门冬"条下别名、异名有)	无	有	有	无
	麦门冬	30	龙 530 等	麦冬	有	有	有	有	有	麦门冬/秦名羊韭、齐名爱韭、楚名乌韭、马韭(出《隐居本草》)、越名羊蓍、禹葭、禹余粮;禹芝、虫宁药、忍冬、忍陵、不死药、果、濮垒、随脂、楚名马韭、越名羊荠(以上十名出《释药性》);羊芥、乌韭(出《杂要诀》)

(续表三三)

笔画	药名	出现频次	所在卷号	另名	其他医籍	中华药海	中医大辞典	汉语大词典	中华本草	本草和名
	麦句姜	3	龙 530	天名精、豕首、虾蟆蓝	《证类本草》等	无("天名精"条下别名、异名有)	无	有	有	无
	远志	34	P. 2565 等		有	有	有	有	有	远志/叶名小草;棘苑;要绕;细草;张华、棘温、要翘、苵苑(以上四名出《释药性》);晞苑(出《杂要诀》)
	远志皮	3	S. 1467 P. 2565 P. 3596		《外台秘要》等	无	无	无	无	无
	芫花	19	P. 2565 P. 3714 龙 530 ф356V	杜芫、去水、毒鱼	有	有	有	有	有	芫花/毒鱼;杜芫;蜀桑根(根名);生水、败花、儿草根、黄大戟、白草、傲花、元白(以上七名出《释药性》);元根(芫花根,出《范汪方》);余甘(出《释药》)
	芫草	1	P. 3714	茵芋、卑共	《本草经集注》等	无	无	无	无	无
	芫花根	1	龙 530		有	有	有	无	有	芫花/毒鱼;杜芫;蜀桑根(根名);生水、败花、儿草根、黄大戟、白草、傲花、元白(以上七名出《释药性》);元根(芫花根,出《范汪方》);余甘(出《释药》)

（续表三四）

笔画	药名	出现频次	所在卷号	另名	其他医籍	中华药海	中医大辞典	汉语大词典	中华本草	本草和名
	苇子	1	S. 5435		《本草易读》等	无	无	有	无	无
	菵草/茵草	9	S. 1467 P. 2378 P. 2565 P. 2755 P. 3201 P. 3731 P. 3885 Дх02822		有	有	无	有	有	无
	花苁蓉	1	P. 2565		《本草纲目》等	无	无	无	有	无
	苁蓉	9	S. 328 S. 4433 P. 2565 P. 2794 龙 530 Дх02822		《神农本草经》等	无	无	有	有	无
	苍术	2	P. 2637 P. 2703		有	有	有	有	有	无
	苍耳子	5	P. 2662V P. 2882 P. 3378 P. 3596		有	有	有	无	有	无

（续表三五）

笔画	药名	出现频次	所在卷号	另名	其他医籍	中华药海	中医大辞典	汉语大词典	中华本草	本草和名
	芦茹	1	S. 1467		《医心方》等	无	无	无	有	1. 桔梗/荠苨；利如；房图；白药；便草；(叶名)隐忍；苻蓠、房茎、卢茹(以上三名出《释药性》)。2. 蔄茹/屈据；离娄；漆头蔄茹(出高丽)、草蔄茹(以上二名出《陶景注》)；离楼、屈居、久居、大要(以上四名出《释药性》)；散热、散炁(以上二名出《杂要诀》)
	芦根	6	P. 2662V P. 3596 P. 3885 龙 530		有	有	有	无	有	无
	苏子	2	S. 3347 龙 530	紫苏子	《本草经集注》等	无("紫苏子"条下别名、异名有)	有	有	有	无
	杜若	2	龙 530		《神农本草经》等	无	无	有	有	杜若/杜衡；杜连；白莲；白芥；若芝；芳杜若(出《陶景注》)；土卤(出《兼名苑》)；杜荇；白吟(出《杂要诀》)；冥真(出《释药性》)；冥灵根(《隐居本草注》)
	杜蘅	2	P. 3714		《证类本草》等	无	无	有	无，有"杜衡"	杜蘅/马蹄香(苏敬注)；楚蘅；土卤；土荇(以上出《释药性》)

（续表三六）

笔画	药名	出现频次	所在卷号	另名	其他医籍	中华药海	中医大辞典	汉语大词典	中华本草	本草和名
	豆蔻	3	P. 3731 龙 530 Дx02822		《古今医统大全》等	无	有	有	有	豆蔻/廉姜；姜汇、葖（以上二名出《兼名苑》）；益智、蒟缘、甘蕉、鹿目（以上五种出《陶景注》）
	豆蔻子	1	P. 2882		《外台秘要》等	无	无	无	有	无
	豕首	1	龙 530	天名精、麦句姜、虾蟆蓝	《神农本草经》等	无（“天名精”条下别名、异名有）	无	有	有	1. 天名精/麦句姜（出苏敬注）；蝦蟆蓝（出苏敬注）；豕首；天门精；玉门精；彘颅；蟾蜍兰（苏敬注）；觐；豨莶、豨首（以上二名出《陶景注》）；鹿活草、天蔓菁、地菘（以上三名出苏敬注）；天精、天无青、葵芦（以上三名出《释药性》）；蘣、蟾诸兰（以上二名出《杂要诀》）。2. 蠡实/剧草；三坚；豕首；荔实；马蔺子、马薤（以上二名出苏敬注）；旱蒲（出《稽疑》）；茢蘣（出《兼名苑》）；独行子；豨首（以上出《释药》）
	连	2	《辅行诀》		《本草纲目》等	无	无	有	有	无
	连翘	6	P. 2115 P. 2378 P. 2755 P. 3731 龙 530		有	有	有	有	有	连翘/异翘；蕳华；折根；轵；三廉；连草、黄苕（以上二名出《释药性》）

（续表三七）

笔画	药名	出现频次	所在卷号	另名	其他医籍	中华药海	中医大辞典	汉语大词典	中华本草	本草和名
	连翘子	1	Дx02822		《外台秘要》等	无	无	无	无	无
	旱莲子草	1	P. 4038		《本草纲目》等	无	无	无	无	无
	牡丹	20	龙 530 等	鼠姑	《神农本草经》等	无	无	有	有	1. 牡丹/鹿韮；鼠姑；百两金（出苏敬注）；白术（出《释药性》）。2. 翘根/鼠姑；畅；牡丹，又名鼠姑，未知孰正（出《陶景注》）
	牡芫	1	P. 3714	芫花、去水、毒鱼	《名医别录》等	无（“芫花”条下别名、异名有）	无	无	无	无
	牡蒙	4	龙 530	紫参	《神农本草经》等	无	无	有	有	1. 紫参/牡蒙；众戎；童肠；马行；山羊蹄（出《稽疑》）。2. 王孙/吴名白功草；楚名王孙；齐名长孙；黄孙；海孙；蔓莛；黄昏、牡蒙（以上二名出《陶景注》）；公草（出《释药性》）
	牡丹皮	11	P. 3596《疗服石方》《辅行诀》		有	有	有	无	有	无

(续表三八)

笔画	药名	出现频次	所在卷号	另名	其他医籍	中华药海	中医大辞典	汉语大词典	中华本草	本草和名
	伯萍	1	P. 3714	贯众、贯渠、虎卷、扁苻、百头、药藻、草鸱头	《名医别录》等	无("贯众"条下别名、异名有)	无	无	有	贯众/贯节;贯渠;百头;虎卷;扁苻;伯蓱;药藻;草鵄头(《陶景注》);贯来、贯中、渠母、贯钟、乐藻(藻,据《本草补》)、黄钟(以上六名出《释药性》);头实(出《兼名苑》);贯草(出《杂要诀》)
	含映	1	S. 2438	青蘘	无	无	无	无	无	无
	即子	1	P. 3714	乌头、奚毒、乌喙	《神农本草经》等	无	无	无	有	乌头/奚毒;即子;乌喙、莨、千秋、毒公、果负、缓毒、煎、厓采、耿子(以上八名出《释药性》);罡前(出《杂要诀》)
	陆英	2	龙 530		有	有	有	无	有	陆英/蒴藋(苏敬注);决瓮;陆茎;独行(出《释药》)
	附子	63	P. 3596 等		有	有	有	有	有	1. 附子。2. 牙子/狼牙;狼子;犬牙(《陶景注》);成牙、支兰、天牙、狍牙、代、蹇、附子(以上七名出《释药性》)
	鸡苏	3	P. 3822 龙 530		《吴普本草》等	无("水苏"条下别名、异名有)	有	有	有	水苏/鸡苏;劳藉;芥葅;芪葅;花道;荠苧

（续表三九）

笔画	药名	出现频次	所在卷号	另名	其他医籍	中华药海	中医大辞典	汉语大词典	中华本草	本草和名
	羌花	1	ф356V		《古今医统大全》等	无	无	无	无	无
	羌活	9	S. 1467V S. 1467 S. 3347 S. 5435 P. 2662V P. 3885 P. 3930	独活	有	有	有	无	有	独活/羌活；羌青；护羌使；赣；赣珠（出《陶景注》）；噎珠（出《食经》）；芋珠（出《兼名苑》）；感米（出《千金方》）
	沙参	5	龙 530		《神农本草经》等	无	无	有	有	沙参/知母；苦心；志取；白参；识美；久希；虎须（出《释药性》）；虎治须（出《药对》）
八画	青葙	7	S. 328 S. 1467V P. 2794 龙 530	草蒿、萋蒿、昆仑草	有	有	无	有	有	青葙/草决明（子名）；草蒿；萋蒿；崑崙（按：本书其他地方有“昆仑”的写法）草（出苏敬注）；卑高；葙药子（以上出《释药性》）；青蒿（出《疏文》）。2. 麻蕡/麻勃；牡麻（《陶景注》）；人精（出《太清经》）；青葙（出《神仙服饵方》）

(续表四〇)

笔画	药名	出现频次	所在卷号	另名	其他医籍	中华药海	中医大辞典	汉语大词典	中华本草	本草和名
	青蒿	1	Дx02822		有	有	有	有	有	青葙/草决明(子名);草蒿;萋蒿;崑崙(按:本书其他地方有"昆仑"的写法)草(出苏敬注);卑高;葙药子(以上出《释药性》);青蒿(出《疏文》)。2.草蒿/青蒿;方溃;莨蒿(出《本草拾遗》)
	青黛	1	P. 2665		有	有	有	有	有	无
	青蘘	4	S. 2438 S. 4534 龙 530	含映	《神农本草经》等	无("胡麻叶"条下别名有)	有	无	有	青蘘
	青木香	18	S. 5435 P. 2565 P. 2882 P. 3201 P. 3731 P. 3596 P. 3916 P. 3930	木香	有	有	无	有	有	木香/蜜香;青木香(出《陶景注》);东华童子(出《丹口诀》);千秋、千年、长生(出《兼名苑》)。2.独行根/土青木香;兜零根;鸡翘草(出《范汪方》)
	青葙子	5	P. 3714 龙 530	草决明	有	有	有	无	有	无
	青葙苗	1	《疗服石方》		《本草纲目》等	无	无	无	无	无

（续表四一）

笔画	药名	出现频次	所在卷号	另名	其他医籍	中华药海	中医大辞典	汉语大词典	中华本草	本草和名
	青木香末	1	P. 3930		《本草纲目》等	无	无	无	无	无
	苦芙	1	龙 530		有	有	有	无	有	苦芙/钩芙（出《释药》）
	苦参	20	龙 530 等	地骨	有	有	有	有	有	苦参/水槐；苦蘵；地槐；菟槐；骄槐（《陶景注》）；白茎；虎麻；岑茎；禄白；陵郎；禄光、熟尕、阮、处麻、委提茎、颠槐、使（以上七名出《释药性》）
	苦菜	2	P. 2565 龙 530	1. 败酱；2. 苦苣？	有	有	有	有	有	1. 白英/谷菜；白草苦菜；鬼目草（出苏敬注）；排风草；鬼目（出《拾遗》）；酸述（出《稽疑》）。2. 贝母/空草；药实；苦花；苦菜；商草；勤母；节；苪草、茗茎（以上二名出《释药性》）。2. 苦菜/荼草；选；游冬茗、荼、苦蘵（以上三名出苏敬注）；南楦草（出崔禹）；茗菜；翘摇草（出《七卷食经》）。3. 竜葵/苦菜（出苏敬注）
	苦菜子	1	P. 2565		《本草易读》等	无	无	无	无	无
	苦参根	1	S. 5435		《圣济总录》等	无	无	无	无	无

(续表四二)

笔画	药名	出现频次	所在卷号	另名	其他医籍	中华药海	中医大辞典	汉语大词典	中华本草	本草和名
	茅根	2	龙 530	白茅根、茅草根	《神农本草经》等	无（“白茅根”条下别名、异名有）	有	无	有	茅根/蕳根；茄根；地菅；地筋；兼杜；白茅（出《陶景注》）；白华、蘧杜、三稜、野菅、兼根、地根（以上六名出《兼名苑》）；白羽草（出《大清经》）；地煎（出《杂要诀》）
	茅草根	1	P. 3230	白茅根、茅根	《证治准绳》等	无（“白茅根”条下别名、异名有）	有	无	有	无
	刺蒺汁	1	P. 3930		无	无	无	无	无	无
	鸢头	4	P. 3714	鸢尾根	《本草经集注》等	无	无	无	有	射干/乌扇；乌蒲；乌翣；乌吹；草姜；鸢尾（叶名，出《陶景注》）；鸢头（根名，出苏敬注）；乌喙（出《杂要诀》）；乌屡（出《兼名苑》）
	鸢尾	9	P. 3714 龙 530	乌园	有	有	有	有	有	1. 射干/乌扇；乌蒲；乌翣；乌吹；草姜；鸢尾（叶名，出《陶景注》）；鸢头（根名，出苏敬注）；乌喙（出《杂要诀》）；乌屡（出《兼名苑》）。 2. 鸢尾/乌乌国子、乌菌（以上出《释药》）；乌固（出《杂要诀》）
	鸢尾根	1	P. 3714	鸢头	《证类本草》等	无	无	无	无	无
	虎杖	2	龙 530		有	有	有	无	有	无，有“虎杖根”

（续表四三）

笔画	药名	出现频次	所在卷号	另名	其他医籍	中华药海	中医大辞典	汉语大词典	中华本草	本草和名
	虎卷	1	P. 3714	贯众、贯渠、扁苻、百头、伯萍、药藻、草鸱头	《神农本草经》等	无（“贯众”条下别名、异名有）	无	无	有	1. 贯众/贯节；贯渠；百头；虎卷；扁苻；伯蓱；药藻；草鵄头（《陶景注》）；贯来、贯中、渠母、贯钟、乐藻（藻，据《本草补》）、黄钟（以上六名出《释药性》）；头实（出《兼名苑》）；贯草（出《杂要诀》）。2. 虎掌/虎卷（出《释药》）
	虎掌	10	P. 3714 龙 530	天南星	《名医别录》等	无（“天南星”条下别名、异名有）	有	无	有	虎掌/虎卷（出《释药》）
	郁金	7	S. 328 S. 6107 P. 2665 P. 2794 P. 3230 P. 3930 Дx02822		有	有	有	无	有	无
	昆布	10	S. 3347 S. 5614 P. 2115 P. 2378 P. 2755 P. 3596 龙 530		有	有	有	有	有	昆布/干苔；柔苔；纶布（出《兼名苑》）

（续表四四）

笔画	药名	出现频次	所在卷号	另名	其他医籍	中华药海	中医大辞典	汉语大词典	中华本草	本草和名
	昆仑草	1	P. 3714	青葙	《新修本草》等	无（“青葙”条下别名、异名有）	有	无	无	无
	固活	2	P. 3714	野葛、钩吻	《神农本草经》等	无	无	无	无	钩吻/野葛；固活；除辛、毒根、毛茛、阴命（以上四名出《陶景注》）；正人、䓍草（以上二名出《释药性》）；大阴之精（出《大清经》）；黄葛（出《杂要诀》）；胡蔓（出《拾遗》）
	败酱	3	龙 530	苦菜	《名医别录》等	无	无	有	有	败酱（《陶景注》）/鹿腹；鹿首；马草；泽败；纳细（出《释药性》）
	钓藤	1	龙 530		《本草经集注》等	无（“钩藤”条下别名、异名有）	有	有	有	钓藤/弔藤（出《陶景注》）；鹅藤（出《耆婆方》）
	知母	15	S. 1467V S. 1467 S. 3347 S. 5614 P. 2115 P. 2378 P. 2662 P. 2755 P. 3201 龙 530 Дx02822	蝭母	有	有	有	无	有	1. 沙参/知母；苦心；志取；白参；识美；久希；虎须（出《释药性》）；虎治须（出《药对》）。2. 知母/蚳母；连母；野蓼；地参；水参；水浚；货母；蝭母；女雷；女理；儿草；鹿列；韭逢；儿踵；两木根；水须；沈燔；募；旋母、提母、祇母、茹母、东行、枷母（以上六名出《释药性》）；明蓼；莲母（出《兼名苑》）

（续表四五）

笔画	药名	出现频次	所在卷号	另名	其他医籍	中华药海	中医大辞典	汉语大词典	中华本草	本草和名
	侧子	9	P. 3714 龙 530		有	有	无	无	有	侧子
	卑共	1	P. 3714	茵芋、芫草	《名医别录》等	无（“茵芋”条下别名、异名有）	无	无	有	茵芋/莞草；卑共；卑山竹；卫与（出《释药性》）
	金沸草	1	P. 3714	旋覆花、盛椹、戴椹	有	有	有	无	有	旋复花/金沸草；盛椹；戴椹
	鱼苏	1	Дx02822		《证类本草》等	无	无	无	无	无
	鱼胆	1	P. 3930		《中国树木分类学》等	无	有	无	无	无
	狗脊	7	P. 2637 P. 2703 P. 2755 P. 3043 龙 530		有	有	有	有	有	狗脊（苏敬注）/百枝；强膂；快盖；快簕；狗青、萆薢、赤节（以上三名出《释药性》）
	狗舌草	1	P. 2666		有	有	有	无	有	无
	狗尿台	1	P. 2666		《普济方》等	无	无	无	无，有“狗尿苔”	无

（续表四六）

笔画	药名	出现频次	所在卷号	另名	其他医籍	中华药海	中医大辞典	汉语大词典	中华本草	本草和名
	空心甘草	1	S. 5435		《普济方》等	无	无	无	无	无
	卷柏	7	S. 328 P. 2794 P. 3596 龙 530		有	有	有	有	有	卷柏/万岁；豹足；求股；交时（以上本条）；千秋（出《太清经》）
	河内牛膝	1	P. 2115		无	无	无	无	无	无
	泽兰	7	S. 1467 龙 530 Дx02822		有	有	有	有	有	泽兰（《陶景注》）/虎兰；龙枣；虎蒲；兰泽香（出苏敬注）；水香（出《兼名苑》）；龙求、兰香（出《杂要诀》）
	泽泻	25	龙 530 等		有	有	有	有	有	无
	泽漆	6	P. 3714 龙 530	漆茎	有	有	有	无	有	无
	建音	1	P. 3714		《证类本草》等	无	无	无	无	无
	细辛	63	龙 530 等		有	有	有	有	有	细辛/小辛；细草（出《释药性》）
	细豆蔻	2	P. 3230 S. 6107		无	无	无	无	无	无

（续表四七）

笔画	药名	出现频次	所在卷号	另名	其他医籍	中华药海	中医大辞典	汉语大词典	中华本草	本草和名
	贯节	1	P. 3714	贯众、贯渠、百头、虎卷、扁苻、伯萍、药藻、草鸱头	《神农本草经》等	无（"贯众"条下别名、异名有）	无	有	有	贯众/贯节；贯渠；百头；虎卷；扁苻；伯蓱；药藻；草鵄头（《陶景注》）；贯来、贯中、渠母、贯钟、乐藻（藻，据《本草补》）、黄钟（以上六名出《释药性》）；头实（出《兼名苑》）；贯草（出《杂要诀》）
	贯众	10	P. 2637 P. 2703 P. 3043 P. 3714 龙 530	贯节、贯渠、百头、虎卷、扁苻、伯萍、药藻、草鸱头	有	有	有	有	有	贯众/贯节；贯渠；百头；虎卷；扁苻；伯蓱；药藻；草鵄头（《陶景注》）；贯来、贯中、渠母、贯钟、乐藻（藻，据《本草补》）、黄钟（以上六名出《释药性》）；头实（出《兼名苑》）；贯草（出《杂要诀》）
	贯渠	1	P. 3714	贯众、贯节、百头、虎卷、扁苻、伯萍、药藻、草鸱头	《神农本草经》等	无（"贯众"条下别名、异名有）	无	有	有	贯众/贯节；贯渠；百头；虎卷；扁苻；伯蓱；药藻；草鵄头（《陶景注》）；贯来、贯中、渠母、贯钟、乐藻（藻，据《本草补》）、黄钟（以上六名出《释药性》）；头实（出《兼名苑》）；贯草（出《杂要诀》）

(续表四八)

笔画	药名	出现频次	所在卷号	另名	其他医籍	中华药海	中医大辞典	汉语大词典	中华本草	本草和名
九画	毒公	4	龙 530		《吴普本草》等	无	无	无	有	乌头(《陶景注》)/奚毒;即子;乌喙、莨、千秋、毒公、果负、缓毒、煎、厓采、耿子(以上八名出《释药性》);罡前(出《杂要诀》)
	毒鱼	2	P. 3714	芫花、牡芫、去水	《名医别录》等	无("芫花"条下别名、异名有)	无	无	有	芫花/毒鱼;杜芫;蜀桑根(根名);生水、败花、儿草根、黄大戟、白草、傲花、元白(以上七名出《释药性》);元根(芫花根,出《范汪方》);余甘(出《释药》)
	毒根	1	P. 3714	钩吻、秦钩吻、野葛、除辛	《吴普本草》等	无("钩吻"条下别名、异名有)	有	无	有	钩吻/野葛;固活;除辛、毒根、毛莨、阴命(以上四名出《陶景注》);正人、享草(以上二名出《释药性》);大阴之精(出《大清经》);黄葛(出《杂要诀》);胡蔓(出《拾遗》)
	垣衣	3	龙 530		《名医别录》等	无	无	有	有	垣衣/昔耶;乌韮;垣嬴;天韮;鼠韮;天蒜(出《陶景注》);青苔衣、屋游(以上二名出苏敬注);恶首;小枞(出《杂要诀》)
	荆芥	1	Дx02822		有	有	有	有	有	假苏/鼠萤;姜芥;荆芥(苏敬注)
	荆藤	1	《新修本草·序》		无	无	无	无	无	无

（续表四九）

笔画	药名	出现频次	所在卷号	另名	其他医籍	中华药海	中医大辞典	汉语大词典	中华本草	本草和名
	草姜	1	P. 3714	射干、乌吹、乌扇、乌蒲、乌翣	《名医别录》等	无（“射干”条下别名、异名有）	无	无	有	射干/乌扇；乌蒲；乌翣；乌吹；草姜；鸢尾（叶名，出《陶景注》）；鸢头（根名，出苏敬注）；乌喙（出《杂要诀》）；乌屡（出《兼名苑》）
	草蒿	3	P. 3714	青葙、萋蒿；青蒿	《神农本草经》等	无（“青葙”条下别名有；“青蒿”条下别名、异名有）	有	无	有	1. 青葙/草决明（子名）；草蒿；萋蒿；崑崙（按：本书其他地方有“昆仑”的写法）草（出苏敬注）；卑高；葙药子（以上出《释药性》）；青蒿（出《疏文》）。2. 草蒿/青蒿；方溃；葭蒿（出《本草拾遗》）
	草甘遂	2	P. 3714	蚤休、重台	《神农本草经》等	无	无	无	有	1. 甘遂/主田；甘藁；陵藁；陵泽；重泽；草甘遂（出《陶景注》）；蚤休、重台（以上二名出苏注）；畜、日泽、膍、鬼丑、丘重泽、罢雷、丑、夹盖、承露（以上九名出《释药性》）。2. 蚤休/螫休；重娄、重台、草甘遂（以上三名出苏敬注）；重楼、土甘遂（以上二名出《新录方》）
	草乌头	1	P. 3093		有	有	有	无	有	无

（续表五〇）

笔画	药名	出现频次	所在卷号	另名	其他医籍	中华药海	中医大辞典	汉语大词典	中华本草	本草和名
	草决明	1	P. 3714	1 决明子；2 青葙子	《吴普本草》等	无（“决明子”条下别名、异名有）	有	无	无	1. 决明（《陶景注》）/马蹄决明（出《陶景注》）；草决明、萋蒿子（出《陶景注》）；草用、羊明（出《释药性》）。2. 青葙/草决明（子名）；草蒿；萋蒿；崑崙（按：本书其他地方有“昆仑”的写法）草（出苏敬注）；卑蒿；葙药子（以上出《释药性》）；青蒿（出《疏文》）
	草豆蔻	1	S. 5901		有	有	有	有	有	无
	草鵄头	2	P. 3714	贯众、贯节、贯渠、百头、虎卷、扁苻、伯萍、药藻	《神农本草经》等	无（“贯众”条下别名、异名有）	无	无	有	无

（续表五一）

笔画	药名	出现频次	所在卷号	另名	其他医籍	中华药海	中医大辞典	汉语大词典	中华本草	本草和名
	茵芋	15	S. 1467 S. 5614 P. 2115 P. 2378 P. 2755 P. 3714 P. 3596 龙 530	卑共、莞草	有	有	有	无	有	茵芋/莞草；卑共；卑山竹；卫与（出《释药性》）
	茵陈	7	P. 2662 P. 3731 龙 530 Дx02822	茵陈蒿	有	有	有	有	有	无
	茵陈蒿	1	龙 530	茵陈	有	有	有	有	有	茵陈蒿/马先（出《释药性》）
	茴香草	1	P. 2882		《备急千金要方》等	无	有	无	无	无
	茜根	2	P. 2565 龙 530		《外台秘要》等	无	无	无	有	茜根（《陶景注》）/地血；茹芦；茅蒐；蒨（以上出《陶景注》）；绛根、红蓝、染绛草（以上三名出《兼名苑》）；茴月芦；蒐蒨（出《杂要诀》）
	荛花	4	P. 3714 龙 530		有	有	有	有	无	荛花

(续表五二)

笔画	药名	出现频次	所在卷号	另名	其他医籍	中华药海	中医大辞典	汉语大词典	中华本草	本草和名
	茖	1	P. 3822	藜芦、葱苒、葱菼、山葱	《神农本草经》等	无	无	有	无，有“茖葱”	葱实/茖；兴渠、伧蒿（以上二名出《兼名苑》）；山葱、胡葱、冻葱、汉葱、葱白、葱苒（以上六种出《陶景注》）；茯葱、沙葱（以上出崔禹）；驎葱、漫葱、细葱（以上三种出《七卷食经》）；波兰（出《兼名苑》）；时空停（出《五金粉要诀》）
	荜拨	10	S. 5614 S. 5901 P. 2115 P. 2378 P. 2662V P. 2755 P. 2882 P. 3596	鼠尾	《中藏经》等	无（“荜茇”条下别名、异名有）	有	有	无。有“荜茇”	蒟酱/浮留藤、荜拨（以上二名出苏敬注）
	荜拨末	1	P. 2662V		《饮膳正要》等	无	无	无	无	无
	荠子	1	龙 530		《证类本草》等	无	无	无	有	无
	荠苨	2	龙 530 《疗服石方》（罗振玉旧藏）		《金匮要略》等	无	有	有	有	1. 荠苨/鹿隐忍（根名，出《小品方》）。2. 桔梗/荠苨；利如；房图；白药；便草（叶名）；隐忍；苻蓠、房茎、卢茹（以上三名出《释药性》）

（续表五三）

笔画	药名	出现频次	所在卷号	另名	其他医籍	中华药海	中医大辞典	汉语大词典	中华本草	本草和名
	茺蔚子	2	龙530		有	有	有	无	有	茺蔚子/益母；益明；大札；贞蔚（以上本条）；天麻草、苦麻（以上二名出《耆婆方》）；郁臭草（出《本草拾遗》）；虎麻、马新蒿、马矢蒿（以上三名出《稽疑》）；萑蓷、臭秽草（出《释药性》）
	莨草	1	龙530		有	有	有	有	有	莨草/菉蓐草、王刍（以上二名出苏敬注）；雁脚（出《兼名苑》）
	药藻	1	P.3714	贯众、贯渠、虎卷、扁苻、伯萍、百头、草鸱头	《吴普本草》等	无	无	无	有	无
	刺芥汁	1	S.5435		无	无	无	无	无	无
	威灵仙	1	Дx02822		有	有	有	无	有	无
	牵牛	5	S.5614 P.2115 P.2378 P.2755 龙530		《丹溪心法》等	无	无	有	有	无

(续表五四)

笔画	药名	出现频次	所在卷号	另名	其他医籍	中华药海	中医大辞典	汉语大词典	中华本草	本草和名
	牵牛子	3	S. 3347 S. 5901 P. 2882		有	有	有	无	有	牵牛子(《陶景注》)
	虾蟆蓝	1	龙 530	天名精、麦句姜、豕首	《神农本草经》等	无(“天名精”条下别名有)	无	有	有	天名精/麦句姜(出苏敬注);蝦蟆蓝(出苏敬注);豕首;天门精;玉门精;彘颅;蟾蜍兰(苏敬注);覲;豨莶、豨首(以上二名出《陶景注》);鹿活草、天蔓菁、地菘(以上三名出苏敬注);天精、天无青、葵芦(以上三名出《释药性》);蘸、蟾诸兰(以上二名出《杂要诀》)
	钩吻	11	S. 2438 P. 3714 龙 530	秦钩吻、野葛、除辛、毒根	有	有	有	无	有	钩吻/野葛;固活;除辛、毒根、毛莨、阴命(以上四名出《陶景注》);正人、辜草(以上二名出《释药性》);大阴之精(出《大清经》);黄葛(出《杂要诀》);胡蔓(出《拾遗》)

（续表五五）

笔画	药名	出现频次	所在卷号	另名	其他医籍	中华药海	中医大辞典	汉语大词典	中华本草	本草和名
	重台	1	P. 3714	蚤休、草甘遂；玄参	《吴普本草》等	无（“蚤休”条下别名、异名有）	有	有	有	1. 玄参/重台；玄台；鹿肠；正马；咸；端；颒草（出《陶景注》）；鬼藏（出《释药性》）；玄精（出《范汪方》）。2. 甘遂/主田；甘藁；陵藁；陵泽；重泽；草甘遂（出《陶景注》）；蚤休、重台（以上二名出苏敬注）；畜、日泽、恳、鬼丑、丘重泽、罢雷、丑、夹盖、承露（以上九名出《释药性》）。3. 蚤休/螫休；重娄、重台、草甘遂（以上三名出苏敬注）；重楼、土甘遂（以上二名出《新录方》）
	重泽	1	P. 3714	甘遂、主田、甘藁、陵泽	《吴普本草》等	无（“甘遂”条下别名、异名有；“玄参”条下别名、异名有）	无	无	有	甘遂/主田；甘藁；陵藁；陵泽；重泽；草甘遂（出《陶景注》）；蚤休、重台（以上二名出苏敬注）；畜、日泽、恳、鬼丑、丘重泽、罢雷、丑、夹盖、承露（以上九名出《释药性》）

（续表五六）

笔画	药名	出现频次	所在卷号	另名	其他医籍	中华药海	中医大辞典	汉语大词典	中华本草	本草和名
	重楼	1	S. 2438	黄精、仙人余粮	有	有	有	有	有	1. 黄精/重楼；菟竹；鸡格；救穷；鹿竹；垂珠（出《抱朴子》）；大阳之精、飞英（花名）、流精（根名）、马箭、委蕤、河沮、羊括、仙人余粮、苟格、白及、救穷之粮、黄花精、高楼根、代已芝（以上十四名出《太清经》）；龙衔（出《广雅》）；天精（出《兼名苑》）；马煎、可通、羊棰（以上三名出《神仙服饵方》）；仙羊（出《释药性》）。2. 蚤休/螯休；重娄、重台、草甘遂（以上三名出苏敬注）；重楼、土甘遂（以上二名出《新录方》）
	香戎	2	P. 2662V P. 2882		《本草纲目》等	无	无	无	有	无
	香白芷	1	S. 5901	白芷	《圣济总录》等	无（“白芷”条下别名、异名有）	有	无	有	无
	香附子	4	S. 4329 S. 6107 P. 2565 P. 3230		《中藏经》等	无（“香附”条下别名、异名有）	有	有	有	莎草/缟；侯莎（《尔雅》为“侯莎”）；缇（实名）；鼠蓑；香附子（根名）、雀头香、沙草（以上三名出苏敬注）；三稜草（出《稽疑》）；乌堙（出《药诀》）；滈葔；地发（出《杂要诀》）；镐只；青莎草（出《释药》）

（续表五七）

笔画	药名	出现频次	所在卷号	另名	其他医籍	中华药海	中医大辞典	汉语大词典	中华本草	本草和名
	香藿叶	1	龙 530		无	无	无	无	无	无
	鬼臼	7	P. 3144 P. 3714 龙 530		有	有	有	有	有	鬼臼/爵犀；马目毒公；九臼；天臼；解毒；萑颈、萑草（以上二名出《释药性》）；萑辛（出《杂要诀》）
	鬼督邮	2	龙 530	徐长卿	《神农本草经》等	无（“徐长卿”条下别名、异名有）	有	有	有	鬼督邮/独摇草；余毒草（出《范汪方》）；闷狗（出《释药性》）。另外二处作为异名有“鬼督邮”：1. 赤箭/离母；鬼督邮；神草、独摇、当苦、味子、鬼箭（以上五名出《太清经》）。2. 徐长卿/鬼督邮；龙衔根；清阳（出《范汪方》）；石下长卿（出《释药性》）
	独活	17	S. 1467 P. 2794 P. 3036 P. 3144 P. 3201 P. 3596 龙 530 Дx02822	羌活	有	有	有	有	有	独活（《陶景注》）/羌活；羌青；护羌使；赣；赣珠（出《陶景注》）；噎珠（出《食经》）；芉珠（出《兼名苑》）；感米（出《千金方》）

(续表五八)

笔画	药名	出现频次	所在卷号	另名	其他医籍	中华药海	中医大辞典	汉语大词典	中华本草	本草和名
	恒山	20	龙 530 等	互草	《吴普本草》等	无("常山"条下别名、异名有)	有	有。但指山名,无药名义	有	恒山/互草;鸡骨恒山;七叶(出《释药性》)
	姜黄末	1	P. 3378		《千金翼方》等	无	无	无	无	无
	前胡	14	S. 3347 P. 2565 P. 3201 P. 3287 P. 3596 P. 3731 龙 530 《疗服石方》(罗振玉旧藏)		有	有	有	无	有	前胡
	扁苻	1	P. 3714	贯众、贯节、贯渠、百头、虎卷、伯萍、药藻	《本草经集注》等	无	无	无	有	贯众/贯节;贯渠;百头;虎卷;扁苻;伯萍;药藻;草鵄头(《陶景注》);贯来、贯中、渠母、贯钟、乐藻(藻,据《本草补》)、黄钟(以上六名出《释药性》);头实(出《兼名苑》);贯草(出《杂要诀》)
	陟厘	1	龙 530	凫葵	《名医别录》等	无	无	无	有	无

（续表五九）

笔画	药名	出现频次	所在卷号	另名	其他医籍	中华药海	中医大辞典	汉语大词典	中华本草	本草和名
	陟釐	1	龙 530		《本草纲目》等	无	无	有	无	陟釐/水中苔；河中侧梨、水中廉苔（以上二名出苏敬注）；藫毛；衣（以上出崔禹）；水衣（出《兼名苑》）；水落（出《杂录方》）
	除辛	1	P. 3714	钩吻、秦钩吻、野葛、毒根	《名医别录》等	无（“钩吻”条下别名、异名有）	无	无	有	钩吻/野葛；固活；除辛、毒根、毛茛、阴命（以上四名出《陶景注》）；正人、章草（以上二名出《释药性》）；大阴之精（出《大清经》）；黄葛（出《杂要诀》）；胡蔓（出《拾遗》）
	蚤休	2	P. 3714	重台、草甘遂	有	有	无	无	有	1. 主田；甘藁；陵藁；陵泽；重泽；草甘遂（出《陶景注》）；蚤休、重台（以上二名出《苏注》）；畜、日泽、恳、鬼丑、丘重泽、罢雷、丑、夹盖、承露（以上九名出《释药性》）。2. 蚤休/螫休；重娄、重台、草甘遂（以上三名出苏敬注）；重楼、土甘遂（以上二名出《新录方》）
	络石	3	龙 530		《名医别录》等	无	无	有	有	无

(续表六〇)

笔画	药名	出现频次	所在卷号	另名	其他医籍	中华药海	中医大辞典	汉语大词典	中华本草	本草和名
十画	秦艽	14	S. 3347 P. 2115 P. 2662V P. 2755 P. 2378 P. 3378 P. 3596 龙 530 《疗服石方》(罗振玉旧藏)		有	有	有	无	有	秦艽/秦胶(苏敬注)
	秦钩吻	1	P. 3714	钩吻、野葛、除辛、毒根	《吴普本草》等	无("钩吻"条下别名、异名有)	无	无	有	无
	莽草	16	S. 1467 P. 3714 龙 530		有	有	有	有	有	莽草(《陶景注》)/弭;春草
	莨菪	7	S. 328 S. 3347 S. 5435 P. 2794 Дх02822	莨蓎、行唐、横唐、狼唐	《圣济总录》等	无	无	有	有	无

(续表六一)

笔画	药名	出现频次	所在卷号	另名	其他医籍	中华药海	中医大辞典	汉语大词典	中华本草	本草和名
	莨菪	1	P. 3714	莨菪、行唐、横唐、狼唐	无	无	无	无	无	莨菪/行唐;横唐;狼阳根(出《杂要诀》)
	莨菪子	15	S. 5435 P. 2882 P. 3378 P. 3596 P. 3714 P. 3930 龙 530		《名医别录》等	无	有	无	有	无
	桔梗	28	龙 530 等		有	有	有	有	有	桔梗/荠苨;利如;房图;白药;便草;(叶名)隐忍;苻蘆、房茎、卢茹(以上三名出《释药性》)
	栝蒌	10	S. 3347 S. 4329 P. 3714 龙 530 《辅行诀》		《名医别录》等	无	无	有	无	无
	栝楼	4	P. 3714 龙 530	瓜蒌	有	有	有	有	有	栝楼/地楼;菓蠃;天苽;泽姑;黄苽;泽巨、苦蒌、乌服、榫朴(以上四名出《释药性》);瓟瓞、瓞瓟(出《兼名苑》);苦楼(出《杂要诀》)

(续表六二)

笔画	药名	出现频次	所在卷号	另名	其他医籍	中华药海	中医大辞典	汉语大词典	中华本草	本草和名
	栝蒌子	2	P. 2662 龙 530		《证类本草》等	无	无	无	无	无
	栝蒌根	2	S. 3347 《疗服石方》(罗振玉旧藏)		《本草经集注》等	无	无	无	无	无
	栝楼根	1	P. 3596		《伤寒论》等	无	有	无	有	无
	夏枯草	1	龙 530		有	有	有	有	有	夏枯草/夕句;乃东;燕面;少可乃车、芋草、苦枯、春草、白微、华、戴逄(以上七名出《释药性》);莫英、夕可(以上二名出《释药性》);少勾、夏格、乃连(以上三名出《杂要诀》)
	破故纸	1	Дx02822		《药性论》等	无("补骨脂"条下别名、异名有)	有	有	有	无
	柴胡	23	P. 2882 等		有	有	有	有	有	柴胡/地薰;山菜;茹草;芸蒿;白蒻(《陶景注》);柴姜;□柴;柴草(苏敬注"紫胡");山梨(出《杂要诀》)
	笋	1	S. 76		《外台秘要》等	无	无	有	无	无

(续表六三)

笔画	药名	出现频次	所在卷号	另名	其他医籍	中华药海	中医大辞典	汉语大词典	中华本草	本草和名
	笋菜	1	P. 3287		无	无	无	无	无	无
	射干	13	P. 3201 P. 3714 龙 530	乌吹、草姜、乌扇、乌蒲、乌翣	有	有	有	有	有	射干/乌扇；乌蒲；乌翣；乌吹；草姜；鸢尾(叶名，出《陶景注》)；鸢头(根名，出苏敬注)；乌喙(出《杂要诀》)；乌屡(出《兼名苑》)
	射罔	3	P. 3714 龙 530		《名医别录》等	无	无	有	有	乌喙(《陶景注》)/射罔
	徐长卿	4	S. 328 P. 2794 龙 530	鬼督邮	有	有	有	无	有	徐长卿/鬼督邮；龙衔根；清阳(出《范汪方》)；石下长卿(出《释药性》)
	奚毒	1	P. 3714	乌头、乌喙、即子	《神农本草经》等	无	无	有	有	乌头(《陶景注》)/奚毒；即子；乌喙、茛、千秋、毒公、果负、缓毒、煎、厓采、耿子(以上八名出《释药性》)；罡前(出《杂要诀》)
	狼子	1	P. 3714	狼牙、牙子、狼齿、犬牙	《神农本草经》等	无	无	有	有	1. 牙子/狼牙；狼子；犬牙(《陶景注》)；成牙、支兰、天牙、狍牙、代、骞、附子(以上七名出《释药性》)。2. 黄环/陵泉、大就葛，狼子(子名)(以上二名出苏敬注)；蜀黄环、黄还、生蒻、根韭(以上四名出《释药性》)；度谷；鸡屎藤；土防己(以上出《稽疑》)

（续表六四）

笔画	药名	出现频次	所在卷号	另名	其他医籍	中华药海	中医大辞典	汉语大词典	中华本草	本草和名
	狼牙	9	S. 328 P. 2755 P. 2794 P. 3714 龙 530	牙子、狼子、狼齿、犬牙	《金匮要略》等	无	无	有	有	牙子/狼牙；狼子；犬牙（《陶景注》）；成牙、支兰、天牙、狍牙、代、骞、附子（以上七名出《释药性》）
	狼齿	1	P. 3714	狼牙、牙子、狼子、犬牙	无	无	无	无	有	无
	狼毒	12	P. 2115 P. 2378 P. 2755 龙 530		有	有	有	有	有	狼毒/续毒
	狼唐	1	P. 3714	莨菪、行唐、横唐、莨蓎	无	无	无	无	无。有“狼蓎”	无
	狼跋	1	龙 530		无	无	无	无	无	无
	狼牙根	1	S. 2438		无	无	无	无	无	无
	狼跋子	1	龙 530		无	无	无	无	无	狼跋子/度谷、就葛（以上二名出苏敬注）
	高良姜	1	P. 3714 等	蛮姜	有	有	有	无	有	高凉姜（苏敬注作“高良姜”）

（续表六五）

笔画	药名	出现频次	所在卷号	另名	其他医籍	中华药海	中医大辞典	汉语大词典	中华本草	本草和名
	益母草	2	P. 3930		有	有	有	无	有	王瓜/土瓜；菲芴（出《兼名苑》）；生益母草（出《广利方》）；卑对；天瓜（出《杂要诀》）
	海藻	13	P. 2565 P. 2755 P. 3596 龙 530		有	有	有	有	有	海藻/落首；藫；石帆；水松；荨、海藻、海罗（以上三名出《尔雅》）；海藻、藫（出《杂要诀》）；青韭（出《兼名苑》）；海发、麋茸、紫菜、神仙菜、藻菜（以上五名出崔禹）；石帆、石连理（出《兼名苑》）
	陵泽	1	P. 3714	甘遂、甘藁、陵藁、主田、重泽	《名医别录》等	无（“甘遂”条下别名、异名有）	无	无	有	甘遂/主田；甘藁；陵藁；陵泽；重泽；草甘遂（出《陶景注》）；蚤休、重台（以上二名出苏注）；畜、日泽、恳、鬼丑、丘重泽、罢雷、丑、夹盖、承露（以上九名出《释药性》）
	陵藁	1	P. 3714	甘遂、甘藁、陵泽、主田、重泽	《神农本草经》等	无（“甘遂”条下别名、异名有）	无	无	有	甘遂/主田；甘藁；陵藁；陵泽；重泽；草甘遂（出《陶景注》）；蚤休、重台（以上二名出苏注）；畜、日泽、恳、鬼丑、丘重泽、罢雷、丑、夹盖、承露（以上九名出《释药性》）

（续表六六）

笔画	药名	出现频次	所在卷号	另名	其他医籍	中华药海	中医大辞典	汉语大词典	中华本草	本草和名
	通草	3	S. 5614 P. 2755 龙 530	燕覆子	有	有	有	有	有	通草（《陶景注》）/附支；丁翁；蓄藤茎（出《陶景注》）；燕覆、乌覆、蓄藤（以上三名出苏敬注）；附通子（出崔禹）；拏子；猴蓄（以上出《拾遗》）；丁张翁（出《杂要诀》）
十一画	堇草	1	P. 3714		《名医别录》等	无	无	无	无	1. 天雄/白幕；芨、堇草（以上二名出《尔雅》）；乌登（出《大清经》）；莨（出《释药性》）。2. 蒴藋/堇草；芨（苏敬注"陆英之叶"）；兰节（出《兼名苑》）
	菥蓂子	2	龙 530		有	有	有	有	有	无
	黄芩	66	龙 530 等		有	有	有	有	有	黄芩/腐腹；空肠；内虚；黄久；经芩；妒妇；子芩；宿芩；豘尾芩（出苏敬注）；虹胜；经芩；媚眉；印头（出《释药性》）；青黏；北节（出《华佗方》）
	黄苓	6	P. 2565 P. 3378 ДХ02822 《辅行诀》		《名医别录》等	无	无	无	无	无

（续表六七）

笔画	药名	出现频次	所在卷号	另名	其他医籍	中华药海	中医大辞典	汉语大词典	中华本草	本草和名
	黄连	64	龙 530 等		有	有	有	有	有	黄连/王连；石髓；金龙子（以上出《兼名苑》）
	黄耆	4	P. 2755 P. 3378 P. 3714 《辅行诀》		《神农本草经》等	无	有	有	有	黄耆/戴椮；戴椹；独椹；艾草；蜀脂；百本
	黄菊	1	P. 2755		《证类本草》等	无	无	有	有	无
	黄蓍	23	龙 530 等		《千金翼方》等	无	无	有	无	无
	黄精	6	S. 2438 P. 3093 P. 3714	重楼、仙人余粮	有	有	有	有	有	黄精/重楼；菟竹；鸡格；救穷；鹿竹；垂珠（出《抱朴子》）；大阳之精、飞英（花名）、流精（根名）、马箭、委蕤、河沮、羊括、仙人余粮、苟格、白及、救穷之粮、黄花精、高楼根、代已芝（以上十四名出《太清经》）；龙衔（出《广雅》）；天精（出《兼名苑》）；马煎、可通、羊棰（以上三名出《神仙服饵方》）；仙羊（出《释药性》）
	黄连末	1	S. 9987		《本草纲目》等	无	无	无	无	无
	黄连汁	1	龙 530		《圣济总录》等	无	无	无	无	无
	黄连屑	1	龙 530		《新修本草》等	无	无	无	无	无

(续表六八)

笔画	药名	出现频次	所在卷号	另名	其他医籍	中华药海	中医大辞典	汉语大词典	中华本草	本草和名
	黄精仁	1	S. 4534		《医心方》等	无	无	无	无	无
	菴蕳	2	P. 2565 龙 530		有	有	无	有	有	无
	菴蕳子	2	P. 3596 龙 530		有	有	无	无	有	无
	菖蒲	29	P. 3930 等		《神农本草经》等	无	有	有	有	昌蒲/昌阳;溪荪、兰荪(以上二名出《陶景注》);臭蒲(苏敬注);尧时韭(出《杂要诀》);灵身、昌阳之草(出《太清经》);水中泉(出《录验方》);白昌、水昌、水宿、莶蒲(以上出《拾遗》);水精(出《范汪方》);菖蒲;菖阳;荪(出《兼名苑》);荃(出《文选》)
	菖蒲末	1	P. 3930		《外台秘要》等	无	无	无	无	无
	菖蒲屑汁	1	龙 530		《新修本草》等	无	无	无	无	无
	菌草	1	S. 328		《普济方》等	无	无	无	无	无
	萝藦子	1	P. 2565		有	有	有	无	有	无“萝藦子”,有“萝摩子”
	营实	2	S. 5614 P. 2115 P. 2755		有	有	有	有	有	营实(《陶景注》)/墙薇;墙麻;牛棘;牛勒;芦蘼;山棘;山来(出《释药性》)

（续表六九）

笔画	药名	出现频次	所在卷号	另名	其他医籍	中华药海	中医大辞典	汉语大词典	中华本草	本草和名
	萎蕤	8	S. 4329 P. 2565 P. 3201 P. 3287 龙 530	葳蕤	《名医别录》等	无（“玉竹”条下别名、异名有）	有	有	有	女萎/萎蕤；荧；地节；玉竹；马薰；痿楼；痿；委捼；蕤；玉马；虫蝉；乌萐（以上出《释药性》）；青黏；黄芝；地节（出《拾遗》）
	萎蕤仁	1	S. 4329		《丹台玉案》等	无	无	无	无	无
	萆麻	3	S. 4329 P. 2378 P. 2755		《新修本草》等	无	无	无	有	萆麻（苏敬注）/苟蜱、蜱麻、野蜱、仙人骨、故蜱（以上五名出《兼名苑》）
	萆薢	6	P. 2755 龙 530		有	有	有	有	有	狗脊（苏敬注）/百枝；强膂；快盖；快筋；狗青、萆薢、赤节（以上三名出《释药性》）
	萆麻仁	1	S. 4329		《保婴撮要》等	无	无	无	无	无
	菟丝	5	S. 5614 P. 2115 P. 2378 P. 2755 龙 530		有	有	有	有	有	松萝/女萝；葛萝；蓎蒙；玉女（以上出《兼名苑》）；茑萝；蔓萝；蔓女萝（出《杂要诀》）；菟丝（出《尔雅》）
	菟丝子	20	龙 530 等		有	有	有	无	有	菟丝子/菟芦；菟缕；蓎蒙；玉女；赤网；菟累；菟丘沙（出《兼名苑》）；人精（出《范汪方》）

(续表七〇)

笔画	药名	出现频次	所在卷号	另名	其他医籍	中华药海	中医大辞典	汉语大词典	中华本草	本草和名
	菊花	14	S. 1467 S. 5614 S. 5968 P. 2115 P. 2755 P. 3596 龙 530 Дx02822	甘菊	有	有	有	有	有	菊花/节华;日精;女即;女华;女茎;更生;周盈;傅延年;阴成;苦意、白菊(以上二种出《陶景注》);周成、神精、神华、神英、长生(根名)(以上五名出《太清经》);女赢;卢(以上出《兼名苑》);月精(出《太清经》);日华;延年;生婴;扶公(出《神仙服饵方》);天精(出《范汪方》);朱赢;传公(出《杂要诀》)
	萧州艾叶	1	S. 5435		无	无	无	无	无	无
	菰根	1	龙 530		有	有	无	无	有	1. 菰根/蒋(出《兼名苑》)。2. 菰根/葑(出《七卷食经》)
	盛椹	1	P. 3714	旋覆花、金沸草、戴椹	《神农本草经》等	无	无	无	有	旋复花/金沸草;盛椹;戴椹
	雀萑草	1	P. 3596		无	无	无	无	无	无
	蛇床	7	S. 5614 P. 2115 P. 2378 P. 2755 龙 530		《备急千金要方》等	无	无	有	有	无

（续表七一）

笔画	药名	出现频次	所在卷号	另名	其他医籍	中华药海	中医大辞典	汉语大词典	中华本草	本草和名
	蛇莓	1	龙 530		有	有	有	有	有	无
	蛇衔	2	龙 530		《备急千金要方》等	无（“蛇含”条下别名、异名有）	无	有	有	蛇全（《陶景注》为“蛇含”）/蛇衔；朝生（出《释药性》）；女青（出《释药》）；兜铃蛇衔（出《杂要诀》）
	蛇床子	15	S. 4433 P. 2565 P. 4038 龙 530		有	有	有	无	有	蛇床子/蛇粟；蛇米；虺床；思益；绳毒；枣棘；墙靡；葥（出苏敬注）；蛇珠、颠棘、蛇肝、石来、袜粟、马床（以上六名出《释药性》）
	蛇床仁	1	P. 2565		《证类本草》等	无	无	有	有	无
	野苏	1	P. 3822		《新修本草》等	无	有	无	有	苏/野苏；桂荏、卿（以上二名出《兼名苑》）
	野葛	13	P. 3714 P. 3731 龙 530	钩吻、秦钩吻、除辛、毒根	《备急千金要方》等	无	无	无	有	钩吻/野葛；固活；除辛、毒根、毛茛、阴命（以上四名出《陶景注》）；正人、章草（以上二名出《释药性》）；大阴之精（出《大清经》）；黄葛（出《杂要诀》）；胡蔓（出《拾遗》）
	野丈人	1	Дх02822	白头公、白头翁	《吴普本草》等	无（“白头翁”条下别名、异名有）	有	有	有	白头公（《陶景注》）/野丈人；胡主使者；奈何草；羌胡使者（出《杂要诀》）

(续表七二)

笔画	药名	出现频次	所在卷号	另名	其他医籍	中华药海	中医大辞典	汉语大词典	中华本草	本草和名
	野百步	1	Дx02822		无	无	无	无	无	无
	悬钩子	2	S. 76		有	有	有	有	有	覆盆(《陶景注》)/珠蔂、莓子、悬钩子(以上三种出崔禹)
	麻黄	43	龙 530 等		有	有	有	无	有	麻黄/龙沙;卑相;卑盐;狗骨(出《释药性》)
	麻黄根	2	S. 1467 P. 3378		有	有	有	无	有	无
	鹿葱	2	P. 3714		《证类本草》等	无	有	有	有	1. 合欢/萱草;鹿葱(出《陶景注》);合昏(出苏敬注);戎(出《稽疑》);茸树、棫(以上二名出《本草拾遗》);莸藋;百合;蠲忿(以上出《兼名苑》)。2. 薰草/萱草;鹿葱;兜楼婆香;忘忧(以上出《稽疑》);宜男(出《兼名苑》)
	旋覆花	24	龙 530 等	戴椹、金沸草、盛椹	《神农本草经》等	无(词条有“旋复花”)	有	有	有	有“旋复花”
	章陆根	2	S. 4329 S. 5435	当陆、商陆	《证类本草》等	无	无	无	无	无

(续表七三)

笔画	药名	出现频次	所在卷号	另名	其他医籍	中华药海	中医大辞典	汉语大词典	中华本草	本草和名
	商陆	2	龙 530	当陆、章陆根	有	有	有	有	有	商陆/蓫根；夜呼；蓫花(花名)(出《陶景注》)；商棘、阳根、常蓼、马尾(以上四名出《释药性》)；章陆草、当陆、苋陆、长根、神陆、白华、逐耶、天草、逐阴之精(以上九名出《大清经》)；地精(出《大清经》)
	商陆根	1	S. 2438		《圣济总录》等	无	无	无	无	无
	续断	8	S. 328 S. 1467 P. 4038 龙 530		有	有	有	有	有	1. 龙须；续断；龙珠；龙华；悬莞；草毒；方宾(出苏敬注)；龙须(疑为“鬓”，不然与前面重复)；西王母簪(以上出《兼名苑》)；缙云草(出《古今注》)；龙蒻；龙草；续断(出《杂要诀》)。2. 蘼芜/薇芜；江离；股芜(出《杂要诀》)；续断；龙豆；接骨；南草；槐生；属折；□断、葛根、属路肉、虵药(以上四名出《释药性》)；槐主(出《杂要诀》)；虎詂；桑上寄生、接骨树、一藤、诺藤(以上四名出《陶景注》)；含水藤(出《拾遗》)。3. 大小蓟根/虎蓟；猫蓟；马蓟、雄茸蓟(以上二名出崔禹)；生续断(出《录验方》)

(续表七四)

笔画	药名	出现频次	所在卷号	另名	其他医籍	中华药海	中医大辞典	汉语大词典	中华本草	本草和名
十二画	款冬	10	S. 5614 P. 2115 P. 2378 P. 2755 P. 2794 龙 530		《古今医统大全》等	无	无	有	有	款冬/橐吾；颗东；虎须（原文似为“鬓”）；菟奚；氐冬；於屈（出《释药性》）；耐冬（出《兼名苑》）；苦茎；款冻（出《广雅》）
	款冬花	7	S. 328 P. 2662V P. 4038 龙 530 Дx02822		有	有	有	无	有	无
	葳蕤	3	S. 328 P. 2794 《疗服石方》	萎蕤	《圣济总录》等	无	无	有	有	无
	葛根	6	P. 3596 龙 530		有	有	有	无	有	1. 蘼芜/薇芜；江离；股芜（出《杂要诀》）；续断；龙骨；接骨；南草；槐生；属折；□断、葛根、属路肉、虵药（以上四名出《释药性》）；槐主（出《杂要诀》）；虎詽；桑上寄生；接骨树；一藤；诺藤（以上四名出《陶景注》）；含水藤（出《拾遗》）。2. 葛根/葛谷（苏敬注）；鸡齐根；鹿藿；黄斤；葛脰；黄葛根；庑罗（出《养性要集》）；圈；播未（以上出《杂要诀》）。

（续表七五）

笔画	药名	出现频次	所在卷号	另名	其他医籍	中华药海	中医大辞典	汉语大词典	中华本草	本草和名
	葱苒	1	P. 3714	藜芦、葱茨、山葱、茖	《名医别录》等	无（“藜芦”条下别名、异名有）	无	无	有	1. 藜芦/葱苒；葱茨；山葱；葱葵、蕙茨、公丹、山惠、绳（以上五名出《释药性》）；丰芦（出《杂要诀》）。2. 葱实/山葱；茖；胡葱；兴渠、伦蒿（以上二名出《兼名苑》）；山葱、胡葱、冻葱、汉葱、葱白、葱苒（以上六种出《陶景注》）；茯葱、沙葱（以上出崔禹）；驎葱、漫葱、细葱（以上三种出《七卷食经》）；波兰（出“兼名苑”）；时空停（出《五金粉要诀》）
	葱茨	1	P. 3714	藜芦、葱苒、山葱、茖	《神农本草经》等	无（“藜芦”条下别名、异名有）	无	无	无	藜芦/葱苒；葱茨；山葱；葱葵、蕙茨、公丹、山惠、绳（以上五名出《释药性》）；丰芦（出《杂要诀》）
	葵子	2	龙 530	冬葵子	《金匮要略》等	无（“冬葵子”条下别名、异名有）	有	无	有	无，有“冬葵子”
	葵汁	1	P. 3596		《外台秘要》等	无	无	无	无	无
	葵根	2	龙 530		《圣济总录》等	无	无	无	有	葵根（《陶景注》）/春葵子；罗勒（苏敬注）；西王母菜（以上三名出《陶景注》）；香菜（《兼名苑》）；冬死夏生；野葵（以上出《杂要诀》）

（续表七六）

笔画	药名	出现频次	所在卷号	另名	其他医籍	中华药海	中医大辞典	汉语大词典	中华本草	本草和名
	葵子汁	1	龙 530		《新修本草》等	无	无	无	无	无
	葵根末	1	P. 3930		《证类本草》等	无	无	无	无	无
	葵根汁	1	龙 530		《外台秘要》等	无	无	无	无	无
	葵根灰	1	P. 3930		《本草纲目》等	无	无	无	无	无
	葶苈	11	S. 5968 S. 5614 P. 2115 P. 2378 P. 2755 P. 3714 龙 530 《辅行诀》	丁苈、蕇、大适、大室	《名医别录》等	无	无	有	有	无
	葶苈子	15	S. 3347 P. 2565 P. 2666 P. 2882 P. 3596 《疗服石方》 《辅行诀》		有	有	有	无	有	无
	萱草根	1	P. 2662		有	有	有	无	有	无

（续表七七）

笔画	药名	出现频次	所在卷号	另名	其他医籍	中华药海	中医大辞典	汉语大词典	中华本草	本草和名
	萹蓄	1	龙 530		有	有	有	有	有	萹蓄/萹竹；姜、毒石、畜辨、篇蔓（以上四名出《释药性》）；菱（出《杂要诀》）
	葈耳	2	龙 530	苍耳	《楚辞·王逸注》等	无（"苍耳"条下别名有）	有	有	有	葈耳/胡葈；地葵；葹；常思菜；羊负来（《陶景注》）；苍耳（出苏敬注）；金蕙（出《兼名苑》）；卷耳；苓耳（以上出《尔雅》）
	雄莨菪	1	S. 3347		无	无	无	无	无	无
	雄莨菪根	1	S. 3347		无	无	无	无	无	无
	紫苏	3	P. 2662V P. 3822		《本草纲目》等	无	无	有	有	无
	紫苑	1	Дx02822		《千金翼方》等	无	无	无	无	紫苑/紫蒨；青苑；白苑（出《陶景注》）；女苑（出苏敬注）；织女菜（出《兼名苑》）；紫青（出《杂要诀》）
	紫宛	1	P. 2755		无	无	无	无	无	无
	紫参	2	龙 530	牡蒙	《名医别录》等	无	无	无	有	紫参/牡蒙；众戎；童肠；马行；山羊蹄（出《稽疑》）

(续表七八)

笔画	药名	出现频次	所在卷号	另名	其他医籍	中华药海	中医大辞典	汉语大词典	中华本草	本草和名
	紫草	3	P. 3378 龙 530		有	有	有	无	有	紫草/紫丹;紫芙;藐(出苏敬注);野葵;紫给;茈莀(出《兼名苑》);紫莀(出《尔雅》)
	紫菀	14	S. 5614 P. 2115 P. 2378 P. 2565 P. 2662V P. 2755 P. 2882 P. 3596 P. 3930 龙 530		有	有	有	有	有	无
	紫葳	8	S. 5614 P. 2115 P. 2378 P. 2755 龙 530		《备急千金要方》等	无("凌霄花"条下处方用名有)	有	有	有	1. 瞿麦(《陶景注》)/巨句麦;大菊;大兰;根名紫葳、花名藁(以上二名出《疏文》)。2. 紫葳/陵苕;芰华;陵霄、苕、陵时(以上三名出苏敬注);武威、瞿麦、陵居腹、鬼目、及华(以上五名出《释药性》);瞿麦根(出《杂要诀》);藁(花名)(出《释药》)
	紫苏子	1	S. 3347	苏子	有	有	有	无	有	无

（续表七九）

笔画	药名	出现频次	所在卷号	另名	其他医籍	中华药海	中医大辞典	汉语大词典	中华本草	本草和名
	紫苏茎	1	P. 3201		《外台秘要》等	无	无	无	有	无
	紫苏茎叶	1	P. 3201		《圣济总录》等	无	无	无	无	无
	景天	2	龙 530	慎火草	有	有	有	有	有	1. 景天/戒火；火母，救火；据火；慎火（出《陶景注》）；火草（出《范汪方》）。2. 萤火/夜光；放光；耀耀；即炤；丹良、丹鸟、燋光、夜照、小母、蟒（以上六名出《兼名苑》）；耀夜；景天；霄烛（以上出《古今注》）；夜行游女（出《墨子五行记》）
	黑牵牛	1	Дx02822		《圣济总录》等	无	无	无	有	无
	筋根	1	S. 5968		《神农本草经》等	无（"旋花根"条下别名有）	有	有	有	无
	蛮姜	1	Дx02822	高良姜	《履巉岩本草》等	无（"高良姜"条下别名有）	有	无	有	无
十三画	蓍实	1	龙 530		有	有	无	无	有	无

(续表八〇)

笔画	药名	出现频次	所在卷号	另名	其他医籍	中华药海	中医大辞典	汉语大词典	中华本草	本草和名
	蓝子	1	龙 530		《刘涓子鬼遗方》等	无（“蓝实”条下别名有）	有	无	有	蓝子
	蓝汁	5	龙 530		《新修本草》等	无	无	无	无	无
	蓝青	2	龙 530		《新修本草》等	无	无	无	无	无
	蓝菜	1	P. 3287		《本草纲目》等	无	无	有	有	无
	蓝子汁	1	龙 530		《新修本草》等	无	无	无	无	无
	蓂菥子	1	S. 4433		无	无	无	无	无	无
	蒿叶	1	S. 5435		《本草纲目》等	无	无	无	无	无
	蒺藜子	9	P. 2882 P. 3144 P. 3596 P. 3930 龙 530		《神农本草经》等	无（“刺蒺藜”条下别名、异名有）	有	有	有	蒺藜子/旁通；屈人；止行；豺羽；升推；即梨；茨；地茂（出《兼名苑》）；地毒（出《神仙服饵方》）；地苗（出《杂要诀》）；地行；地莓（出《药对》）
	蓄根	1	龙 530		《备急千金要方》等	无	无	无	无	无

(续表八一)

笔画	药名	出现频次	所在卷号	另名	其他医籍	中华药海	中医大辞典	汉语大词典	中华本草	本草和名
	蒴藋	7	S. 5614 P. 2115 P. 2378 P. 2755 P. 3201 P. 3731 龙 530		有	有	有	无	有	蒴藋/堇草；芨(苏敬注“陆英之叶”)；兰节(出《兼名苑》)
	蒴藋根	1	P. 3731		无	无	无	无	有	无
	蒲黄	16	S. 5614 P. 2115 P. 2378 P. 2565 P. 2755 P. 3930 P. 3596 龙 530		有	有	有	无	有	蒲黄(《陶景注》)/蒲花(出苏敬注)；覆章(出《神仙服饵方》)
	零陵	2	P. 2565 P. 3731		《雷公炮炙论》	无	无	有，但为古地名	无	无
	零陵香	5	S. 1467 S. 4329 S. 6107 P. 3230	薰草	有	有	有	有	有	零陵香/燕草；薰草；香草

(续表八二)

笔画	药名	出现频次	所在卷号	另名	其他医籍	中华药海	中医大辞典	汉语大词典	中华本草	本草和名
	蜀大黄	2	P. 3287		《证类本草》等	无	无	无	有	无
	蜀升麻	1	P. 2565		《外台秘要》等	无	无	无	无	无
	蜀桑根	1	P. 3714		《千金翼方》等	无	无	无	无	芫花/毒鱼;杜芫;蜀桑根(根名);生水、败花、儿草根、黄大戟、白草、儆花、元白(以上七名出《释药性》);元根(芫花根,出《范汪方》);余甘(出《释药》)
	鼠尾	1	P. 2666	荜拨	《吴普本草》等	无("荜茇"条下别名、异名有)	有	有	有	有"鼠尾"
	鼠姑	1	龙 530	牡丹	《名医别录》等	无	无	有	有	1. 牡丹/鹿韭;鼠姑;百两金(出苏敬注);白术(出《释药性》)。2. 天鼠矢/鼠姑;石肝;伏翼矢;仙鼠(苏敬注)。3. 蟠负;伊威;委黍;鼠负、鼠姑(以上二名出《陶景注》);委鼠(出《兼名苑》)。4. 翘根/鼠姑;赕;牡丹,又名鼠姑,未知孰正(出《陶景注》)
	鼠粘子	1	P. 3930		《本草图经》等	无("牛蒡子"条下别名、异名有)	有	有	有	无

（续表八三）

笔画	药名	出现频次	所在卷号	另名	其他医籍	中华药海	中医大辞典	汉语大词典	中华本草	本草和名
	鼠草粘子	1	P. 3596		无	无	无	无	无	无
	鼠尾草花	1	S. 9987		《本草纲目》等	无	无	有	无	无
	慎火草	1	P. 3596	景天	《备急千金要方》等	无（“景天”条下别名、异名有）	有	有	有	无
十四画	蔷薇	6	S. 5614 P. 2115 P. 2755 龙 530		《名医别录》等	无（“蔷薇花”条下别名、异名有）	无	有	有	无
	蔚臭草	1	P. 3596		《外台秘要》等	无	无	无	无	无
	蓼	1	S. 9987		《备急千金要方》等	无	无	有	有	无
	蓼子	1	Дx02822	蓼实	《补缺肘后方》等	无（“蓼实”条下别名有）	有	无	有	无
	蓼实	3	P. 3822 龙 530	蓼子	有	有	有	无	有	蓼实/紫蓼、香蓼、青蓼、马蓼、茏薂、荭草（以上六名出《陶景注》）；藾、水蓼（以上二名出苏敬注）；香小蓼、蛟蓼、大蓼、龙蓼（以上四名出《兼名苑》）；天蓼；泽蓼（出《杂要诀》）；女增（出《拾遗》）

(续表八四)

笔画	药名	出现频次	所在卷号	另名	其他医籍	中华药海	中医大辞典	汉语大词典	中华本草	本草和名
	酸酱	1	龙 530		《神农本草经》等	无	无	无	无	无
	漆茎	1	P. 3714	泽漆	《名医别录》等	无	无	无	有	无
	漏芦	7	P. 3731 龙 530	飞廉	有	有	有	无	有	1. 漏芦/野兰；鹿骊根（出《陶景注》）；荚蒿（出苏敬注）。2. 飞廉/飞轻；漏芦；天荠；伏猪；伏菟；飞雉；木禾（出《本经》）；天买（出《太清经》）；苦矢（出《神仙服饵方》）
	缩砂	1	Дх02822		《圣济总录》等	无	无	无	无	无
十五画	赭魁	5	P. 3714 龙 530		《名医别录》等	无	无	有	有	赭魁/土卵；黄独（出苏敬注）；地椀、地宗、土芋（以上三名出《兼名苑》）
	蕤仁	10	S. 5435 S. 5614 P. 2115 P. 2378 P. 2662 P. 2755 P. 3596 P. 3731 P. 3930	蕤核	有	有	有	无	有	无

（续表八五）

笔画	药名	出现频次	所在卷号	另名	其他医籍	中华药海	中医大辞典	汉语大词典	中华本草	本草和名
	蕤核	3	龙 530	蕤仁	《神农本草经》等	无（“蕤仁”条下别名、异名有）	有	无	有	蕤核/蕤（出《释药性》）
	葶	1	P. 3714	葶苈、丁苈、大适、大室	无	无	无	无	有	1. 亭历/大室；大适；丁历；葶；公荠（茎名，出《陶景注》）；丁乐、狗荠（出《兼名苑》注）。2. 荠/荠鷏荠、鼋荠、胡荠、老荠（以上五名出崔禹）；狗荠、葶（以上出《兼名苑》）
	横唐	1	P. 3714	莨菪、莨蓎、狼唐、行唐	《名医别录》等	无	无	有	有	莨蓎/行唐；横唐；狼阳根（出《杂要诀》）
	踯躅	11	S. 328 P. 2755 P. 3596 P. 3714 P. 3731 龙 530		《圣济总录》等	无	无	有	无	无
	踯躅花	1	P. 3201		《圣济总录》等	无	有	无	有	无

(续表八六)

笔画	药名	出现频次	所在卷号	另名	其他医籍	中华药海	中医大辞典	汉语大词典	中华本草	本草和名
	蝭母	1	龙 530	知母	《神农本草经》等	无（“知母”条下别名、异名有）	无	无	有	知母/蚳母；连母；野蓼；地参；水参；水浚；货母；蝭母；女雷；女理；儿草；鹿列；韭逢；儿踵；两木根；水须；沈燔；薚；旋母、提母、祇母、茹母、东行、枷母（以上六名出《释药性》）；明蓼；莲母（出《兼名苑》）
	鹤虱	3	P. 2637 P. 2703 P. 3378		有	有	有	有	有	鹤虱/斛虱支、鹄虱（以上二名出苏敬注）
	黎芦	5	S. 1467V S. 5614 P. 2115 P. 2378 P. 2755		《外台秘要》等	无	无	无	无	无
	熟艾	3	P. 2565 P. 3885 龙 530		《圣济总录》等	无	无	有	无	无
	熟地黄	1	《辅行诀》		有	有	有	无	有	无
十六画	燕覆子	1	S. 76	通草	《本草纲目》等	无	无	无	有	无

（续表八七）

笔画	药名	出现频次	所在卷号	另名	其他医籍	中华药海	中医大辞典	汉语大词典	中华本草	本草和名
	橐吾	1	龙 530		《神农本草经》等	无	无	无	有	款冬/橐吾；颗东；虎须（原文似为“鬓”）；菟奚；氐冬；於屈（出《释药性》）；耐冬（出《兼名苑》）；苦茎；款冻（出《广雅》）
	薇衔	2	龙 530		《名医别录》等	无	无	无	无	薇衔/麋衔；兼膏；兼肥；无心；无颠；鹿衔草、大吴风草、小吴风草（以上三名出苏敬注）
	薄荷菜	1	P. 2882		无	无	无	无	无	无
十七画	戴椹	1	P. 3714	旋覆花、金沸草、盛椹	《名医别录》等	无（“旋复花”条下别名、异名有）	无	无	有	1. 旋复花/金沸草；盛椹；戴椹。2. 黄耆/戴糁；戴椹；独椹；艾草；蜀脂；百本
	藋菌	8	P. 3714 龙 530		《神农本草经》等	无	无	有	无	藋菌/藋芦（《陶景注》）
	藁本	6	S. 4329 P. 3287 龙 530		有	有	有	有	有	藁本（苏敬注）/鬼卿；地新；薇茎；薇玉（出《兼名苑》）

(续表八八)

笔画	药名	出现频次	所在卷号	另名	其他医籍	中华药海	中医大辞典	汉语大词典	中华本草	本草和名
	薰草	2	龙 530	零陵香	《本草纲目》等	无	无	有	无	1. 香蒲/睢;醮;菁茅;香茅;薰草;燕麦;醮蒲(出《释药性》);醮石(出《释药性》);琼茅;菁苻;香莆;苞蓟;蓟狎;香菅;香芦(以上出《兼名苑》)。2. 薰草/萱草;鹿葱;兜楼婆香;忘忧(以上出《稽疑》);宜男(出《兼名苑》)。3. 薰草/蕙草;丹鷄草。4. 相马/乌葵;鼠耳;无心蛇舌;竜常草;离楼草;神护草;黄护草;吴唐草;天雄草;雀医草;白气;木甘草;益决草;九熟草;乌粟;雀粟;兊草;酸草;丑;酸箕;异草;瘫草叶;鼠肝;范;莘草;勒草;黑草;薰草(出《陶景注》);英草;鹿英。5. 零陵香/燕草;薰草;香草
	薰黄	1	P. 3596		《外台秘要》等	无	无	无	无	无
	黏鼠子	1	S. 3347		无	无	无	无	无	无

（续表八九）

笔画	药名	出现频次	所在卷号	另名	其他医籍	中华药海	中医大辞典	汉语大词典	中华本草	本草和名
十八画	瞿麦	6	P. 3287 龙 530		有	有	有	有	有	1. 瞿麦（《陶景注》）/巨句麦；大菊；大兰；根名紫葳、花名蘘（以上二名出《疏文》）。2. 紫葳/陵苕；茇华；陵霄、苕、陵时（以上三名出苏敬注）；武威、瞿麦、陵居腹、鬼目、及华（以上五名出《释药性》）；瞿麦根（出《杂要诀》）；蘘（花名）（出《释药》）
	藜芦	29	P. 3144 等	葱苒、葱荵、山葱、苳	有	有	有	有	有	藜芦/葱苒；葱荵；山葱；葱葵、蕙荵、公丹、山惠、绳（以上五名出《释药性》）；丰芦（出《杂要诀》）
	藤梨	1	S. 76	羊桃	《开宝重定本草》等	无（“猕猴桃”条下别名有）	有	无	有	无
	覆盆子	8	S. 76 P. 2565 P. 2882 P. 3596 龙 530		有	有	有	有	有	无

(续表九〇)

笔画	药名	出现频次	所在卷号	另名	其他医籍	中华药海	中医大辞典	汉语大词典	中华本草	本草和名
十九画	藿香	7	S. 328 S. 1467 S. 4329 S. 6107 P. 2565 P. 3230		有	有	有	有	有	沉香/坚黑、黑沉(以上二名出《兼名苑》);蜜香;栈香;檕香(以上出《疏》);薰陆香;胶香、白乳(以上二名出《兼名苑》);云华沉油(出《丹药口诀》);乳头香(《鉴真方》);鸡舌香;亭尖独生(出《丹药口诀》);藿香;詹糖香;枫香(《陶景注》);波律香、檀(以上二种出《陶景注》);青桂;鸡骨;马蹄;栈香;丁香
二十画	蘘草	4	龙 530		有	有	无	有	无	1. 马鞭草(苏敬注)/穰草(出《范汪方》);蘘草;蒉蘘(出《杂要诀》)。2. 蘘草/马勒草;蒉蘘(出《疏文》)
	蘘荷	1	S. 328		有	有	有	有	有	无
	蘘荷汁	1	龙 530		无	无	无	无	无	无
二十一画	蠡实	1	龙 530	马蔺子	《神农本草经》等	无("马蔺子"条下别名、异名有)	有	无	有	蠡实/剧草;三坚;豕首;荔实;马蔺子、马薤(以上二名出苏敬注);旱蒲(出《稽疑》);荔蘸(出《兼名苑》);独行子;豨首(以上出《释药》)

（续表九一）

笔画	药名	出现频次	所在卷号	另名	其他医籍	中华药海	中医大辞典	汉语大词典	中华本草	本草和名
二十二画	蘼芜	1	龙 530		有	有	有	有	有	1. 芎藭/胡藭；香果；（叶名）蘼芜；马衔（出《陶景注》）；胡果（出《兼名苑》）。2. 蘼芜/薇芜；江离；股芜（出《杂要诀》）；续断；龙骨；接骨；南草；槐生；属折；□断、葛根、属路肉、虵药（以上四名出《释药性》）；槐主（出《杂要诀》）；虎詽；桑上寄生、接骨树、一藤、诺藤（以上四名出《陶景注》）；含水藤（出《拾遗》）

上表中草部药名共计 522 个，其中 341 个药名《中华药海》词条未收，占草部药名的 65%；除去词条未收但在别名、异名中收录的 90 个药名，仍有 251 个药名未收，占草部药名的 48%。159 个药名《中华本草》未收。235 个药名《本草和名》未收。44 个药名其他医籍未见(暂未查到使用例证)，占草部药名的 9%。出现频次 20 次以上(含 20)34 个，占草部药名的 6%。其中出现频次最高的“甘草”达 128 次；其次为“大黄”，出现频次 82；再次为“人参”，出现频次 79。出现频次 10—19(含 10、19)的有 44 个，占草部药名的 8%。其余为 9 次以下(含 9)。

“薇衔”，三词典未收录，敦煌写本医籍仅有其名，但《本草和名》有大量异名。

“薰草”，《中华药海》《中医大辞典》未收，《汉语大词典》(第 9 册 594 页)收有，但只有一种解释，基本和敦煌写本医籍解释相同，《本草和名》补充了大量异名。

二、谷部

表 3—1—2 敦煌写本医籍与《本草和名》谷部药名比较表

笔画	药名	出现频次	所在卷号	另名	其他医籍	中华药海	中医大辞典	汉语大词典	中华本草	本草和名
三画	三年米醋	1	S. 76		《外台秘要》等	无	无	无	无	无
	干粟米饭	1	P. 2565		无	无	无	无	无	无
	大豆	22	龙 530 等		《神农本草经》等	无（"黑大豆"条下别名、异名有）	无	有	有	生大豆/摄狸豆；虎（出《疏文》）；白大豆；青班豆；雄豆；珂禾豆；卵班豆；乌豆；鷀豆；营豆（出崔禹）；大豆；荈、戎荈、荏荈、踝豆（以上四名出《疏文》）
	大麦	6	S. 3347 S. 4534 S. 5435 龙 530 Дx02822 《疗服石方》		有	有	无	有	有	大麦/倮麦；麰麦（以上出《陶景注》）；青科麦（出苏敬注）；项麦；雀麦（以上出崔禹）
	大麻	1	龙 530	黄麻	《本草备要》等	无	无	有	有	无
	大酢	1	P. 2565		《外台秘要》等	无	无	无	无	无
	大醋	2	S. 3395 P. 2666		《外台秘要》等	无	无	无	无	无

（续表一）

笔画	药名	出现频次	所在卷号	另名	其他医籍	中华药海	中医大辞典	汉语大词典	中华本草	本草和名
	大豆汁	5	P. 3930 龙 530		《新修本草》等	无	无	无	无	无
	大豆卷	2	龙 530	大豆黄卷	《备急千金要方》等	无（“大豆黄卷”条下别名、异名有）	无	无	有	无
	大麦仁	1	S. 3347		《圣济总录》等	无	无	无	无	无
	大麦奴	1	《疗服石方残卷》		《本草纲目》等	无	无	无	无	无
	大麻子	5	P. 3043 P. 3093 龙 530		《外台秘要》等	无（“黄麻子”条下别名、异名有）	无	无	有	无
	大麻仁	3	S. 1467 S. 1467V P. 3885	麻子、麻仁、火麻子麻子仁	《药性论》等	无（“火麻仁”条下处方用名有）	有	无	有	无
	大小豆汁	2	龙 530		《外台秘要》等	无	无	无	无	无
	大豆黄卷	1	龙 530	大豆卷	有	有	有	无	有	大豆黄卷（《陶景注》）

（续表二）

笔画	药名	出现频次	所在卷号	另名	其他医籍	中华药海	中医大辞典	汉语大词典	中华本草	本草和名
	大麻子汁	1	龙 530		《外台秘要》等	无	无	无	无	无
	大麻子头	1	S. 6177		无	无	无	无	无	无
	女曲	1	P. 2565		《本草纲目》等	无	无	有	无	无
	小米	1	Дx02822	秫米	《本草蒙筌》等	无	有	有	有	无
	小豆	15	S. 3347 S. 9987 P. 2665 P. 2666 P. 3596 P. 3714 P. 3930 龙 530 Дx00924 Дx02822		《神农本草经》等	无	无	有	有	赤小豆/叶名藿（出苏敬注）；鹿小豆、小珂豆、青小豆、黑小豆、紫小豆、白小豆、黄小豆、绿豆（以上八种出崔禹）；小豆；荅头豆；豌豆；江豆；野豆
	小豆子	1	P. 3596		《证类本草》等	无	无	无	无	无
	小豆羹	1	S. 3347		《千金翼方》等	无	无	无	无	无

（续表三）

笔画	药名	出现频次	所在卷号	另名	其他医籍	中华药海	中医大辞典	汉语大词典	中华本草	本草和名
	小麦	9	S. 4534 P. 2662V P. 2675 P. 3378 P. 3596 P. 3885 龙 530 Дx02822		有	有	有	有	有	小麦/女曲、麧子、黄蒸、黄衣（以上四名出苏敬注）
四画	无灰酒	1	P. 3093		《外台秘要》等	无	无	有	无	无
	无灰好酒	1	P. 4038		《证治准绳》等	无	无	无	无	无
	无灰清酒	3	P. 3596		《肘后备急方》等	无	无	无	无	无
	无盐热饼	1	P. 3930		无	无	无	无	无	无
	巨胜	2	S. 4534	胡麻、狗虱、方茎、鸿藏	《神农本草经》等	无（“黑脂麻”条下别名、异名有）	有	有	有	无
	巨胜仁	1	S. 76		无	无	无	无	无	无
	丹米	1	S. 4534		《外台秘要》等	无	无	无	无	无

（续表四）

笔画	药名	出现频次	所在卷号	另名	其他医籍	中华药海	中医大辞典	汉语大词典	中华本草	本草和名
	乌豆	4	S. 4433	黑豆	《肘后备急方》等	无（“黑大豆”条下别名、异名有）	有	有	有	生大豆/摄狸豆；虎（出《疏文》）；白大豆；青班豆；雄豆；珂禾豆；卵班豆；乌豆；鶇豆；营豆（出崔禹）；大豆；莽、戎莽、荏莽、踝豆（以上四名出《疏文》）
	乌麻	1	P. 4038		《外台秘要》等	无（“黑脂麻”条下别名、异名有）	无	有	无	无
	乌豆汁	1	P. 3596		《外台秘要》等	无	无	无	无	无
	乌麻油	2	S. 2438 P. 3930	麻油、生油、胡麻油	《肘后备急方》等	无（“麻油”条下别名有）	无	无	无	无
	六月六日曲末	1	P. 2565		《外台秘要》等	无	无	无	无	无
	方茎	1	S. 4534	胡麻、狗虱、巨胜、鸿藏	《名医别录》等	无	无	无	有	胡麻（《陶景注》）/狗虱；方茎；鸿藏；莫如、三光之遗荣、古地之更生、流珠、九□、□昌、合□（以上七名出《太清经》）；玄秋之沇灵（出《太清经》）

（续表五）

笔画	药名	出现频次	所在卷号	另名	其他医籍	中华药海	中医大辞典	汉语大词典	中华本草	本草和名
	火麻子	1	P. 3596	麻子、麻仁、大麻仁麻子仁	《本草蒙筌》等	无（"火麻仁"条下别名、异名有）	无	无	有	无
	水酒	1	P. 3930		《圣济总录》等	无	无	有	无	无
五画	生乌豆	1	P. 3596		《雷公炮炙论》等	无	无	无	无	无
	生胡麻	1	龙 530		《备急千金要方》等	无	无	无	无	无
	生油麻油	1	P. 3201		无	无	无	无	无	无
	生胡麻油	2	P. 3596		《千金翼方》等	无	无	无	无	无
	生大豆黄末	1	S. 2438		无	无	无	无	无	无
	白米	3	S. 1468		《圣济总录》等	无	无	有	有	无
	白面	3	P. 2882		《圣济总录》等	无	无	无	无	无
	白酒	2	P. 3596《疗服石方》		《外台秘要》等	无	无	有	无	无
	白截浆	2	《辅行诀》		无	无	无	无	无	无

（续表六）

笔画	药名	出现频次	所在卷号	另名	其他医籍	中华药海	中医大辞典	汉语大词典	中华本草	本草和名
	白粳米	3	P. 2662V P. 3930		《外台秘要》等	无	无	有	无	无
	白粱米	1	S. 4534		有	有	无	有	有	白粱米
六画	百花曲	1	Дx02822		无	无	无	无	无	无
	曲	1	P. 2882		《神农本草经》等	无	无	有	无	无
	饧	3	S. 1467V S. 2438 P. 3201		《丹溪心法》等	无	无	有	有	无
	饧果	1	Дx02822		无	无	无	无	无	无
	米	7	S. 3395 S. 5435 P. 2666 P. 2882 P. 3144 P. 3201 P. 3596 龙 530		《神农本草经》等	无	无	有	无	无
	米醋	2	P. 2882 P. 3201		《外台秘要》等	无	无	无	有	无
	米糵	1	S. 4534		无	无	无	有	无	无

（续表七）

笔画	药名	出现频次	所在卷号	另名	其他医籍	中华药海	中医大辞典	汉语大词典	中华本草	本草和名
	米泔汁	1	S. 1467		《千金翼方》等	无	无	有	无	无
	好豉	2	《疗服石方残卷》		《古今医统大全》等	无	无	无	无	无
	好曲末	1	P. 3930		《备急千金要方》等	无	无	无	无	无
	红豆	1	Дx02822	赤小豆	有	有	有	有	有	无
七画	麦	2	龙 530《疗服石方》		《丹溪心法》等	无	无	有	无	无
	麦奴	1	《疗服石方残卷》		有	有	无	有	无	无
	麦芽	1	P. 3596		有	有	有	有	有	无
	麦麨	1	Дx02822		无	无	无	有	无	无
	麦麸	2	P. 3596 Дx02822		《本草备要》等	无	无	无	无	无
	麦䴵	1	Дx02822		无	无	无	有	无	无
	麦麺	1	Дx02822		无	无	无	有	无	无
	麦曲末	1	P. 3596		《圣济总录》等	无	无	无	无	无

（续表八）

笔画	药名	出现频次	所在卷号	另名	其他医籍	中华药海	中医大辞典	汉语大词典	中华本草	本草和名
	赤豆	1	Дx02822	红豆、赤小豆	《外台秘要》等	无（“赤小豆”条下别名、异名有）	无	有	有	无
	赤谷	1	Дx02822		《千金翼方》等	无	无	无	无	无
	赤小豆	9	S. 1468 S. 4433 S. 4534 S. 9936 P. 2662 龙 530 《辅行诀》	红豆、赤豆	有	有	有	有	有	赤小豆/叶名藿（出苏敬注）；鹿小豆、小珂豆、青小豆、黑小豆、紫小豆、白小豆、黄小豆、绿豆（以上八种出崔禹）；小豆；荅头豆；豌豆；江豆；野豆
	折米	1	Дx02822		《饮膳正要》等	无	无	无	无	无
	豆豉	5	P. 2666 P. 2662V P. 2637 P. 2703 P. 3930	香豉	《丹溪心法》等	无（“淡豆豉”条下别名、异名有）	有	有	无	无
	豆酱	2	P. 3287 龙 530		《外台秘要》等	无	无	有	无	无
	饭	3	P. 2666 P. 2882		《丹溪心法》等	无	无	有	无	无

（续表九）

笔画	药名	出现频次	所在卷号	另名	其他医籍	中华药海	中医大辞典	汉语大词典	中华本草	本草和名
	冷饭	1	P. 2565		《备急千金要方》等	无	无	无	无	无
	陈廪米	1	S. 4534		《名医别录》等	无（“陈仓米”条下别名有）	无	无	有	陈廪米（《陶景注》）/粢；粈米（出崔禹）
	妙清酒	1	P. 3596		无	无	无	无	无	无
八画	青米	1	S. 9936		无	无	无	无	无	无
	青稞	1	Дx02822		有	有	无	有	有	无
	青斑豆	1	龙 530		《备急千金要方》等	无	无	无	无	无
	青粱米	1	S. 4534		《本草纲目》等	无	无	有	有	青粱米（《陶景注》）/秫粟（出《陶景注》）
	苦酒	3	P. 3201 《辅行诀》	醋、酢	《伤寒论》等	无（“醋条”下别名有）	有	有	有	酢酒/醯；苦酒；华池龙味（出《丹家》）
	饴	7	P. 2882 P. 3287 《辅行诀》		《备急千金要方》等	无	无	有	无	无

（续表一〇）

笔画	药名	出现频次	所在卷号	另名	其他医籍	中华药海	中医大辞典	汉语大词典	中华本草	本草和名
	饴糖	7	S. 4534 P. 3287 龙 530		有	有	有	有	有	无
	狗虱	1	S. 4534	胡麻、巨胜、方茎、鸿藏	《名医别录》等	无（“黑脂麻”条下别名、异名有）	无	有	有	胡麻（《陶景注》）/狗虱；方茎；鸿藏；莫如、三光之遗荣、古地之更生、流珠、九□、□昌、合□（以上七名出《太清经》）；玄秋之流灵（出《太清经》）
	炒米	1	Дx02822		《圣济总录》等	无	无	有	无	无
	泔清	2	P. 2882 P. 3930		《外台秘要》等	无	无	无	无	无
	油麻	2	P. 2637 P. 2703		《外台秘要》等	无（“黑脂麻”条下别名、异名有）	无	有	有	无
	油麻油	3	P. 2662V P. 3930		《外台秘要》等	无	无	无	无	无
	空心酒	4	S. 5435 P. 3093 P. 4038		《备急千金要方》等	无	无	无	无	无
九画	荜豆	1	Дx02822		《肘后备急方》等	无	无	无	有	无

(续表一一)

笔画	药名	出现频次	所在卷号	另名	其他医籍	中华药海	中医大辞典	汉语大词典	中华本草	本草和名
	荞麦	1	Дx02822		有	有	有	有	无	无
	荭豆	1	Дx02822		无	无	无	无	无	无
	胡豆	2	P. 3596 龙 530		《本草纲目》等	无("蚕豆"条下别名有)	有	有	有	无
	胡麻	7	S. 2438 S. 4534 龙 530	巨胜、方茎、鸿藏、狗虱	《神农本草经》等	无("黑脂麻"条下别名、异名有)	有	有	有	胡麻(《陶景注》)/狗虱;方茎;鸿藏;莫如、三光之遗荣、古地之更生、流珠、九□、□昌、合□(以上七名出《太清经》);玄秋之沇灵(出《太清经》)
	胡麻灰	1	S. 6052		《医心方》等	无	无	无	无	无
	胡麻油	1	《辅行诀》	麻油、生油、乌麻油	《名医别录》等	无("麻油"条下别名有)	无	有	无	无
	面	6	P. 2666 P. 3596		《外台秘要》等	无	无	有	无	无
	香豉	3	P. 3201	豆豉	《伤寒论》等	无("淡豆豉"条下别名、异名有)	有	无	有	无
	美清酒	1	S. 76		《外台秘要》等	无	无	无	无	无

（续表一二）

笔画	药名	出现频次	所在卷号	另名	其他医籍	中华药海	中医大辞典	汉语大词典	中华本草	本草和名
	姜酒	1	S. 76		《本草纲目》等	无	无	无	无	无
	粈子	1	Дx02822		无	无	无	无	无	无
	浓醋	2	S. 5435 P. 3093		《圣济总录》等	无	无	无	无	无
	扁豆	2	S. 4534 龙 530		《名医别录》等	无	有	有	有	无
	扁豆叶	1	P. 2882		有	有	无	无	有	无
	神曲	1	P. 3093		有	有	有	无	有	无
十画	豇豆	1	Дx02822		有	有	无	有	有	无
	热面	5	P. 2565 P. 2882 P. 3201 P. 3596		《外台秘要》等	无	无	无	无	无
	热粥	3	P. 2565 P. 2882 P. 3287		《备急千金要方》等	无	无	无	无	无
	热麨	1	P. 3930		无	无	无	无	无	无
	热粥饭	1	《辅行诀》		无	无	无	无	无	无

（续表一三）

笔画	药名	出现频次	所在卷号	另名	其他医籍	中华药海	中医大辞典	汉语大词典	中华本草	本草和名
	秫米	4	S. 4534 龙 530 Дx02822	小米	《名医别录》等	无	有	有	有	秫米/黍稷、粟秫、秔稉
	秫米酒	2	S. 5435		《证类本草》等	无	无	无	无	无
	浆水	4	S. 5435 P. 2662V P. 2882		有	有	有	有	无	无
	酒	63	S. 5435 等		有	有	无	有	有	无
	酒糟	1	P. 3596		有	有	无	有	有	无
十一画	麸浆	1	P. 2882		《普济方》等	无	无	有	无	无
	舂杵糠	1	龙 530		《本草纲目》等	无	无	无	无	无
	黄谷	1	Дx02822		《雷公炮制药性解》等	无	无	无	无	无
	黄饴	1	《辅行诀》		《医心方》等	无	无	无	无	无
	黄麻	1	Дx02822	大麻	《景岳全书》等	无	无	有	有	无
	黄蒸	1	P. 3930		《本草纲目》等	无	无	有	无	小麦/女曲、麲子、黄蒸、黄衣（以上四名出苏敬注）
	黄蓍酒	1	P. 2565		无	无	无	无	无	无
	黄粱米	1	S. 4534		有	有	无	有	无	黄粱米/竹根黄

（续表一四）

笔画	药名	出现频次	所在卷号	另名	其他医籍	中华药海	中医大辞典	汉语大词典	中华本草	本草和名
	黄蒸麸子	1	P. 3596		无	无	无	无	无	无
	黄色小麦曲	1	P. 2662V		无	无	无	无	无	无
	豉	34	P. 3596 等		《丹溪心法》等	无	无	有	有	豉
	豉心	1	P. 2565		《外台秘要》等	无	无	无	无	无
	豉汁	3	龙 530		有	有	无	无	无	无
	豉粥	1	P. 2662		《外台秘要》等	无	无	无	无	无
	馄饨	3	P. 3930 P. 3596		《外台秘要》等	无	无	有	无	无
	麻子	16	S. 2438 S. 3347 S. 4534 S. 9987 P. 2665 P. 2666 P. 2675 P. 2882 P. 3093 P. 3930 龙 530 Дx02822	火麻子 大麻仁、麻子仁、麻仁	《神农本草经》等	无（“火麻仁”条下别名、异名有）	有	有	有	无

(续表一五)

笔画	药名	出现频次	所在卷号	另名	其他医籍	中华药海	中医大辞典	汉语大词典	中华本草	本草和名
	麻仁	4	S. 1467V S. 5435 P. 3885 Дx02822	火麻子大麻仁、麻子仁、麻子	《外台秘要》等	无（“火麻仁”条下处方用名有）	无	有	有	无
	麻花	3	S. 5614 P. 2115 P. 2755		有	有	有	有	有	无
	麻油	7	S. 5435 P. 3731 P. 3930 龙 530 《辅行诀》	生油、胡麻油、乌麻油	有	有	有	有	无	无
	麻勃	2	龙 530	麻蕡	《神农本草经》等	无（“麻蕡”条下别名有）	有	有	有	麻蕡/麻勃；牡麻（《陶景注》）；人精（出《太清经》）；青葙（出《神仙服饵方》）
	麻蕡	2	龙 530	麻勃	有	有	有	有	有	麻蕡/麻勃；牡麻（《陶景注》）；人精（出《太清经》）；青葙（出《神仙服饵方》）
	麻子仁	1	龙 530	麻子、麻仁、火麻子大麻仁	《伤寒论》等	无（“火麻仁”条下别名、异名有）	有	无	有	无

(续表一六)

笔画	药名	出现频次	所在卷号	另名	其他医籍	中华药海	中医大辞典	汉语大词典	中华本草	本草和名
	麻子油	1	P. 2662V		《圣济总录》等	无	无	无	无	无
	粗米	1	Дx02822		《太平圣惠方》等	无	无	无	无	无
	鸿藏	1	S. 4534	胡麻、巨胜、方茎、狗虱	《名医别录》等	无("黑脂麻"条下别名、异名有)	无	无	有	胡麻(《陶景注》)/狗虱;方茎;鸿藏;莫如、三光之遗荣、古地之更生、流珠、九□、□昌、合□(以上七名出《太清经》);玄秋之沆灵(出《太清经》)
	清酒	6	S. 76 S. 1468 S. 3347 P. 3596 龙 530		《外台秘要》等	无	无	有	无	无
	清酢	1	S. 1467		《备急千金要方》等	无	无	无	无	无
	清醯	1	S. 1467		《淮南子》等	无	无	无	无	无
	清水曲	1	Дx02822		无	无	无	无	无	无
	清苦酒	1	S. 76		《本草纲目》等	无	无	无	无	无
	清美酒	3	P. 2882 P. 3596		《千金翼方》等	无	无	无	无	无
	淳醋	1	龙 530		《外台秘要》等	无	无	无	无	无

(续表一七)

笔画	药名	出现频次	所在卷号	另名	其他医籍	中华药海	中医大辞典	汉语大词典	中华本草	本草和名
	淡豉	2	P. 2662		《外台秘要》等	无("淡豆豉"条下别名、异名有)	无	无	有	无
	绿豆	2	S. 9987 Дx02822		有	有	有	有	有	赤小豆/叶名藿(出苏敬注);鹿小豆、小珂豆、青小豆、黑小豆、紫小豆、白小豆、黄小豆、绿豆(以上八种出崔禹);小豆;荅头豆;豌豆;江豆;野豆
	绿豆粥	1	S. 3347		《本草纲目》等	无	无	无	无	无
十二画	酢	7	S. 4534 S. 9987 P. 2882 P. 3596 P. 3930 龙 530	醋、苦酒	《外台秘要》等	无	无	有	无	无
	酢浆水	2	S. 9987 P. 2666		《外台秘要》等	无	无	无	无	无
	粟米	1	S. 4534		有	有	无	有	有	粟米/白粱粟;粢米;芑粟;穑米;仙敫米(出崔禹)
	粟米饭	2	P. 2565 P. 3287		《圣济总录》等	无	无	无	无	无

(续表一八)

笔画	药名	出现频次	所在卷号	另名	其他医籍	中华药海	中医大辞典	汉语大词典	中华本草	本草和名
	黑豆	7	P. 2637 P. 2703 P. 3043 P. 3093 P. 3714 P. 3930	乌豆	《圣济总录》等	无（“黑大豆”条下别名、异名有）	无	有	有	无
	黑胡麻	1	P. 3596		《医心方》等	无	无	无	无	无
	黑饴饼子	1	P. 2882		无	无	无	无	无	无
	黍	1	P. 2662		《内经知要》等	无	无	有	有	无
	黍米	4	S. 4534 S. 11363 P. 3596 Дх02822		有	有	无	有	有	黍米/穄米
	黍稷	1	Дх02822		《本草求真》等	无	无	有	无	秫米/黍稷、粟秫、秔稉
十三画	蒸米	1	Дх02822		《急救广生集》等	无	无	无	无	无
	暖酒	1	P. 3930		《外台秘要》等	无	无	无	无	无
	馎饦	3	P. 2882 P. 3930 P. 3596		《名医类案》等	无	无	有	无	无

(续表一九)

笔画	药名	出现频次	所在卷号	另名	其他医籍	中华药海	中医大辞典	汉语大词典	中华本草	本草和名
	馎饦汁	1	P. 2662V		无	无	无	无	无	无
	稗子	1	Дx02822		《本草纲目》等	无	无	有	有	无
	粳米	6	S. 4534 P. 3287 P. 3930 《辅行诀》 Дx02822		有	有	无	有	有	粳米/粃米、米粉、烂米(以上三名出崔禹)
	粳米潘汁	1	龙 530		无	无	无	无	无	无
	粮米	1	Дx02822		《医方考》等	无	无	无	无	无
	酱	4	S. 3347 S. 4534 P. 2882 P. 3596		有	有	无	有	有	酱/醢;榆人酱;芜荑酱(出苏敬注);鳣酱;拘子酱(出崔禹)
	酱清	1	P. 3596		《备急千金要方》等	无	无	有	无	无
十四画	蓼菜釀酒	1	P. 3596		无	无	无	无	无	无
	酽醋	1	P. 3731		《外台秘要》等	无	无	有	无	无
	酽米醋	1	P. 3731		《圣济总录》等	无	无	无	无	无

（续表二〇）

笔画	药名	出现频次	所在卷号	另名	其他医籍	中华药海	中医大辞典	汉语大词典	中华本草	本草和名
十五画	腐婢	3	S. 4534 P. 3714 龙 530		有	有	有	无	有	腐婢
	蜜酒	1	S. 5435		《中藏经》等	无	无	有	无	无
	豌豆	1	Дx02822		有	有	无	有	有	赤小豆/叶名藿（出苏敬注）；鹿小豆、小珂豆、青小豆、黑小豆、紫小豆、白小豆、黄小豆、绿豆（以上八种出崔禹）；小豆；苍头豆；豌豆；江豆；野豆
	醋	26	S. 1467V 等	酢、苦酒	有	有	有	有	有	无
	醋浆	1	P. 2662		《备急千金要方》等	无	无	有	有	无
	醋淀	1	P. 3596		《太平圣惠方》等	无	无	无	无	无
	醋浆水	1	S. 1467		《备急千金要方》等	无	无	有	无	无
	稷米	1	S. 4534		有	有	无	无	有	无
	稻米	2	S. 4534 P. 2675		《名医别录》等	无	无	有	有	稻米/稌米、乌米、□、糯米（以上四名出崔禹）
	稻谷	1	Дx02822		无	无	无	有	无	无

(续表二一)

笔画	药名	出现频次	所在卷号	另名	其他医籍	中华药海	中医大辞典	汉语大词典	中华本草	本草和名
十六画	薏苡	2	龙 530		《名医类案》等	无	无	有	有	无
	薏苡仁	1	P. 2565		有	有	有	无	有	无
	薏苡根	2	龙 530		有	有	有	无	有	无
十七画	醢	1	P. 3596		《新修本草》等	无	无	有	无	酱/醢;榆人酱;芜荑酱(出苏敬注);鳣酱;枸子酱(出崔禹)
	糟醋	1	P. 2882		《证类本草》等	无	无	无	无	无
十九画	穬麦	1	S. 4534		《神农本草经》等	无	无	有	有	穬麦
二十画	糯米	5	S. 3347 P. 3201 P. 2637 P. 2703 Дx02822		有	有	无	有	无	无
二十二画	糨米	1	Дx02822		无	无	无	无	无	无

上表中谷部药名共计 193 个，其中 159 个药名《中华药海》词条未收，占谷部药名的 82%；除去词条未收，但在别名、异名中收录的 26 个药名，仍有 133 个药名未收，占谷部药名的 69%。125 个药名《中华本草》未收。160 个药名《本草和名》未收。29 个药名其他医籍未见（暂未查到使用例证），占谷部药名的 16%。出现频次 20 次以上（含 20）4 个，占谷部药名的 2%。其中出现频次最高的是“酒”，63 次。其后依次为“豉”，34 次；“醋”，26 次；“大豆”，22 次。出现频次 10—19（含 10、19）的有 2 个，占谷部药名的 1%。其余为 9 次以下（含 9）。

三、菜部

表 3—1—3　敦煌写本医籍与《本草和名》菜部药名比较表

笔画	药名	出现频次	所在卷号	另名	其他医籍	中华药海	中医大辞典	汉语大词典	中华本草	本草和名
三画	干姜	80	龙 530 等		有	有	有	有	有	干姜/定姜（出《养性要集》）；生姜；地辛；扬朴；蘵、薞（以上二名出《兼名苑》）
	干姜末	2	S. 5435 P. 3596		《备急千金要方》等	无	无	无	无	无
	干姜汁	1	龙 530		《备急千金要方》等	无	无	无	无	无
	干薯蓣	1	S. 5598		《肘后备急方》等	无	无	无	无	无
	大蒜	3	S. 4534 P. 2666 龙 530	葫	有	有	有	有	有	无
	大蕨	1	P. 3714		无	无	无	无	无	无
	山药	1	P. 3810		有	有	有	有	有	无
	山蒜	1	P. 3822		《本草纲目》等	无	无	无	有	无
	小芥	1	P. 3596		无	无	无	无	无	无
	小蒜	2	S. 4534 龙 530	薤白	有	有	有	有	无	无

（续表一）

笔画	药名	出现频次	所在卷号	另名	其他医籍	中华药海	中医大辞典	汉语大词典	中华本草	本草和名
	马芹	3	S. 6107 P. 3230 Дx02822		《养生导引秘籍》等	无	无	无	有	无
	马齿草	1	P. 3596	马齿菜	《雷公炮炙论》等	无（“马齿苋”条下别名、异名有）	无	无	有	无
	马齿菜	1	P. 2666	马齿草	《太平圣惠方》等	无（“马齿苋”条下别名、异名有）	有	有	有	无
	马炽菜	1	P. 2882		无	无	无	无	无	无
四画	不开口瓠芦	1	S. 1467V		无	无	无	无	无	无
	六芝	1	龙 530		《名医别录》等	无	无	无	无	无
五画	生韭	1	P. 3596		《外台秘要》等	无	无	无	无	无
	生姜	63	龙 530 等		有	有	有	有	有	干姜/定姜（出《养性要集》）；生姜；地辛；扬朴；蘵、薞（以上二名出《兼名苑》）
	生韭汁	1	龙 530		《备急千金要方》等	无	无	无	无	无

（续表二）

笔画	药名	出现频次	所在卷号	另名	其他医籍	中华药海	中医大辞典	汉语大词典	中华本草	本草和名
	生葱	2	P. 2882 P. 3596		《圣济总录》等	无	无	无	无	无
	生干姜	2	P. 3714		《临证指南医案》等	无	无	无	无	无
	生胡荽	2	龙 530		《金匮要略》等	无	无	无	无	无
	生姜汁	5	S. 76 S. 3347 S. 5435 P. 3596 龙 530		《外台秘要》等	无	无	无	无	无
	生葱白	2	S. 3347 P. 3930		《小品方》等	无	无	无	无	无
	白葱	2	P. 2662V P. 2882		《医心方》等	无	无	无	无	无
	白芥子	1	Дx02822		有	有	有	无	有	芥/莨（出《陶景注》）；白芥子（出苏敬注）；鼠芥、雀芥（以上二名出崔禹）
	冬瓜	3	S. 76 龙 530		有	有	有	有	有	无
	冬瓜子	2	S. 76 龙 530		有	有	有	无	有	无

（续表三）

笔画	药名	出现频次	所在卷号	另名	其他医籍	中华药海	中医大辞典	汉语大词典	中华本草	本草和名
	冬瓜仁	2	S. 76 S. 4329		《备急千金要方》等	无	无	无	有	白冬瓜/冬瓜人；地芝（出苏敬注）；温食、秋泉、桂枝（以上三名出《兼名苑》）
	冬瓜汁	1	龙 530		《外台秘要》等	无	无	无	无	无
	兰香	2	P. 2882 Дx02822		《齐民要术》等	无（“罗勒”条下别名、异名有）	有	有	有	1. 兰草/水香；煎泽草、兰香、都梁香草（以上三名出《陶景注》）；兰泽香草（出苏敬注）；蕙薰。2. 泽兰（《陶景注》）/虎兰；龙枣；虎蒲；兰泽香（出苏敬注）；水香（出《兼名苑》）；龙求、兰香（出《杂要诀》）
	兰香子	2	P. 2666 P. 3930		《海上名方》等	无（“罗勒子”条下别名有）	有	无	有	无
	汉葱	1	P. 3822		《本草纲目》等	无	无	有	无	山葱；茖；葱实/胡葱；兴渠、伦蒿（以上二名出《兼名苑》）；山葱、胡葱、冻葱、汉葱、葱白、葱苒（以上六种出《陶景注》）；获葱；沙葱（以上出崔禹）；鳞葱、滠葱、细葱（以上三种出《七卷食经》）；波兰（出《兼名苑》）；时空停（出《五金粉要诀》）

（续表四）

笔画	药名	出现频次	所在卷号	另名	其他医籍	中华药海	中医大辞典	汉语大词典	中华本草	本草和名
	母葱	1	S. 3347		无	无	无	无	无	无
六画	百合	3	龙 530		有	有	有	有	有	1. 百合/重匡；重迈；磨罴；中逢花；强瞿；强仇（出《陶景注》）；山丹（出《拾遗》）。2. 合欢/萱草；鹿葱（出《陶景注》）；合昏（出苏敬注）；戎（出《稽疑》）；茸树、棫（以上二名出《本草拾遗》）；菰藋；百合；䴏忿（以上出《兼名苑》）。3. 逐折/百合；厚实；杜仲子（出《陶景注》）
七画	赤芥子	1	P. 3930		无	无	无	无	无	无
	芥	4	S. 328 P. 2755 P. 3822 龙 530		《名医别录》等	无	无	有	有	芥/莨（出《陶景注》）；白芥子（出苏敬注）；鼠芥、雀芥（以上二名出崔禹）
	芥子	5	S. 6107 P. 2662V P. 3230 P. 3596 《辅行诀脏腑用药法要》		有	有	有	有	有	无

（续表五）

笔画	药名	出现频次	所在卷号	另名	其他医籍	中华药海	中医大辞典	汉语大词典	中华本草	本草和名
	芸薹	2	S. 4534 Дх02822	芸薹菜	有	有	有	有	有	芸苔
	芸薹菜	1	P. 3930	芸薹	《日用本草》等	无（词无，“芸薹”条下别名有）	有	无	有	无
	苋实	1	龙 530		有	有	有	无	有	苋实/马苋；莫实；苋菜；白苋；细苋；糠苋；赤苋；蒉；马齿苋；鹅苋（出《兼名苑》）；慈墨（出《大清经》）
	冻葱	1	P. 3822	胡葱	《新修本草》等	无（“胡葱”条下别名有）	无	无	有	葱实/山葱；茖；胡葱；兴渠、伧蒿（以上二名出《兼名苑》）；山葱、胡葱、冻葱、汉葱、葱白、葱苒（以上六种出《陶景注》）；茯葱；沙葱（以上出崔禹）；𦼮葱、滠葱、细葱（以上三种出《七卷食经》）；波兰（出《兼名苑》）；时空停（出《五金粉要诀》）
	陈芥子	1	P. 3930		《医心方》等	无	无	无	无	无
八画	青葱叶	1	P. 3596		《医心方》等	无	无	有	无	无
	苦苣	1	Дх02822	苦菜	有	有	无	无	有	无

(续表六)

笔画	药名	出现频次	所在卷号	另名	其他医籍	中华药海	中医大辞典	汉语大词典	中华本草	本草和名
	苦瓠	4	P. 3822 龙 530		《备急千金要方》等	无	无	有	有	苦瓠/瓠瓢;瓢(出苏敬注);甘瓠(出崔禹);赤阳藏温(出《养性要集》)
	苦瓠根	1	S. 3347		无	无	无	无	无	无
	苦瓠瓤	1	P. 3596		《千金翼方》等	无	无	无	无	无
	苜蓿	4	S. 328 P. 2794 P. 3287 P. 3822		有	有	有	有	有	苜蓿
	细葱	1	P. 3201		无	无	无	无	无	葱实/山葱;茖;胡葱;兴渠、伧蒿(以上二名出《兼名苑》);山葱、胡葱、冻葱、汉葱、葱白、葱苒(以上六种出《陶景注》);获葱;沙葱(以上出崔禹);驎葱、漯葱、细葱(以上三种出《七卷食经》);波兰(出《兼名苑》);时空停(出《五金粉要诀》)
九画	春瓜	1	Дx02822		无	无	无	无	无	无
	草豉子	1	P. 2662V		无	无	无	无	无	无

（续表七）

笔画	药名	出现频次	所在卷号	另名	其他医籍	中华药海	中医大辞典	汉语大词典	中华本草	本草和名
	荏	1	P. 3822		《吴普本草》等	无（“白苏子”条下别名、异名有）	无	有	有	无
	荏子	1	P. 3822		《名医别录》等	无	有	无	有	荏子/蕉；重油
	胡瓜	1	S. 76	黄瓜	《备急千金要方》等	无	无	有	有	胡瓜（出《孟诜食经》）/再熟瓜（出崔禹）；勒瓜、青瓜（以上三名出《兼名苑》）
	胡荽	4	P. 2666 P. 2882 龙 530		有	有	有	有	有	无
	胡葱	4	S. 4534 P. 2666 P. 3596	冻葱	有	有	无	无	无	1. 葱实/山葱；茖；胡葱；兴渠、伧蒿（以上二名出《兼名苑》）；山葱、胡葱、冻葱、汉葱、葱白、葱苒（以上六种出《陶景注》）；获葱；沙葱（以上出崔禹）；驎葱、滠葱、细葱（以上三种出《七卷食经》）；波兰（出《兼名苑》）；时空停（出《五金粉要诀》）。2. 胡葱
	胡苣根	1	P. 2882		无	无	无	无	无	无
	胡葱根	1	P. 3201		无	无	无	无	无	无

（续表八）

笔画	药名	出现频次	所在卷号	另名	其他医籍	中华药海	中医大辞典	汉语大词典	中华本草	本草和名
	韭叶	2	《辅行诀》		《古今医统大全》等	无	无	无	无	无
	韭白	1	P. 3930		《外台秘要》等	无	无	有	无	无
	韭汁	1	P. 3930		《外台秘要》等	无	无	无	无	无
	香菜	1	S. 9987	胡荽	《韵略》等	无（“胡荽”条下别名、异名有）	有	有	有	葵根（《陶景注》）/春葵子、罗勒（苏敬注）、西王母菜（以上三名出《陶景注》）；香菜（《兼名苑》）；冬死夏生；野葵（以上出《杂要诀》）
	独头蒜	1	P. 2666		《外台秘要》等	无（“大蒜”条下别名、异名有）	无	有	有	无
	独颗蒜	3	P. 3596 Дx10298		《证类本草》等	无	无	有	无	无
	姜	10	P. 2882 P. 3287 P. 3378 P. 3596 P. 3714 P. 3930 龙 530 ф356V 《疗服石方》 《辅行诀》		《备急千金要方》等	无	无	有	有	萹蓄/萹竹；姜、毒石、畜辨、篇蔓（以上四名出《释药性》）；菱（出《杂要诀》）

（续表九）

笔画	药名	出现频次	所在卷号	另名	其他医籍	中华药海	中医大辞典	汉语大词典	中华本草	本草和名
	姜末	1	P. 2665		《外台秘要》等	无	无	无	无	无
	姜汁	2	P. 4038		《外台秘要》等	无	无	无	无	无
十画	莱菔子	1	S. 9987		有	有	有	有		无
十一画	堇	2	S. 4534 P. 3714	堇菜	《新修本草》等	无	无	有	有	无
	堇菜	1	S. 4534	堇	《证类本草》等	无	无	无	无	无
	菘菜	1	龙 530		有	有	无	无	有	无
	菹菜	1	S. 76		《本草纲目》等	无	无	无	有	无
	黄独	1	P. 3714		《本草纲目》等	无	无	有	有	赭魁/土卵；黄独（出苏敬注）；地椀、地宗、土芋（以上三名出《兼名苑》）
	黄瓜根	2	S. 3347 P. 3596		有	有	有	无	有	无
	瓠子	1	S. 76		有	有	有	有	有	无
十二画	越瓜	1	S. 76		有	有	无	有	有	越瓜（《陶景注》；出《孟诜食经》）/春白、女臂、羊角、羊髋（以上四名出《兼名苑》）；女臂瓜；玉臂（出《七卷食经》）

（续表一〇）

笔画	药名	出现频次	所在卷号	另名	其他医籍	中华药海	中医大辞典	汉语大词典	中华本草	本草和名
	葫	2	S. 4534		《名医别录》等	无（“大蒜”条下别名、异名有）	无	有	有	葫（崔禹）/蒜；独子葫（出《陶景注》）；黏（出《兼名苑》）
	葫芦	1	P. 2882		《千金月令》等	无（“壶卢”条下别名、异名有）	有	有	有	无
	韭	5	S. 3347 S. 3395 S. 9987 P. 2666 P. 3930		《四圣心源》等	无	无	有	无	韭/白𦽎、丰本（以上二名出《兼名苑》）；寒菜（出《千金方》）；草钟乳（出《拾遗》）
	韭子	3	P. 2565 P. 3810 龙 530		《医学集成》等	无	无	无	无	无
	葱	13	S. 3347 S. 5435 P. 2665 P. 2882 P. 3144 P. 3378 P. 3596 龙 530		《备急千金要方》等	无	无	有	有	无

（续表一一）

笔画	药名	出现频次	所在卷号	另名	其他医籍	中华药海	中医大辞典	汉语大词典	中华本草	本草和名
	葱叶	2	P. 3596《辅行诀脏腑用药法要》		有	有	有	无	有	无
	葱白	21	P. 2666 等		有	有	有	有	有	葱实/山葱；茖；胡葱；兴渠、伦蒿（以上二名出《兼名苑》）；山葱、胡葱、冻葱、汉葱、葱白、葱苒（以上六种出《陶景注》）；获葱；沙葱（以上出崔禹）；驎葱、滠葱、细葱（以上三种出《七卷食经》）；波兰（出《兼名苑》）；时空停（出《五金粉要诀》）
	葱汁	3	P. 3822 P. 3930 龙 530	葱涕	有	有	无	无	有	无
	葱实	2	P. 3822 龙 530		有	有	有	无	有	葱实/山葱；茖；胡葱；兴渠、伦蒿（以上二名出《兼名苑》）；山葱、胡葱、冻葱、汉葱、葱白、葱苒（以上六种出《陶景注》）；获葱；沙葱（以上出崔禹）；驎葱、滠葱、细葱（以上三种出《七卷食经》）；波兰（出《兼名苑》）；时空停（出《五金粉要诀》）

(续表一二)

笔画	药名	出现频次	所在卷号	另名	其他医籍	中华药海	中医大辞典	汉语大词典	中华本草	本草和名
	葱根	2	P. 2662 P. 3822		《名医别录》等	无	有	无	有	无
	葱涕	1	龙 530	葱汁	《备急千金要方》等	无("葱汁"条下别名有)	有	无	有	无
	葱黄	1	P. 3596		《千金翼方》等	无	无	无	无	无
	葱黄心	1	P. 2666		《肘后备急方》等	无	无	无	无	无
	朝生	1	龙 530		《新修本草》等	无	无	有	有	1. 蚍全(《陶景注》为"蛇含")/蛇衔;朝生(出《释药性》);女青(出《释药》);兜铃蛇衔(出《杂要诀》)。2. 鬼目/来甘;白草子(出《陶景注》);鬼盖;地盖;朝生;鬼繖;马颠
	紫芝	2	龙 530		《吴普本草》等	无	无	有	有	紫芝
	番瓜	1	Дx02822		《疡医大全》等	无("番木瓜"条下别名、异名有)	有	无	有	无

(续表一三)

笔画	药名	出现频次	所在卷号	另名	其他医籍	中华药海	中医大辞典	汉语大词典	中华本草	本草和名
十三画	蒜	10	P. 2662V P. 2882 P. 3596 P. 3930 P. 4038 龙 530		《名医别录》等	无	无	有	无	1. 蒜/葫子(出《陶景注》);兰葱;蒜夘(以上出《兼名苑》)。2. 葫(崔禹)/蒜;独子葫(出《陶景注》);䔉(出《兼名苑》)
十四画	蔓菁	3	P. 2635 P. 3930 Дx02822		《礼记・郑玄注》等	无("芜菁"条下别名有)	有	有	有	芜菁/蔓菁(出苏敬注);萃根;芊;荛;大芥;辛芥;幽芥(以上五名出《七卷食经》);菟延子(出《神仙服饵方》);九英(出《拾遗》)
	蔓菁子	7	P. 2662 P. 3378 P. 3596 P. 3930 《疗服石方》		《备急千金要方》等	无("芜菁子"条下别名有)	有	无	有	无
	蔓菁油	1	P. 3930		《外台秘要》等	无	无	无	无	无
	蔓菁根	1	P. 2662V		《外台秘要》等	无	无	无	无	无
	蔓菁子油	1	P. 2662		《外台秘要》等	无	无	无	无	无
十五画	熟葱	2	P. 2882 P. 3596		《普济方》等	无	无	无	无	无

(续表一四)

笔画	药名	出现频次	所在卷号	另名	其他医籍	中华药海	中医大辞典	汉语大词典	中华本草	本草和名
十六画	薤白	7	P. 2662 龙 530 《辅行诀》	小蒜	有	有	有	无	有	无
	薯蓣	18	S. 1467 S. 4433 P. 2565 P. 2755 P. 3714 P. 4038 龙 530 《辅行诀》		《备急千金要方》等	无（"山药"条下别名、异名有）	无	有	有	无。有署蓣，在草部

上表中菜部药名共计 101 个，其中 76 个药名《中华药海》词条未收，占菜部药名的 75%；除去词条未收但在别名、异名中收录的 16 个药名，仍有 60 个药名未收，占菜部药名的 59%。47 个药名《中华本草》未收。73 个药名《本草和名》未收。12 个药名其他医籍未见(暂未查到使用例证)。出现频次 20 次以上(含 20)3 个，占菜部药名的 3%。其中出现频次最高的是“干姜”，80 次。其后依次为“生姜”，63 次；“葱白”，21 次。出现频次 10—19(含 10、19)的有 3 个，占菜部药名的 3%。其余为 9 次以下(含 9)。

四、果部

表 3—1—4　敦煌写本医籍与《本草和名》果部药名比较表

笔画	药名	出现频次	所在卷号	另名	其他医籍	中华药海	中医大辞典	汉语大词典	中华本草	本草和名
三画	三月三日桃花	1	P. 3596		《外台秘要》等	无	无	无	无	无
	三月三日半闭桃花	1	P. 2666		无	无	无	无	无	无
	三月三日桃花未开者	1	P. 3596		无	无	无	无	无	无
	干枣	4	P. 2662V P. 3930 龙 530		《备急千金要方》等	无	无	无	有	大枣/干枣;美枣;良枣;猗枣
	干藕	1	S. 76		《圣济总录》等	无	无	无	无	无
	大枣	34	龙 530 等		有	有	有	有	有	大枣/干枣;美枣;良枣;猗枣
	大石瓜	1	Дx02822		无	无	无	无	无	无

（续表一）

笔画	药名	出现频次	所在卷号	另名	其他医籍	中华药海	中医大辞典	汉语大词典	中华本草	本草和名
四画	木瓜	10	S. 76 S. 5614 P. 2115 P. 2378 P. 2755 P. 2882 龙 530		有	有	有	有	有	木瓜/榠查；查子；楙（出《兼名苑》）
	车下李根	1	龙 530		《新修本草》等	无	无	无	无	无
	乌梅	5	S. 9434 P. 3201 龙 530 Дx02822	梅实	有	有	有	有	有	梅实/乌梅；白梅（出《陶景注》）；枏、挟、紫蒂、同心（以上四名出《兼名苑》）
	乌梅肉	3	P. 2565 P. 3201		《外台秘要》等	无	无	无	无	无
五画	甘蔗汁	1	S. 76		《外台秘要》等	无	无	无	无	无
	石榴	1	Дx02822		《外台秘要》等	无	无	有	有	无

（续表二）

笔画	药名	出现频次	所在卷号	另名	其他医籍	中华药海	中医大辞典	汉语大词典	中华本草	本草和名
	石蜜	5	S. 76 P. 2662V P. 3930	乳糖	《名医别录》等	无（“白沙糖”条下别名、异名有）	无	有	有	1. 石蜜/石饴；崖蜜、木蜜、食蜜、土蜜（以上四名出《陶景注》）；白蜜（出苏敬注）；沙蜜；百花醴（出《墨子五行记》）；奔醴花腴（出《神仙服饵方》）。2. 石蜜/沙饼（出苏敬注）
	石莲子	1	S. 76		《太平圣惠方》等	无	无	无	有	无
	石榴子	1	P. 3930		《外台秘要》等	无	无	有	有	无
	石榴皮	2	龙 530		有	有	有	无	有	无
	石榴花	1	P. 3596		有	有	有	有	有	无
	石榴根	1	龙 530		有	有	有	无	有	无
	龙眼	2	龙 530 Дx02822		《名医别录》等	无	无	无	有	龙眼/益智（苏敬注：此非龙眼）；龙目；比目（出《疏文》）（在木部）
	东引桃枝	1	Дx00924		《外台秘要》等	无	无	无	无	无

（续表三）

笔画	药名	出现频次	所在卷号	另名	其他医籍	中华药海	中医大辞典	汉语大词典	中华本草	本草和名
	东南桃枝	2	P. 3378 P. 3596		《备急千金要方》等	无	无	无	无	无
	生瓜叶	1	S. 76		《本草纲目》	无	无	无	无	无
	生杏仁	1	S. 5435		《肘后备急方》等	无	无	无	无	无
	生梅子	1	S. 9434		《本草经集注》等	无	无	无	有	无
	白桃	1	P. 3596		《本草纲目》等	无	无	无	无	无
	白梅	2	S. 76 S. 9434		有	有	无	无	有	梅实/乌梅；白梅（出《陶景注》）；柟、抶、紫蒂、同心（以上四名出《兼名苑》）
	瓜蒂	10	S. 76 P. 2662 P. 2662V P. 3714 龙 530 《辅行诀》		有	有	有	有	有	瓜蒂（《陶景注》）

(续表四)

笔画	药名	出现频次	所在卷号	另名	其他医籍	中华药海	中医大辞典	汉语大词典	中华本草	本草和名
	瓜蒂茎	1	P. 3596		无	无	无	无	无	无
六画	西州枣	1	S. 5435		无	无	无	无	无	无
	回纥瓜	1	Дx02822		无	无	无	无	无	无
	朱樱桃	1	S. 4534		《本草经集注》等	无	无	无	有	无
	安石榴子	1	P. 2665		无	无	无	无	无	无
七画	杏子	1	ф356V	杏核	有	有	无	有	有	杏核/杏子;栅子(出崔禹);黄吉、蓬莱杏(以上二名出《兼名苑》)
	杏仁	58	龙 530 等	青龙实中仁	有	有	有	有	有	无
	杏核	1	龙 530	杏子	《名医别录》等	无	无	无	无	杏核/杏子;栅子(出崔禹);黄吉、蓬莱杏(以上二名出《兼名苑》)
	杏梅	1	Дx02822		《本草纲目》	无	无	有	无	无
	杏仁塞	1	P. 3596		无	无	无	无	无	无
	杨梅	1	S. 76		有	有	有	有	有	无

（续表五）

笔画	药名	出现频次	所在卷号	另名	其他医籍	中华药海	中医大辞典	汉语大词典	中华本草	本草和名
	李子	1	Дx02822		有	有	有	有	有	无
	李根	2	龙 530		有	有	无	无	有	无
	李核仁	1	龙 530		有	有	有	无	有	无
	吴茱萸	22	龙 530 等		《神农本草经》等	无	有	无	有	吴茱萸/藙；藙子（出《陶景注》）；掇（出《养性要集》）；茢子（出《稽疑》）
	沙糖	2	S. 76 S. 5435		《肘后备急方》等	无	无	有	有	沙糖
	陈橘皮	1	Дx02822		《外台秘要》等	无	无	无	无	无
	阿摩罗	2	P. 3378		无	无	无	无	无	无
	鸡头子	1	S. 76	鸡头实	《景岳全书》等	无	无	无	有	无
	鸡头实	1	P. 3810	鸡头子	《备急千金要方》等	无	无	无	有	鸡头实（《陶景注》）/雁喙实；芡；蔿子（出《陶景注》）；葀（出崔禹）；茷、雁头（以上二名出《疏文》）；阴胶肠；天门精；天禹；曜（以上出《大清经》）；天川虫（出《神仙服饵方》）

（续表六）

笔画	药名	出现频次	所在卷号	另名	其他医籍	中华药海	中医大辞典	汉语大词典	中华本草	本草和名
八画	青州枣	1	P. 3596		《博济方》等	无	无	无	无	无
	青龙实中仁	1	P. 4038	杏仁	无	无	无	无	无	无
	林檎	1	Дx02822		有	有	有	有	有	1. 棕/林檎；杋子、梂子（以上二名出崔禹）；梀（出《兼名苑》）；椁、棯（以上二名出《兼名苑》）。2. 林檎/黑琴（出《七卷食经》）
	枇杷叶	2	S. 9434		《名医别录》等	无	有	有	有	枇杷叶
	枣	8	P. 3093 P. 3378 P. 3596 P. 3885 P. 4038 龙 530 《辅行诀》		《备急千金要方》等	无	无	有	有	无
	枣肉	4	S. 76 S. 1467V P. 3885		《备急千金要方》等	无	无	无	无	无

（续表七）

笔画	药名	出现频次	所在卷号	另名	其他医籍	中华药海	中医大辞典	汉语大词典	中华本草	本草和名
	枣肌	2	P. 3714 龙 530		《医心方》等	无	无	无	无	无
	枣泥	1	S. 5435		《幼幼新书》等	无	无	有	无	无
	枣根	1	龙 530		《备急千金要方》等	无	有	无	有	无
	枣膏	1	P. 4038		《备急千金要方》等	无	无	无	无	无
	枣瓤	1	S. 3347		《太平圣惠方》等	无	无	无	无	无
	软枣	1	S. 76		《备急千金要方》等	无	无	无	无	无
	虎眼	1	P. 3596	荔枝	无	无	无	有	无	无
	乳糖	1	S. 5598	石蜜	《证类本草》等	无	无	有	无	无
九画	荔枝	1	Дx02822	虎眼	有	有	有	有	有	无
	胡桃	3	S. 76 P. 3930 Дx02822		《备急千金要方》等	无	无	有	有	胡桃（出《七卷食经》）

（续表八）

笔画	药名	出现频次	所在卷号	另名	其他医籍	中华药海	中医大辞典	汉语大词典	中华本草	本草和名
	胡椒	4	S. 5901 P. 2665 P. 3930 Дx02822		有	有	有	有	有	胡椒（出《西戎》）（木部）
	柿子	1	Дx02822		有	有	无	有	有	无
	砂糖	3	P. 2662V P. 3930		《备急千金要方》等	无	无	有	无	无
	南枣	1	Дx02822		《临证指南医案》等	无	无	无	有	无
	南汉瓜蒂	1	P. 3596		无	无	无	无	无	无
	食茱萸	3	S. 4433 P. 3287	欓子	有	有	有	有	有	食茱萸（崔禹）/藙（出马琬）
	扁柿	1	P. 3714		《新修本草》等	无	无	无	无	无
十画	秦椒	5	S. 1467 龙 530		《备急千金要方》等	无（"花椒"条下别名、异名有）	无	有	有	秦椒/大椒、樛树子（以上二名出《陶景注》）；小椒（出《神仙服饵方》）

（续表九）

笔画	药名	出现频次	所在卷号	另名	其他医籍	中华药海	中医大辞典	汉语大词典	中华本草	本草和名
	莲子	2	S. 76	莲实	有	有	有	有	有	无
	莲实	2	S. 76 S. 6052	莲子	《尔雅》郭璞注等	无（"莲子"条下别名、异名有）	有	有	有	无
	桃毛	1	龙 530		《神农本草经》等	无	无	无	有	无
	桃仁	27	龙 530 等	桃核仁	有	有	有	有	有	无
	桃叶	2	S. 3347 P. 3960		有	有	有	有，但指人名	有	无
	桃皮	1	龙 530		《备急千金要方》等	无	有	无	有	无

(续表一〇)

笔画	药名	出现频次	所在卷号	另名	其他医籍	中华药海	中医大辞典	汉语大词典	中华本草	本草和名
	桃花	7	S. 5614 P. 2115 P. 2378 P. 2565 P. 2666 P. 2755 龙 530		有	有	有	有	有	无
	桃条	1	Дx02822		《幼幼新书》等	无	无	无	无	无
	桃枝	3	S. 1467V P. 2662 P. 2882		有	有	无	有	有	无
	桃枭	1	龙 530		《神农本草经》等	无（“碧桃干”条下别名有）	有	有	有	桃核/桃枭；桃奴；桃蠹；山竜桃（出《陶景注》）；缃核、勾鼻、金城、绮叶（以上四名出《兼名苑》）；金桃（出《汉武内传》）；僻侧胶；木核葩（出《墨子五行记》）；桃胶；桃脂；桃膏；桃魄；桃灵；桃精；桃父母（出《神仙服饵方》）

（续表一一）

笔画	药名	出现频次	所在卷号	另名	其他医籍	中华药海	中医大辞典	汉语大词典	中华本草	本草和名
	桃核	1	P. 2755		《备急千金要方》等	无	无	有	无	桃核/桃枭；桃奴；桃蠹；山竜桃（出《陶景注》）；细核、勾鼻、金城、绮叶（以上四名出《兼名苑》）；金桃（出《汉武内传》）；僻侧胶；木核葩（出《墨子五行记》）；桃胶；桃脂；桃膏；桃魄；桃灵；桃精；桃父母（出《神仙服饵方》）
	桃根	1	P. 3596		有	有	有	有，但指人名	有	无
	桃仁脂	1	P. 2565		无	无	无	无	有	无
	桃核仁	1	龙 530	桃仁	《神农本草经》等	无（“桃仁”条下别名、异名有）	有	无	有	无
	枓梨	1	S. 76	樝子	无	无	无	无	无	无
	栗子	1	《辅行诀》		有	有	有	有	有	无

（续表一二）

笔画	药名	出现频次	所在卷号	另名	其他医籍	中华药海	中医大辞典	汉语大词典	中华本草	本草和名
十一画	菱实	1	S. 76		《证类本草》等	无	无	无	有	无
	梅	1	S. 2438		《备急千金要方》等	无	无	有	有	无
	梅实	2	S. 4534 龙 530	乌梅	《神农本草经》等	无（“乌梅”条下别名、异名有）	有	有	有	梅实/乌梅；白梅（出《陶景注》）；枏、抩、紫蒂、同心（以上四名出《兼名苑》）
	梅根	1	S. 9434		有	有	有	无	有	无
	梨果	1	Дх02822		《医学入门》等	无	无	有	无	无
	猪椒	1	龙 530		《外台秘要》等	无	无	无	有	蔓椒/豕椒；猪椒；彘椒；狗椒；樛、豨杀（以上二名出苏敬注）（木部）
	猪椒根	1	S. 1467		《备急千金要方》等	无	无	无	无	无
十二画	葡萄	1	P. 2662V	蒲桃	有	有	有	有	有	无
	椒	24	P. 3378 等		《肘后备急方》等	无	无	有	无	无

(续表一三)

笔画	药名	出现频次	所在卷号	另名	其他医籍	中华药海	中医大辞典	汉语大词典	中华本草	本草和名
	椒目	3	S. 3347 P. 3201 P. 3596		有	有	有	有	有	蜀椒(《陶景注》)/巴椒(《陶景注》);汗椒;椒目;冷猪眼椒(出崔禹);唐发(出《养性要集》);大椒(出《神仙服饵方》)
	椒叶	1	P. 3596		《日华子本草》等	无("花椒叶"条下别名有)	有	有	有	无
	甜瓜	1	S. 76		《滇南本草》等	无	无	有	无	无
	寒食饧	1	S. 5435		《备急千金要方》等	无	无	无	无	无
十三画	蒲桃	1	S. 76	葡萄	《备急千金要方》等	无	有	有	有	无
	蜀椒	20	龙 530 等		《神农本草经》等	无("花椒"条下别名、异名有)	有	有	有	蜀椒(《陶景注》)/巴椒(《陶景注》);汗椒;椒目;冷猪眼椒(出崔禹);唐发(出《养性要集》);大椒(出《神仙服饵方》)
十四画	榧子	1	S. 76		有	有	有	有	有	彼子/罢;柀;杉;榧子

（续表一四）

笔画	药名	出现频次	所在卷号	另名	其他医籍	中华药海	中医大辞典	汉语大词典	中华本草	本草和名
	槟榔	20	龙 530 等		有	有	有	有	有	槟榔/猪槟榔；藷子；槟榔孙；山槟榔（出《疏文》）；无柯子、木实（以上二名出《兼名苑》）
	槟榔仁	4	S. 3347 P. 3596		《备急千金要方》等	无	无	无	无	无
	酸枣	6	S. 1467 S. 4433 S. 9987 P. 2755 龙 530		《名医别录》等	无	无	有	有	酸枣（苏敬注）/山枣树子（出《陶景注》）；樲枣实（出苏敬注）
	酸石榴皮	1	P. 2565		《备急千金要方》等	无	无	无	有	无
	酸枣中仁	1	P. 2565		无	无	无	无	无	无
十五画	樱桃	1	S. 4534		有	有	无	有	有	樱桃/朱樱；胡颓子；朱桃、麦英、楔、荆桃（以上四名出《释药性》）；棣子（出崔禹）；含桃、荆桃、麦桃（以上三名出《兼名苑》）

（续表一五）

笔画	药名	出现频次	所在卷号	另名	其他医籍	中华药海	中医大辞典	汉语大词典	中华本草	本草和名
	樝子	1	S. 76	杍梨	有	有	无	有	有	无
十六画	橘子	1	Дx02822		《饮膳正要》等	无	无	有	无	无
	橘皮	30	龙 530 等		有	有	有	无	有	橘柚/橘皮甘皮（出《陶景注》）；胡甘（出苏敬注）
十八画	藕	1	S. 76		有	有	有	有	有	藕实/水芝丹；莲；水日、灵芝、泽芝、芙蕖、菡萏（以上五名出《兼名苑》）；水花（出《古今注》）；加实；崄实；莲花；扶容；荷；芓；藕；交与（以上出《大清经》）；石莲（出《拾遗》）
	藕皮	1	龙 530		《得配本草》等	无	无	无	无	无
	藕芰汁	1	龙 530		《外台秘要》等	无	无	无	无	无

上表中果部药名共计 117 个，其中 82 个药名《中华药海》词条未收，占果部药名的 70%；除去词条未收但在别名、异名中收录的 8 个药名，仍有 74 个药名未收，占果部药名的 63%。49 个药名《中华本草》未收。86 个药名《本草和名》未收。15 个药名其他医籍未见（暂未查到使用例证）。出现频次 20 次以上（含 20）8 个，占果部药名的 7%。其中出现频次最高的是"杏仁"，58 次，其后依次为"大枣"，33 次；"橘皮"，30 次；"桃仁"，30 次等。出现频次 10—19（含 10、19）的有 2 个，占果部药名的 2%。其余为 9 次以下（含 9）。

五、木部

表 3—1—5　敦煌写本医籍与《本草和名》木部药名比较表

笔画	药名	出现频次	所在卷号	另名	其他医籍	中华药海	中医大辞典	汉语大词典	中华本草	本草和名
二画	丁香	11	S. 76 S. 4329 P. 2565 P. 2666 P. 3731 P. 3930 Дx02822		有	有	有	有	有	沉香/坚黑、黑沉(以上二名出《兼名苑》);蜜香;栈香;槧香(以上出《疏》);薰陆香;胶香、白乳(以上二名出《兼名苑》);云华沉油(出《丹药口诀》);乳头香(《鉴真方》);鸡舌香;亭尖独生(出《丹口诀》);藿香;詹糖香;枫香(《陶景注》);波律香、白檀(以上二种出《陶景注》);青桂;鸡骨;马蹄;栈香;丁香
三画	干漆	14	S. 1467V S. 2438 S. 4433 S. 5614 P. 2115 P. 2755 龙 530		有	有	有	无	有	干漆(《陶景注》)/柒泽(出《杂要诀》)

（续表一）

笔画	药名	出现频次	所在卷号	另名	其他医籍	中华药海	中医大辞典	汉语大词典	中华本草	本草和名
	山茱萸	14	S. 1467 S. 3347 S. 4433 S. 5435 P. 3596 龙 530	山萸肉	有	有	有	有	有	山茱萸/蜀枣；鸡足；思益；魃实；鼠矢（出《释药性》）
	山萸肉	3	《辅行诀》	山茱萸	《备急千金要方》等	无（"山茱萸"条下别名、异名有）	有	无	有	无
	小蘗	1	S. 3347		《本草纲目》等	无	无	无	无	1. 蘗木/檀桓；子蘗（《陶景注》）；山石榴；小蘗；刺蘗（苏敬注）；檗根；椁桢；檀无根；檗木（出《释药性》）；黄木（出《兼名苑》）。2. 小蘗/山石留
	小蘗皮	1	P. 3930		《本草纲目》等	无	无	无	无	无

（续表二）

笔画	药名	出现频次	所在卷号	另名	其他医籍	中华药海	中医大辞典	汉语大词典	中华本草	本草和名
四画	无食子	1	P. 2565	没石子	《药性论》等	无（“没食子”条下别名、异名有）	有	无	有	无食子
	木兰	8	S. 5614 P. 2115 P. 2378 P. 2755 龙 530		《名医别录》等	无	无	有	有	木兰/林兰；杜兰
	木笔	4	S. 5614 P. 2115 P. 2378 P. 2755	辛夷	《神农本草经》等	无	无	有	无	无
	木占斯	1	龙 530		《肘后备急方》等	无	无	无	无	木占斯
	木兰皮	1	S. 4329		有	有	无	无	无	无

（续表三）

笔画	药名	出现频次	所在卷号	另名	其他医籍	中华药海	中医大辞典	汉语大词典	中华本草	本草和名
	五加	10	S. 328 S. 5614 P. 2115 P. 2378 P. 2755 龙 530		《外台秘要》等	无	无	有	无	无
	五加皮	4	P. 3093 《疗服石方》		有	有	无	有	有	无
	巴豆	51	龙 530 等		有	有	有	有	有	巴豆(《陶景注》)/巴椒；巴人、不辛、蜀巴(以上出《杂要诀》)
	巴豆仁	1	P. 2882		《备急千金要方》等	无	无	无	无	无
	巴豆膏	1	P. 2882		《太平圣惠方》等	无	无	无	无	无

（续表四）

笔画	药名	出现频次	所在卷号	另名	其他医籍	中华药海	中医大辞典	汉语大词典	中华本草	本草和名
五画	甘竹	1	P. 3201		《证类本草》等	无	无	无	无	甘竹(《陶景注》)/卧梦(出《兼名苑》);实中竹;筀竹、笼、竹甘、豉槌、龙竹(以上五名出《兼名苑》);桂竹(崔禹);水竹(出崔禹《食经》);日精(竹实)(出《太清经》);玉英(子名);垂珠(出《杂要诀》)
	甘竹叶	2	龙 530		《备急千金要方》等	无	无	无	无	无
	甘竹沥	3	龙 530		《千金翼方》等	无	无	无	无	无
	石南	9	S. 5614 P. 2115 P. 2378 P. 2755 P. 3596 龙 530		《肘后备急方》等	无	无	有	有	无

（续表五）

笔画	药名	出现频次	所在卷号	另名	其他医籍	中华药海	中医大辞典	汉语大词典	中华本草	本草和名
	龙脑	4	P. 2637 P. 2703 P. 3093 Дx02822		《肘后备急方》等	无	无	有	有	龙脑香、乃膏香、婆律膏（苏敬注）/龙脑；杦脂（出苏敬注）
	龙花须	2	S. 6107 P. 3230		无	无	无	无	无	无
	龙脑油	1	P. 3930		《证类本草》等	无	无	无	无	无
	龙脑香	2	P. 2662V P. 3930	婆律膏	《名医别录》等	无	无	有	有	龙脑香、乃膏香、婆律膏（苏敬注）/龙脑；杦脂（出苏敬注）
	东南柳枝	1	P. 3378		《圣济总录》等	无	无	无	无	无
	占斯	4	龙 530		《名医别录》等	无	无	无	无	淮木/百岁城中木；占斯；炭皮；胡桃皮；嗛斯（出《释药性》）
	生松脂	1	P. 3596		无	无	无	无	无	无
	生树皮	1	S. 76		无	无	无	无	无	无

（续表六）

笔画	药名	出现频次	所在卷号	另名	其他医籍	中华药海	中医大辞典	汉语大词典	中华本草	本草和名
	白松脂	1	P. 3043		《肘后备急方》等	无	无	无	无	无
	白茯苓	1	P. 4038	茯苓	《素问玄机原病式》等	无（“茯苓”条下处方用名有）	有	无	有	无
	白桐叶	1	龙 530	桐叶	《肘后备急方》等	无	有	无	有	无
	白檀香	2	S. 4329 P. 2662V		《肘后备急方》等	无（“檀香”条下别名、异名有）	无	无	无	无
	白杨柳枝	1	P. 3596		无	无	无	无	无	无
六画	地骨皮	1	P. 3201	地骨	有	有	有	有	有	无
	地骨白皮	4	P. 2882 P. 3596 P. 3885		《外台秘要》等	无	无	无	无	无

（续表七）

笔画	药名	出现频次	所在卷号	另名	其他医籍	中华药海	中医大辞典	汉语大词典	中华本草	本草和名
	肉桂	1	Дх02822	牡桂、官桂	有	有	有	有	有	无
	竹叶	23	P. 3885 等		有	有	有	有	有	竹叶芹/竹叶（崔禹）；淡竹（《陶景注》、崔禹）；绿虎（出《兼名苑》）
	竹沥	3	P. 3201 龙 530		有	有	有	有	有	无
	竹茹	3	P. 2662V P. 4038 龙 530		有	有	有	有	有	无
	竹黄	2	S. 6107 P. 3230		有	有	有	有	有	无
	合欢树	2	S. 6107 P. 3230		《证类本草》等	无	无	无	无	无
	安息香	3	S. 6107 P. 3230 Дх02822		有	有	无	有	有	安息香
	买子木	1	P. 3930		《证类本草》等	无	无	无	有	无

（续表八）

笔画	药名	出现频次	所在卷号	另名	其他医籍	中华药海	中医大辞典	汉语大词典	中华本草	本草和名
七画	赤皮苓	1	龙 530		无	无	无	无	无	无
	赤桑葚	1	P. 2666		无	无	无	无	无	无
	芜荑	10	S. 76 S. 2438 P. 2755 P. 3287 P. 3714 龙 530		有	有	有	有	有	无
	苏木香	1	S. 9987		《幼科折衷》等	无	无	无	无	无
	苏方木	1	P. 3930		《新修本草》等	无（“苏木”条下别名、异名有）	有	无	有	无
	杜仲	14	S. 4433 S. 5598 S. 5614 P. 2115 P. 2755 龙 530 Дх02822		有	有	有	有	有	杜仲/思仙；思仲；木绵（《陶景注》）；大戊（出《兼名苑》）；木精（出《录验方》）；山精（出《神仙服饵方》）

（续表九）

笔画	药名	出现频次	所在卷号	另名	其他医籍	中华药海	中医大辞典	汉语大词典	中华本草	本草和名
	杉材	1	龙 530		《名医别录》等	无（“杉木”条下别名、异名有）	有	有	有	无
	连珠木	1	P. 3930		无	无	无	无	无	无
	牡桂	3	龙 530	肉桂、官桂	《神农本草经》等	无（“肉桂”条下别名、异名有）	有	有	有	牡桂/木桂（出《陶景注》）；桂枝；桂心（出苏敬注）；板桂（出《稽疑》）；木玉（出《太清经》）；清桂；山桂（以上出《杂要诀》）；桂小桂；丹桂（《陶景注》）；上唾（出《养性要集》）；百药王（出《神仙服饵方》）；梫、招摇（以上二名出《兼名苑》）
	牡荆子	2	S. 4433 龙 530	牡荆实	有	有	有	有	有	无
	牡荆实	1	龙 530	牡荆子	《备急千金要方》等	无	有	无	有	蔓荆实小荆（苏敬注）/死人精（荆实）（出《范汪方》）；牡荆实牝精

(续表一〇)

笔画	药名	出现频次	所在卷号	另名	其他医籍	中华药海	中医大辞典	汉语大词典	中华本草	本草和名
	皂角	1	《辅行诀》	皂荚	《肘后备急方》等	无("皂荚"条下别名、异名有)	有	有	有	无
	皂荚	22	龙 530 等	皂角	有	有	有	有	有	皂荚/猪牙皂荚;鸡栖(出《兼名苑》)
	皂荚子	2	P. 3930 P. 4038		有	有	有	无	有	无
	皂荚末	5	P. 3596 P. 3930		《肘后备急方》等	无	无	无	无	无
	辛夷	12	S. 4329 S. 5968 龙 530	木笔	有	有	有	有	有	辛夷/辛矧;候桃;房木;候新(出《杂要诀》)
	辛夷仁	3	S. 4329 P. 2565		《备急千金要方》等	无	无	无	无	无

（续表一一）

笔画	药名	出现频次	所在卷号	另名	其他医籍	中华药海	中医大辞典	汉语大词典	中华本草	本草和名
	沉香	4	S. 4329 S. 6107 P. 3230 Дx02822		有	有	有	有	有	沉香/坚黑、黑沉（以上二名出《兼名苑》）；蜜香；栈香；椠香（以上出《疏》）；薰陆香；胶香、白乳（以上二名出《兼名苑》）；云华沉油（出《丹药口诀》）；乳头香（《鉴真方》）；鸡舌香；亭尖独生（出《丹口诀》）；藿香；詹糖香；枫香（《陶景注》）；波律香、白檀（以上二种出《陶景注》）；青桂；鸡骨；马蹄；栈香；丁香
	没食	1	P. 3930		无	无	无	无	无	无
	没石子	4	P. 2882 P. 3930 Дx02822	无食子	《幼幼新书》等	无（"没食子"条下别名有）	有	无	有	无
	诃勒	1	Дx02999 Дx03058		《冯氏锦囊秘录》等	无	无	无	无	无

(续表一二)

笔画	药名	出现频次	所在卷号	另名	其他医籍	中华药海	中医大辞典	汉语大词典	中华本草	本草和名
	诃黎勒	12	S. 5901 P. 2662V P. 3378 P. 3731 P. 3596		有	有	有	有	有	无
	诃黎勒心	1	P. 3378		无	无	无	无	无	无
	诃黎勒皮	3	P. 2662V P. 2882		《肘后备急方》等	无	无	无	无	无
	阿魏	3	P. 3930 Дx02822		有	有	有	有	有	1. 阿魏。2. 薰蕖/阿魏(出《波罗门方》);兴渠(出《拾遗》)
	鸡舌香	2	龙 530		《抱朴子》等	无("母丁香"条下别名有)	有	有	有	沉香/坚黑、黑沉(以上二名出《兼名苑》);蜜香;栈香;椠香(以上出《疏》);薰陆香;胶香、白乳(以上二名出《兼名苑》);云华沉油(出《丹药口诀》);乳头香(《鉴真方》);鸡舌香;亭尖独生(出《丹口诀》);藿香;詹糖香;枫香(《陶景注》);波律香、白檀(以上二种出《陶景注》);青桂;鸡骨;马蹄;栈香;丁香

(续表一三)

笔画	药名	出现频次	所在卷号	另名	其他医籍	中华药海	中医大辞典	汉语大词典	中华本草	本草和名
八画	青竹	1	P. 3596		《备急千金要方》等	无	无	有	有	无
	青荆	1	P. 3596		《医心方》等	无	无	无	无	无
	青竹茹	1	龙 530		《肘后备急方》等	无	无	无	有	无
	苦竹叶	3	龙 530		有	有	有	有	有	无
	枞叶	1	P. 3596		无	无	无	无	无	无
	松子	1	龙 530		《备急千金要方》等	无	无	有	有	松实/松子、木精（出《范汪方》）；松黄（花名）、澹、艾纳（以上三名出苏敬注）
	松节	2	P. 3885 龙 530		有	有	有	有	有	无
	松叶	4	S. 1467 龙 530		有	有	有	有	有	无
	松胶	1	P. 3378		《本草纲目》等	无	无	有	有	无

（续表一四）

笔画	药名	出现频次	所在卷号	另名	其他医籍	中华药海	中医大辞典	汉语大词典	中华本草	本草和名
	松脂	21	龙 530 等		《新修本草》等	无（“松油”条下别名有）	有	有	有	松脂/松膏；松肪；丹光之母；丹光真华之母（出《太清经》）；樠（出《兼名苑》）；木明（出《录验方》）；木精
	松萝	2	P. 3596 龙 530		有	有	有	有	有	松萝/女萝；葛萝；蔖蒙；玉女（以上出《兼名苑》）；茑萝；蔓萝；蔓女萝（出《杂要诀》）；菟丝（出《尔雅》）
	枫香	1	龙 530		《备急千金要方》等	无	无	有	无	沉香/坚黑、黑沉（以上二名出《兼名苑》）；蜜香；栈香；檕香（以上出《疏》）；薰陆香；胶香、白乳（以上二名出《兼名苑》）；云华沉油（出《丹药口诀》）；乳头香（《鉴真方》）；鸡舌香；亭尖独生（出《丹口诀》）；藿香；詹糖香；枫香（《陶景注》）；波律香、白檀（以上二种出《陶景注》）；青桂；鸡骨；马蹄；栈香；丁香
	郁核	1	龙 530		《名医别录》等	无	无	无	无	无

（续表一五）

笔画	药名	出现频次	所在卷号	另名	其他医籍	中华药海	中医大辞典	汉语大词典	中华本草	本草和名
	郁李仁	2	S. 3347 Дx02822		有	有	无	无	有	无
	郁李根皮	1	P. 3885		《太平圣惠方》等	无	无	无	无	无
	钓樟根	1	龙 530		《外台秘要》等	无	无	无	无	无
	乳香	1	Дx02822	薰陆、薰陆香、乳头香	有	有	无	有	有	无
	乳头香	1	P. 4038	薰陆香、薰陆、乳香	《海药本草》等	无（“乳香”条下别名、异名有）	有	有	有	沉香/坚黑、黑沉（以上二名出《兼名苑》）；蜜香；栈香；榘香（以上出《疏》）；薰陆香；胶香、白乳（以上二名出《兼名苑》）；云华沉油（出《丹药口诀》）；乳头香（《鉴真方》）；鸡舌香；亭尖独生（出《丹口诀》）；藿香；詹糖香；枫香（《陶景注》）；波律香、白檀（以上二种出《陶景注》）；青桂；鸡骨；马蹄；栈香；丁香

（续表一六）

笔画	药名	出现频次	所在卷号	另名	其他医籍	中华药海	中医大辞典	汉语大词典	中华本草	本草和名
	金漆腐木	1	S. 1467V		无	无	无	无	无	无
	官桂	1	Дx02822	肉桂、牡桂	《本草图经》等	无	有	有	有	无
九画	荆子	3	S. 5435 龙 530		《备急千金要方》等	无	无	有	有	无
	荆叶	1	S. 5435		《名医别录》等	无	无	无	有	无
	荆实	2	S. 1467 龙 530		《备急千金要方》等	无	无	无	无	蔓荆实小荆（苏敬注）/死人精（荆实）（出《范汪方》）;牡荆实牝精
	荆子枝湿叶	1	S. 5435		无	无	无	无	无	无
	茯苓	65	龙 530 等	白茯苓	有	有	有	有	有	无
	茯神	14	S. 1467 S. 5598 P. 2565 P. 3596 龙 530		有	有	有	有	有	无

(续表一七)

笔画	药名	出现频次	所在卷号	另名	其他医籍	中华药海	中医大辞典	汉语大词典	中华本草	本草和名
	胡颓子	1	S. 4534		有	有	有	无	有	1. 樱桃/朱樱；胡颓子；朱桃、麦英、楔、荆桃（以上四名出《释药性》）；椂子（出崔禹）；含桃、荆桃、麦桃（以上三名出《兼名苑》）。2. 胡颓子（出马琬《食经》）
	枯棘针	1	S. 1467V		《本草品汇精要》等	无	无	无	无	无
	柘枝并叶	1	P. 3596		无	无	无	无	无	无
	枳壳	20	P. 2565 等		有	有	有	有	有	枳实/枳壳（出苏敬注）；𣏌实；时枳（以上出《杂要诀》）
	枳实	28	龙 530 等		有	有	有	有	有	枳实/枳壳（出苏敬注）；𣏌实；时枳（以上出《杂要诀》）
	柏子	4	S. 1467V 龙 530	柏仁、柏子仁	《备急千金要方》等	无（“柏子仁”条下别名、异名有）	有	有	有	无

(续表一八)

笔画	药名	出现频次	所在卷号	另名	其他医籍	中华药海	中医大辞典	汉语大词典	中华本草	本草和名
	柏仁	1	龙 530	柏子、柏子仁	《临证指南医案》等	无(“柏子仁”条下别名、异名有)	无	无	有	无
	柏叶	3	S. 1467 P. 3596 龙 530		《金匮要略》等	无	有	有	有	无
	柏皮	1	龙 530		《肘后备急方》等	无(“柏根白皮”条下别名有)	无	无	有	无
	柏花	1	P. 4038		无	无	无	无	有	无
	柏子仁	4	S. 5598	柏子、柏仁	有	有	有	无	有	无
	柏子膏	1	S. 6052		无	无	无	无	无	无
	栀子	32	P. 3731 等	越桃	有	有	有	有	有	无

(续表一九)

笔画	药名	出现频次	所在卷号	另名	其他医籍	中华药海	中医大辞典	汉语大词典	中华本草	本草和名
	栀子仁	6	P. 2662 P. 3731 P. 3885 Дx02822		《中藏经》等	无	无	无	无	无
	枸杞	2	P. 3714 龙 530		《名医别录》等	无	无	有	有	枸杞(蒋孝《苑注》)/杞根;地骨;苟忌;地辅;羊乳;却暑;仙人杖;西王母杖;天精、杝卢、却老(以上三名出《抱朴子》);家紫、杖灵、却景、天清(以上四名出《太清经》);梃;地葥;监木;地忌(以上出《兼名苑》);都吾(花名);去丹(子名)(以上出《神仙服饵方》)
	枸杞子	10	S. 6177 P. 2565 P. 2666 P. 2882 P. 3930 P. 4038 Дx00924 Дx02822		有	有	有	有	有	无

(续表二〇)

笔画	药名	出现频次	所在卷号	另名	其他医籍	中华药海	中医大辞典	汉语大词典	中华本草	本草和名
	枸杞根	7	S. 2438 S. 6107 P. 3230 P. 3714 龙 530		《肘后备急方》等	无	无	有	有	无
	枸杞子叶	1	P. 3930		无	无	无	有	无	无
	枸杞子根	1	P. 3930		《普济方》等	无	无	有	无	无
	柳枝	2	S. 1467V P. 3930		有	有	有	有	有	无
	柳脉	2	P. 3930		无	无	无	无	无	无
	柳树细枝	1	P. 3596		无	无	无	无	无	无
	柽木	1	P. 3930		《温病条辨》等	无	无	无	无	无
	树白皮	1	S. 4534		《证类本草》等	无	无	无	无	无
	厚朴	24	龙 530 等		有	有	有	有	有	厚朴/厚皮;赤皮;榛(树名);逐折(子名);重皮(出《释药性》)

(续表二一)

笔画	药名	出现频次	所在卷号	另名	其他医籍	中华药海	中医大辞典	汉语大词典	中华本草	本草和名
	南白腊	2	P. 2637 P. 2703		无	无	无	无	无	无
	南烛叶	1	P. 4038		有	有	有	无	有	无
	毗黎勒	1	P. 3378		《医心方》等	无	无	无	有	无
	钝子木	1	P. 3930		无	无	无	无	无	无
	鬼箭	10	S. 5614 P. 2115 P. 2378 P. 2755 P. 3731 龙 530		《神农本草经》等	无("鬼箭羽"条下别名、异名有)	无	有	有	1. 赤箭(苏敬注)/离母;鬼督邮;神草、独摇、当苦、味子、鬼箭(以上五名出《太清经》)。2. 卫矛/鬼箭(《陶景注》);卫与;神箭(出《释药性》);三羽;鬼针(以上出《兼名苑》)
十画	秦皮	10	P. 2755 P. 3596 P. 3714 龙 530		有	有	有	无	有	秦皮/岑皮;石檀(苏敬注);樊槻皮(出《陶景注》);苦树(出苏敬注);樊鸡;昔历(出《杂要诀》);水檀(出《拾遗》)
	泰山茯苓	2	S. 5614 P. 2115		无	无	无	无	无	无

（续表二二）

笔画	药名	出现频次	所在卷号	另名	其他医籍	中华药海	中医大辞典	汉语大词典	中华本草	本草和名
	荼茗	1	龙 530		《新修本草》等	无	无	无	无	无
	桂	15	S. 3347 龙 530 ф356V 《辅行诀》		《肘后备急方》等	无	无	有	有	无
	桂心	72	P. 2565 等		《千金翼方》等	无	有	有	无	牡桂/木桂（出《陶景注》）；桂枝；桂心（出苏敬注）；板桂（出《稽疑》）；木玉（出《太清经》）；清桂；山桂（以上出《杂要诀》）；桂小桂；丹桂（《陶景注》）；上唾（出《养性要集》）；百药王（出《神仙服饵方》）；梫、招摇（以上二名出《兼名苑》）
	桂皮	2	S. 6107 P. 3230		有	有	无	有	有	无
	桂汁	3	P. 3596 龙 530		《肘后备急方》等	无	无	无	无	无

（续表二三）

笔画	药名	出现频次	所在卷号	另名	其他医籍	中华药海	中医大辞典	汉语大词典	中华本草	本草和名
	桂肉	1	《疗服石方残卷》		《肘后备急方》等	无	无	无	无	无
	桂枝	10	Дx02822《辅行诀》		有	有	有	有	有	1. 牡桂/木桂（出《陶景注》）；桂枝；桂心（出苏敬注）；板桂（出《稽疑》）；木玉（出《太清经》）；清桂；山桂（以上出《杂要诀》）；桂小桂；丹桂（《陶景注》）；上唾（出《养性要集》）；百药王（出《神仙服饵方》）；梫、招摇（以上二名出《兼名苑》）。2. 白冬瓜/冬瓜人；地芝（出苏敬注）；温食、秋泉、桂枝（以上三名出《兼名苑》）
	桐叶	3	S. 76 龙 530	白桐叶	有	有	有	无	有	桐叶/青桐；梧桐；峒桐；白桐
	栟木灰	1	S. 6052		无	无	无	无	无	无
	栾华	1	龙 530		有	有	无	无	有	无

（续表二四）

笔画	药名	出现频次	所在卷号	另名	其他医籍	中华药海	中医大辞典	汉语大词典	中华本草	本草和名
	旃檀	2	S. 6107 P. 3230	檀香	《本草纲目》等	无（“檀香”条下别名、异名有）	无	有	有	无
	桑叶	2	S. 76 S. 3347		有	有	有	有	有	无
	桑汁	1	龙 530		《肘后备急方》等	无	无	无	有	无
	桑耳	2	龙 530	桑上寄生	有	有	无	有	有	无
	桑根	2	P. 2666 P. 3596		有	有	有	有	有	无
	桑椹	2	S. 9987 P. 4038		有	有	有	有	无	无
	桑白汁	1	P. 2666		《肘后备急方》等	无	无	无	有	无

（续表二五）

笔画	药名	出现频次	所在卷号	另名	其他医籍	中华药海	中医大辞典	汉语大词典	中华本草	本草和名
	桑白皮	1	Дx02822	桑根白皮	有	有	有	有	有	无
	桑根汁	1	龙 530		《肘后备急方》等	无	无	无	无	无
	桑上寄生	1	龙 530	桑耳	《证类本草》等	无（“桑耳”条下别名有，“桑寄生”条下别名、异名有）	有	有	有	1. 蘼芜/薇芜；江离；股芜（出《杂要诀》）；续断；龙骨；接骨；南草；槐生；属折；□断、葛根、属路肉、虵药（以上四名出《释药性》）；槐主（出《杂要诀》）；虎詽；桑上寄生；接骨树；一藤；诺藤（以上四名出《陶景注》）；含水藤（出《拾遗》）。2. 桑上寄生/寄屑；寓木；宛童；茑；桑檽（出《陶景注》）；附枝（出《兼名苑》）；木精（出《太清经》）。3. 桑菌/木麦；檽（苏敬注）；木檽；桑上寄生；木精（出《太清经》）

(续表二六)

笔画	药名	出现频次	所在卷号	另名	其他医籍	中华药海	中医大辞典	汉语大词典	中华本草	本草和名
	桑根白皮	15	S. 3347 P. 2662V P. 3201 P. 3596 龙 530	桑白皮	《神农本草经》等	无（“桑白皮”条下别名、异名有）	有	无	有	桑根白皮/伏蛇；颠根（出《杂要诀》）
	桑皮向东者	1	P. 2882		无	无	无	无	无	无
	桑树孔中草	2	S. 6177 P. 2666		无	无	无	无	无	无
十一画	堇竹叶	1	龙 530		《普济方》等	无	无	无	无	无
	黄环	2	龙 530		《名医别录》等	无	无	有	有	黄环/陵泉、大就葛，狼子（子名）（以上二名出苏敬注）；蜀黄环、黄还、生蒻、根韭（以上四名出《释药性》）；度谷；鸡屎藤；土防已（以上出《稽疑》）
	黄栌	1	P. 3093		有	有	有	有	无	无
	黄柏	1	龙 530	黄蘗	有	有	有	有	有	无

（续表二七）

笔画	药名	出现频次	所在卷号	另名	其他医籍	中华药海	中医大辞典	汉语大词典	中华本草	本草和名
	黄蘗	19	S. 5435 S. 5614 S. 9987 S. 5901 P. 2378 P. 2565 P. 2662 P. 2755 P. 3596 P. 3930 P. 4038 龙 530	黄柏	《经方实验录》等	无	无	有	无	无
	黄龙脑	2	P. 2637 P. 2703		《圣济总录》等	无	无	无	无	无
	黄栌枝	1	S. 5435		无	无	无	无	无	无
	菌桂	6	S. 5968 P. 2565 龙 530		《名医别录》等	无	无	有	有	无

（续表二八）

笔画	药名	出现频次	所在卷号	另名	其他医籍	中华药海	中医大辞典	汉语大词典	中华本草	本草和名
	梧桐	1	Дx02822		《肘后备急方》等	无	无	有	有	桐叶/青桐；梧桐；㭎桐；白桐
	猪苓	4	S. 9987 龙 530		有	有	有	有	有	猪苓（《陶景注》）/猳猪矢；枫树苓（出《陶景注》）；豕橐（疏文云出《庄子》）
	猪牙皂荚	2	P. 2882 P. 3596		《证类本草》等	无	无	无	无	皂荚/猪牙皂荚；鸡栖（出《兼名苑》）
	斛树皮	1	P. 3596		无	无	无	无	无	无
	淡竹叶	2	S. 1467V P. 3885		有	有	有	无	有	无
	婆律膏	2	S. 6107 P. 3230	龙脑香	《新修本草》等	无（"龙脑膏香"条下别名有）	无	无	有	龙脑香、乃膏香、婆律膏（苏敬注）/龙脑；杋脂（出苏敬注）
	寄生	2	P. 3596		《肘后备急方》等	无（"桑寄生"条下处方用名有）	无	有	有	无
十二画	琥珀	5	P. 2755 P. 3596 龙 530		有	有	有	有	有	无

(续表二九)

笔画	药名	出现频次	所在卷号	另名	其他医籍	中华药海	中医大辞典	汉语大词典	中华本草	本草和名
	越桃	2	P. 2115 P. 2755	栀子	《名医别录》等	无("栀子"条下别名、异名有)	无	有	有	枝子/木丹;越桃;慈母(出《神仙服饵方》)
	楮实	2	S. 5435 S. 6052		有	有	有	有	无	无
	棘皮	1	S. 5435		无	无	无	无	无	无
	棘针	3	S. 1467V 龙 530	棘刺	有	有	有	有	有	1. 天门冬/颠勒;絺休、颠棘、浣草、棘刺(苗名也)(以上四名出《陶景注》);地门冬、莛门、淫羊食、管松、百部(以上五名出《抱朴子》);棘针、反刺、女木(以上三名出《兼名苑》);仙人粮(出《太清经》);延门、乌韭(出《杂要诀》);仙粮(出《神仙服饵方》)。2. 白棘/棘针;棘刺;枣树针(出《陶景注》);白棘、赤棘(出苏敬注);白辅(出《杂要诀》)

（续表三〇）

笔画	药名	出现频次	所在卷号	另名	其他医籍	中华药海	中医大辞典	汉语大词典	中华本草	本草和名
	棘刺	1	龙 530	棘针	《名医别录》等	无（“棘针”条下别名有）	有	有	有	1 天门冬/颠勒；浠休、颠棘、浣草、棘刺（苗名也）（以上四名出《陶景注》）；地门冬、莚门、淫羊食、管松、百部（以上五名出《抱朴子》）；棘针、反刺、女木（以上三名出《兼名苑》）；仙人粮（出《太清经》）；延门、乌韭（出《杂要诀》）；仙粮（出《神仙服饵方》）。2. 白棘/棘针；棘刺；枣树针（出《陶景注》）；白棘、赤棘（出苏敬注）；白辅（出《杂要诀》）
	紫檀	1	龙 530		有	有	无	有	有	紫真檀木/紫檀；紫栴（生扶南）（以上出《兼名苑》）
	紫荆皮	1	P. 3930		有	有	有	无	有	无
	黑檀香	1	P. 2662V		无	无	无	无	无	无
	溲疏	3	龙 530		有	有	有	无	有	溲疏/巨骨；杨栌；牡荆；空疏

(续表三一)

笔画	药名	出现频次	所在卷号	另名	其他医籍	中华药海	中医大辞典	汉语大词典	中华本草	本草和名
十三画	楠材	1	龙 530		《名医别录》等	无("楠材"条下别名有)	无	有	有	楠材
	楝实	2	龙 530		《神农本草经》等	无("川楝子"条下别名、异名有)	有	有	有	无
	楝根	1	龙 530		《外台秘要》等	无	无	无	无	无
	楸叶	1	P. 3596		有	有	无	有	有	无
	槐子	9	S. 2438 P. 2662 P. 3378 龙 530		《肘后备急方》等	无	无	有	有	无
	槐木	1	S. 6052		《外台秘要》等	无	无	无	无	无
	槐叶	2	S. 5435 P. 2666		有	有	有	无	有	无

（续表三二）

笔画	药名	出现频次	所在卷号	另名	其他医籍	中华药海	中医大辞典	汉语大词典	中华本草	本草和名
	槐枝	2	P. 3960 龙 530		有	有	有	无	有	无
	槐根	1	P. 2666		有	有	有	无	有	无
	槐白皮	2	P. 3596 P. 3930		有	有	有	无	有	无
	榆仁	1	S. 76		《饮膳正要》等	无（“榆荚仁”条下别名有）	无	无	有	无
	榆叶	1	龙 530		有	有	有	有	有	无
	榆皮	4	S. 76 P. 3714 龙 530		《神农本草经》等	无	有	有	有	榆皮/零榆；还榆（出《七卷食经》）
	榆荚	1	S. 76		《圣济总录》等	无	无	有	无	无
	雷丸	9	龙 530		有	有	有	有	有	雷丸/雷矢；雷实（苏敬注）

(续表三三)

笔画	药名	出现频次	所在卷号	另名	其他医籍	中华药海	中医大辞典	汉语大词典	中华本草	本草和名
	蜀漆	12	S. 1467V P. 2755 P. 3201 P. 3714 龙 530		有	有	有	无	有	无
	鼠查	1	龙 530		《千金翼方》等	无	无	无	有	1. 杦材/鼠查;漆姑。2. 赤爪草(苏敬注)/羊梂;鼠查
	鼠李皮	1	龙 530		有	有	有	无	有	无
	詹香	1	S. 76		《证类本草》等	无	无	有	无	无
十四画	蔓荆子	2	S. 1467 龙 530	蔓荆实	有	有	有	无	有	无
	蔓荆实	1	龙 530	蔓荆子	《神农本草经》等	无(“蔓荆子”条下别名、异名有)	无	无	有	蔓荆实小荆(苏敬注)/死人精(荆实)(出《范汪方》);牡荆实牝精
	漆	6	S. 5614 P. 2115 P. 2755 龙 530		《肘后备急方》等	无	无	有	无	无

（续表三四）

笔画	药名	出现频次	所在卷号	另名	其他医籍	中华药海	中医大辞典	汉语大词典	中华本草	本草和名
十五画	蕤仁	10	S. 5435 S. 5614 P. 2115 P. 2378 P. 2662 P. 2755 P. 3596 P. 3731 P. 3930	蕤核	有	有	有	无	有	无
	蕤核	3	龙 530	蕤仁	《神农本草经》等	无（“蕤仁”条下别名、异名有）	有	无	有	蕤核/葚（出《释药性》）
	樟树根	1	P. 3201		有	有	无	无	有	无
十七画	薰陆	1	P. 3731	薰陆香、乳头香、乳香	《肘后备急方》等	无	无	有	无	无

(续表三五)

笔画	药名	出现频次	所在卷号	另名	其他医籍	中华药海	中医大辞典	汉语大词典	中华本草	本草和名
	薰陆香	4	S. 4329 P. 3731	薰陆、乳头香、乳香	《肘后备急方》等	无	无	无	无	沉香/坚黑、黑沉(以上二名出《兼名苑》);蜜香;栈香;槧香(以上出《疏》);薰陆香;胶香、白乳(以上二名出《兼名苑》);云华沉油(出《丹药口诀》);乳头香(《鉴真方》);鸡舌香;亭尖独生(出《丹口诀》);藿香;詹糖香;枫香(《陶景注》);波律香、白檀(以上二种出《陶景注》);青桂;鸡骨;马蹄;栈香;丁香
	檀香	1	Дx02822	旃檀	有	有	有	有	有	无
十八画	檽实子	1	Дx02822		无	无	无	无	无	无
十九画	麒麟竭	1	P. 3930		《圣济总录》等	无	无	无	无	无
二十四画	欓子	1	S. 76	食茱萸	无	无	无	有	有(简化字)	无

上表中木部药名共计203个，其中133个药名《中华药海》词条未收，占木部药名的66%；除去词条未收但在别名、异名中收录的27个药名，仍有106个药名未收，占木部药名的52%。81个药名《中华本草》未收。150个《本草和名》未收。30个药名其他医籍未见（暂未查到使用例证）。出现频次20次以上（含20）10个，占木部药名的5%。其中出现频次最高的是“桂心”，72次。其后依次为“茯苓”，65次；“巴豆”，51次；“栀子”，32次等。出现频次10—19（含10、19）的有16个，占木部药名的8%。其余为9次以下（含9）。

第二节　矿物类

敦煌写本医籍矿物类药名共计158个，其中水部8个、火部1个、土部31个、金属部23个、石部95个。《中华药海》词条未收116个，占矿物类药名的73%，分别为水部7个、火部1个、土部29个、金属部17个、石部62个。《中华药海》词条未收，但别名、异名、处方名等收录的药名9个，占矿物类药名的6%，分别为火部1个、石部8个。《中华药海》词条及别名、异名、处方名等均未收录的药名107个，占矿物类药名的68%，分别为水部7个、土部29个、金属部17个、石部54个。其他医籍未收31个，占矿物类药名的20%，分别为水部2个、土部14个、金属部6个、石部9个。《中华本草》未收药名102个。矿物类药名中出现频次20次以上（含20）5个，占矿物类药名3%，全部属石部。出现频次10—19（含10、19）9个，占矿物类药名的6%，其中金属部1个、石部8个。其余药名9频次以下（含9）。所有矿物类药名按水部、火部、土部、金属部、石部分类列表如下。

一、水部

表 3—2—1 敦煌写本医籍与《本草和名》水部药名比较表

笔画	药名	出现频次	所在卷号	另名	其他医籍	中华药海	中医大辞典	汉语大词典	中华本草	本草和名
三画	川流水	1	S. 1468		无	无	无	无	无	无
四画	井华水	8	S. 6177 P. 2666 P. 2882 P. 3201 Дх00924		《肘后备急方》等	无	无	有	无	井中苔及蓱/井中水蓝;井底泥;井华水
	水	1	P. 3930		无	无	无	有	有	无
六画	地浆	5	S. 5614 P. 2115 P. 2378 P. 2755 龙 530		有	有	无	有	有	地浆(《陶景注》)
	江水	1	S. 1468		《本草纲目》等	无	无	有	无	无
七画	冷水	2	S. 5435 龙 530		《肘后备急方》等	无	无	无	无	无
九画	咸水	2	龙 530		《寿世保元》等	无	无	无	无	无
十三画	暖水	2	P. 3930		《备急千金要方》等	无	无	无	无	无

上表中水部药名共计 8 个,其中 7 个药名《中华药海》词条未收,占水部药名的 88%。6 个药名《中华本草》未收。6 个药名《本草和名》未收。2 个药名其他医籍未见(暂未查到使用例证)。所有药名出现频次均为 9 次以下(含 9)。

二、火部

表 3—2—2　敦煌写本医籍与《本草和名》火部药名比较表

笔画	药名	出现频次	所在卷号	另名	其他医籍	中华药海	中医大辞典	汉语大词典	中华本草	本草和名
四画	火炭	1	S. 1468		《肘后备急方》等	无（"白炭"条下别名有）	无	有	无	无

上表中火部药名共计 1 个，《中华药海》词条未收，别名收有。所有药名出现频次均为 9 次（含 9）以下。

三、土部

表 3—2—3　敦煌写本医籍与《本草和名》土部药名比较表

笔画	药名	出现频次	所在卷号	另名	其他医籍	中华药海	中医大辞典	汉语大词典	中华本草	本草和名
二画	七月七日瓜下土	1	P. 2635		无	无	无	无	无	无
	八月一日土	1	P. 2635		无	无	无	无	无	无
三画	土	1	P. 3966		《备急千金要方》等	无	无	有	无	无

（续表一）

笔画	药名	出现频次	所在卷号	另名	其他医籍	中华药海	中医大辞典	汉语大词典	中华本草	本草和名
	土人	2	S. 1468		无	无	无	无	无	无
	土浆	2	龙 530		《肘后备急方》等	无	无	无	无	无
	子上土	1	S. 1468		无	无	无	无	无	无
四画	井底青泥	2	P. 2666 P. 3596		《千金翼方》等	无	无	有	无	无
	牛足下土	1	P. 2666		无	无	无	无	无	无
五画	古屋上瓦	1	S. 3347		无	无	无	无	无	无
	东壁土	1	龙 530		《名医别录》等	无	无	无	无	东壁土（《陶景注》）
	东家陌头土	1	S. 1468		无	无	无	无	无	无
	田中土	1	P. 2666		《医心方》等	无	无	无	无	无
	田中瓜下土	1	P. 2882		无	无	无	无	无	无
	白垩	3	龙 530		有	有	无	无	有	白垩/白善；土脂、姥粉、白土（以上三名出《兼名苑》）
	白马蹄下土	1	P. 2666		《本草经集注》等	无	无	无	无	无

（续表二）

笔画	药名	出现频次	所在卷号	另名	其他医籍	中华药海	中医大辞典	汉语大词典	中华本草	本草和名
	卯上土	1	S. 4636		无	无	无	无	无	无
六画	西方土	1	S. 1468		无	无	无	无	无	无
	伏龙肝	6	P. 3596 龙 530 《辅行诀》		有	有	有	有	有	伏龙肝(《陶景注》)/伏龙胆、方缺(以上二名出《兼名苑》)
	亥上土	1	S. 1468		无	无	无	无	无	无
	好墨	2	P. 2662V P. 3930		《肘后备急方》等	无	无	无	无	无
七画	男子鞋底土	1	P. 2666		无	无	无	无	无	无
	灶下黄土	6	P. 2662 P. 3596 P. 3930		《备急千金要方》等	无	无	无	无	无
	灶底黄土	2	P. 3596 P. 3930		《千金翼方》等	无	无	无	无	无
	灶突中土	1	P. 2666		《外台秘要》等	无	无	无	无	无
八画	炉底黄土	1	S. 9987		无	无	无	无	无	无

（续表三）

笔画	药名	出现频次	所在卷号	另名	其他医籍	中华药海	中医大辞典	汉语大词典	中华本草	本草和名
九画	故破屋上瓦末	1	P. 3596		无	无	无	无	无	无
十画	脐中垢	2	P. 2635 Дx00924		《备急千金要方》等	无	无	无	无	无
十一画	黄土	1	龙 530		有	有	无	有	有	无
	铛底墨	1	P. 2666		《太平圣惠方》等	无	无	无	无	无
十五画	墨汁	2	P. 3596 P. 3930		《圣济总录》等	无	无	有	无	无
十八画	藜灰	1	龙 530		《名医别录》等	无	无	无	无	冬灰/藜灰（出《陶景注》）；荻灰（出《陶景注》）；桑薪灰、青蒿灰、柃灰（以上三名出苏敬注）；地粉、黄灰（以上二名出《兼名苑》）

上表中土部药名共计 31 个，其中 29 个药名《中华药海》词条未收，占土部药名的 94%。26 个药名《中华本草》未收。27 个药名《本草和名》未收。14 个药名其他医籍未见（暂未查到使用例证）。所有药名出现频次均为 9 次以下（含 9）。

四、金属部

表 3—2—4　敦煌写本医籍与《本草和名》金属部药名比较表

笔画	药名	出现频次	所在卷号	另名	其他医籍	中华药海	中医大辞典	汉语大词典	中华本草	本草和名
三画	马衔	1	龙 530		《备急千金要方》等	无	无	有	无	1. 芎藭/胡藭；香果；(叶名)蘼芜；马衔(出《陶景注》)；胡果(出兼名苑)。2. 白马茎/屎名马通，马衔
四画	水银	11	P. 2637 P. 2703 P. 3596 P. 3930 龙 530 Дx06057		有	有	无	有	有	水银/汞；贡粉(《陶景注》)；水银灰；金、上(出《杂要诀》)；白虎脑、赤帝流汞(以上二名出《药诀》)；沙魂、子明、鉛(以上三名出《太清经》)
五画	生铁	6	S. 1468 P. 3201 龙 530 Дx00263		《名医别录》等	无	无	有	有	无
	白锡	1	S. 3347		《证类本草》等	无	无	无	有	无
六画	自然铜	1	Дx02822		有	有	有	无	有	无
七画	针沙	1	P. 2882		《千金翼方》等	无	无	无	无，有"针砂"	无
八画	青铜钱	1	P. 3930		《太平圣惠方》等	无	无	有	无	无

（续表一）

笔画	药名	出现频次	所在卷号	另名	其他医籍	中华药海	中医大辞典	汉语大词典	中华本草	本草和名
	青铜粉	1	P. 3093		无	无	无	无	无	无
	金银箔	2	P. 2637 P. 2703		《幼幼新书》等	无	无	无	无	无
九画	削下铁	1	S. 5435		无	无	无	无	无	无
十画	破铁汁	1	P. 2882		无	无	无	无	无	无
	钱	4	P. 2666 P. 2882 P. 3930		《备急千金要方》等	无	无	有	无	无
	铁丹	1	S. 76		《本草纲目》等	无	无	无	无	无
	铁浆	1	P. 3596		有	有	无	无	有	铁精（出《陶景注》）/铁浆（出《兼名苑》）
	铁落	2	龙 530		有	有	有	有	有	铁落/铁液
	铁精	4	P. 3596 龙 530		有	有	无	有	有	铁精（出《陶景注》）/铁浆（出《兼名苑》）
	铁匕子	1	P. 3596		无	无	无	无	无	无
	铅沙	1	P. 4038		《本草纲目》等	无	无	无	无	无
十一画	黄金屑	1	Дx06057		无	无	无	无	无	无

（续表二）

笔画	药名	出现频次	所在卷号	另名	其他医籍	中华药海	中医大辞典	汉语大词典	中华本草	本草和名
	铜镜鼻	2	龙 530		《名医别录》等	无	无	无	无	无
	银屑	1	龙 530		《名医别录》等	无	无	无	无	银屑/白银（《陶景注》）；黄银（苏敬注）
	清钱	1	P. 3885		无	无	无	有	无	无
十三画	锡	1	S. 3347		有	有	无	有	有	无

上表中金属部药名共计 23 个，其中 17 个药名《中华药海》词条未收，占金属部药名的 74%。15 个药名《中华本草》未收。17 个药名《本草和名》未收。6 个药名其他医籍未见（暂未查到使用例证）。药名出现频次 10—19（含 10、19）的有 1 个，占金属部药名的 4%。其余为 9 次以下（含 9）。

五、石部

表 3—2—5　敦煌写本医籍与《本草和名》石部药名比较表

笔画	药名	出现频次	所在卷号	另名	其他医籍	中华药海	中医大辞典	汉语大词典	中华本草	本草和名
三画	大盐	2	P. 3093 龙 530		《名医别录》等	无	无	无	无	大盐/印盐（苏敬注）；青盐（出《七卷食经》）
	大硼砂	1	Дx02822		《圣济总录》等	无	无	无	无	无
	马牙消	1	P. 3093	马牙硝	《圣济总录》等	无	无	有	有	无

（续表一）

笔画	药名	出现频次	所在卷号	另名	其他医籍	中华药海	中医大辞典	汉语大词典	中华本草	本草和名
	马牙硝	1	Дx02822	马牙消	《肘后备急方》等	无	无	有	无	无
四画	云母	4	S. 5795 P. 3093 龙 530	白云母	有	有	有	有	有	1. 云母/云珠；云华；云英；云液；云沙；磷石；云胆、地涿（出《陶景注》）；六甲父母（出《墨子五行记》）；华飞荚（出《丹方》）；鸿光（出《太清经》）；石银（出《兼名苑》）。2. 落石（苏敬注）/石鲮；石磋；略石；明石；领石；悬石；耐冬、石血、石龙藤（以上三名出苏敬注）；鳞石、云母、云华、云珠、云英（以上五名出《释药性》）；破血莓（出《稽疑》）。3. 云实/员实；云英；天豆（苏敬注）；云母（苗名，出苏敬注）
	不灰木	3	P. 2637 P. 2703 P. 3930		有	有	有	有	有	不灰木/一种；火木；不尽木；炭木；梃木（以上五名出《兼名苑》）
	太阴玄精	2	P. 2637 P. 2703		《证类本草》等	无	无	无	有	戎盐/胡盐；白盐；食盐；黑盐；柔盐；赤盐；駮盐；臭盐；马齿盐；倒行神骨、西戎淳味、圣无知、黑帝味、青帝味、太阴玄精（以上六名出《丹口诀》）；月精（出《范汪方》）；方石盐（出崔禹锡《食经》）

（续表二）

笔画	药名	出现频次	所在卷号	另名	其他医籍	中华药海	中医大辞典	汉语大词典	中华本草	本草和名
	太一禹余粮	1	龙 530		《名医别录》等	无	无	无	无	无
	五石脂	1	龙 530		《神农本草经》等	无	无	无	无	无
	丹砂	9	S. 5614 P. 2115 P. 2378 P. 2755 P. 3093 龙 530	朱砂	《神农本草经》等	无（“朱砂”条下别名、异名有）	有	有	有	丹砂（《范汪方》）/真朱、朱砂、巴砂、越砂、云母砂、马齿砂、豆砂、末砂，以上均出自《陶景注》）；土砂、堆砂末砂、光明砂、马牙砂、无重砂（以上出自苏敬注）；镇粉（《小品方》）；赤帝髓、陵陵朱子、绛绫朱（以上出自《丹秘口诀》）；朱儿（出《太清经》）；针砂（出《新方》）；流丹（出《神仙服饵方》）
	方解石	1	龙 530		《备急千金要方》等	无	有	有	有	方解石/黄石；黄味石（出《杂要诀》）；夕石（《释药性》）
五画	玉札	1	龙 530	玉屑	《神农本草经》等	无	无	有	无	玉泉（《陶景注》）/玉札；玉屑（出《释药性》）
	玉屑	4	S. 1467 S. 4329 龙 530	玉札	有	有	无	有	无	1. 玉泉（《陶景注》）/玉札；玉屑（出《释药性》）。2. 玉屑（《陶景注》）/玄真（《陶景注》引仙方）；楚璧、夜光、照车（此三名皆出《兼名苑》）

（续表三）

笔画	药名	出现频次	所在卷号	另名	其他医籍	中华药海	中医大辞典	汉语大词典	中华本草	本草和名
	玉门矾石	1	P. 2882		无	无	无	无	无	无
	石灰	6	S. 3347 S. 5435 龙 530		有	有	有	有	有	石灰/恶灰、希灰、石垩（出《陶景注》）；垩灰（出《兼名苑》）；白灰（出《范汪方》）
	石英	4	S. 5614 P. 2115 P. 2378 P. 2755		《古今医统大全》等	无	无	有	有	无
	石胆	9	S. 328 S. 5614 P. 2115 P. 2755 P. 2882 龙 530		《备急千金要方》等	无	有	有	有	石胆/毕石；墨石；基石；铜勒；立制石（《陶景注》）；立制止（出《药诀》）
	石盐	3	P. 3596 P. 3930	戎盐	《备急千金要方》等	无（“戎盐”条下别名、异名有）	无	有	有	光明盐/石盐；石味（出《药诀》）；马齿盐（出《稽疑》）
	石脂	4	S. 5614 P. 2115 P. 2378 P. 2755		《古今医统大全》等	无	无	有	无	无

（续表四）

笔画	药名	出现频次	所在卷号	另名	其他医籍	中华药海	中医大辞典	汉语大词典	中华本草	本草和名
	石膏	30	S. 5435 等		有	有	有	有	有	石膏/细石
	石黛	1	P. 3596		《外台秘要》等	无	无	有	无	无
	石脑油	1	P. 3093		有	有	无	有	有	无
	石硫磺	2	S. 4433 P. 2565		有	有	无	无，有"石硫黄"	无，有"石硫黄"	无
	石膏水	2	P. 3930		《景岳全书》等	无	无	无	无	无
	石硫磺末	1	S. 4433		无	无	无	无	无	无
	东方白石	1	S. 11363		无	无	无	无	无	无
	北方黄石	1	S. 11363		无	无	无	无	无	无
	生矾石	1	S. 4329		《肘后备急方》等	无	无	无	无	无
	白矾	2	S. 9987 P. 3930	矾石	有	有	有	无	有	矾石/羽涅；羽泽；马齿矾、鸡屎矾（以上二种出《陶景注》）；青矾、白矾、黑矾、绛矾、黄矾（以上五种出苏敬注）；羽理、鸡屑（出《兼名苑》）；武骨（出《药诀》）；羽砨（《兼名苑》作"硇"）、羽望（出《释药性》）

（续表五）

笔画	药名	出现频次	所在卷号	另名	其他医籍	中华药海	中医大辞典	汉语大词典	中华本草	本草和名
	白砂	1	P. 2882		《证治准绳》等	无	无	无	无	无
	白盐	2	P. 3093 龙 530		《肘后备急方》等	无	无	有	无	戎盐/胡盐；白盐；食盐；黑盐；柔盐；赤盐；駮盐；臭盐；马齿盐；倒行神骨、西戎淳味、圣无知、黑帝味、青帝味、太阴玄精（以上六名出《丹口诀》）；月精（出《范汪方》）；方石盐（出崔禹锡《食经》）
	白云母	2	P. 2637 P. 2703	云母	《备急千金要方》等	无	有	无	有	无
	白石英	4	龙 530		有	有	有	无	有	白石英/白素飞龙（《丹口诀》）；黄石英；赤石英；青石英；黑石英；白坿（出《兼名苑》）
	白石脂	3	S. 4329 S. 9987 龙 530		有	有	有	有	有	白石脂/白恶（出《杂要诀》）
	白盐末	1	S. 5435		《千金翼方》等	无	无	无	无	无
	代赭	4	龙 530 ф356V		《名医别录》等	无	无	无	无	代赭（出《陶景注》）/须丸；血师；赭、土心、土黄、赤土（以上四名出《兼名苑》）
	代赭石	5	《辅行诀》		《神农本草经》等	无	有	无	有	无

(续表六)

笔画	药名	出现频次	所在卷号	另名	其他医籍	中华药海	中医大辞典	汉语大词典	中华本草	本草和名
	玄石	2	龙530		《名医别录》等	无	无	有	有	1. 慈石/玄石；处石；帝流浆（出《药诀》）；绿伏石母（出《丹口诀》）；铁姑（《兼名苑》）；慈君（出《释药性》）。2. 玄石/玄水石；处石；遼石（出《释药性》）
六画	戎盐	7	龙530 《辅行诀》	石盐	有	有	有	有	有	戎盐/胡盐、白盐、食盐、黑盐、柔盐、赤盐、駮盐、臭盐、马齿盐；倒行神骨、西戎淳味、圣无知、黑帝味、青帝味、太阴玄精（以上六名出《丹口诀》）；月精（出《范汪方》）；方石盐（出崔禹锡《食经》）
	芒硝	33	S. 1467V等		有	有	有	有	有	无
	朴消	18	S. 1467V S. 5614 P. 2115 P. 2662V P. 2755 P. 3144 P. 3596 P. 3930 龙530 ДX02822 《疗服石方》		有	有	无，有“朴硝”	无，有“朴硝”	有	朴消/消石朴；东野（出《药诀》）

（续表七）

笔画	药名	出现频次	所在卷号	另名	其他医籍	中华药海	中医大辞典	汉语大词典	中华本草	本草和名
	压石	4	S. 5614 P. 2115 P. 2378 P. 2755		《外台秘要》等	无	无	无	无	无
	光明砂	2	P. 3093 P. 3731		《肘后备急方》等	无	无	无	有	丹砂(《范汪方》)/真朱、朱砂、巴砂、越砂、云母砂、马齿砂、豆砂(末砂、土砂),以上均出自《陶景注》;土砂、堆砂、末砂、光明砂、马牙砂、无重砂(以上出自苏敬注);镇粉(《小品方》);赤帝髓、陵陵朱子、绛绫朱(以上出自《丹秘口诀》);朱儿(出《太清经》);针砂(出《新方》);流丹(出《神仙服饵方》)
	朱砂	16	P. 2565 P. 2637 P. 2662V P. 2703 P. 3596 P. 3731 龙 530	丹砂	有	有	有	有	有	丹砂(《范汪方》)/真朱、朱砂、巴砂、越砂、云母砂、马齿砂、豆砂(末砂、土砂)(以上均出自《陶景注》;土砂、堆砂、末砂、光明砂、马牙砂、无重砂(以上出自苏敬注);镇粉(《小品方》);赤帝髓、陵陵朱子、绛绫朱(以上出自《丹秘口诀》);朱儿(出《太清经》);针砂(出《新方》);流丹(出《神仙服饵方》)

（续表八）

笔画	药名	出现频次	所在卷号	另名	其他医籍	中华药海	中医大辞典	汉语大词典	中华本草	本草和名
	朱粉	2	P. 2666 P. 3144	黄丹、铅丹	《本草纲目》等	无（“铅丹”条下别名、异名有）	无	无	有	无
	阳起石	6	龙 530		有	有	有	有	有	阳起石/白石；石生；羊起石；五色扶渠（出《药诀》）；五精金华（出《丹口诀》）
七画	赤朱	1	S. 1467		《外台秘要》等	无	无	无	无，有“赤珠”	无
	赤石脂	8	S. 1467 S. 3395 S. 9987 P. 2565 龙 530 Дx02822		有	有	有	有	有	赤石脂/石骨（苏敬注）
	卤咸	3	龙 530		《神农本草经》等	无（“卤碱”条下别名、异名有）	有	有	有	卤咸（出《陶景注》）/青牛落（出《药诀》）
八画	青琅玕	1	龙 530		《神农本草经》等	无	无	有	有	青琅玕/石珠；青珠；火齐珠；瑜玿璐、球琳、琬琰、琨瑶（以上五名出《兼名苑》）

（续表九）

笔画	药名	出现频次	所在卷号	另名	其他医籍	中华药海	中医大辞典	汉语大词典	中华本草	本草和名
	矾末	1	S. 5435		《肘后备急方》等	无	无	无	无	无
	矾石	23	龙 530 等	白矾	《神农本草经》等	无（“白矾”条下别名、异名有）	有	有	有	矾石/羽涅；羽泽；马齿矾、鸡屎矾（以上二种出《陶景注》）；青矾、白矾、黑矾、绛矾、黄矾（以上五种出苏敬注）；羽理、鸡屑（出《兼名苑》）；武骨（出《药诀》）；羽砺（《兼名苑》作“砷”）、羽望（出《释药性》）
	矾石末	1	P. 3596		《备急千金要方》等	无	无	无	无	无
	金牙	2	S. 328 龙 530		《名医别录》等	无	无	有	无	1. 金牙/白虎脱齿（出《丹口诀》）；铜牙（出《陶景注》）；黄石牙（出《小品方》）。2. 甘蕉/巴蕉、羊角蕉、羊乳蕉、蕉葛、巴菹（以上七名出《疏文》）；紫房、金牙（以上二名出《兼名苑》）
	金线黄矾	1	P. 3093		无	无	无	无	无	无
	空青	10	S. 1467 S. 5614 P. 2115 P. 2755 龙 530		有	有	有	有	有	空青（《范汪方》）/青要（出《丹口诀》）；青油羽（出《丹药诀》）；金精（出《稽疑》）；青要中女（出《洞真丹经》）；曾青（出《兼名苑》）

(续表一〇)

笔画	药名	出现频次	所在卷号	另名	其他医籍	中华药海	中医大辞典	汉语大词典	中华本草	本草和名
九画	珊瑚	1	S. 4329		有	有	有	有	有	珊瑚
	胡粉	17	S. 76 S. 9987 P. 3378 P. 3930 龙 530		《参同契》等	无("铅粉"条下别名、异名有)	无	有	有	粉锡/解锡;胡粉(出《陶景注》);流丹;白膏(出《丹口诀》)
	南方黑石	1	S. 9936		无	无	无	无	无	无
	钟乳	15	S. 328 S. 4433 S. 5614 P. 2755 P. 2794 P. 3287 P. 4038 龙 530		《吴普本草》等	无("钟乳石"条下别名、异名有)	无	无	有	无
	禹余粮	8	S. 5435 S. 5795 P. 2565 P. 3043 P. 3596 Дх02822		有	有	有	有	有	1. 禹余粮(《陶景注》)/白余;天师食(《药诀》);白禹余粮(《杂要诀》)。2. 秦名羊韭;齐名爱韭;楚名乌韭;马韭(出《隐居本草》);越名羊蓍;禹葭;禹余粮;禹芝、虫宁药、忍冬、忍陵、不死药、果、濮垒、随脂、楚名马韭、越名羊荠(以上十名出《释药性》);羊芥;乌韭(出《杂要诀》)

（续表一一）

笔画	药名	出现频次	所在卷号	另名	其他医籍	中华药海	中医大辞典	汉语大词典	中华本草	本草和名
	洛粉	2	S. 5435		《太平圣惠方》等	无	无	无	无	无
	扁青	2	龙 530		有	有	有	有	有	扁青/绿青（苏敬注）
十画	盐	29	P. 3966 等		《名医别录》等	无	无	有	有	盐/山盐（出《西羌》）；树盐（出《陶景注》）；熬盐；房盐（以上出崔禹）；春子、鱼库、鳝鲼（以上三种出《七卷食经》）
	盐末	3	P. 2662V P. 2666 Дх00924		《肘后备急方》等	无	无	无	无	无
	盐花	3	P. 2637 P. 2703 P. 2882		《肘后备急方》等	无	无	有	无	无
	铅丹	3	龙 530	黄丹、朱粉	有	有	有	有	有	铅丹/铅华；黄丹（出《陶景注》）；巴丹；黄龙汗（出《药诀》）；太阴（出《太清经》）
	特生矾石	1	龙 530		《神农本草经》等	无	无	无	无	无
十一画	理石	3	龙 530		有	有	无	无	有	理石/立制石；肌石；长理石；制石（出《杂要诀》）

(续表一二)

笔画	药名	出现频次	所在卷号	另名	其他医籍	中华药海	中医大辞典	汉语大词典	中华本草	本草和名
	黄丹	5	S. 5435 P. 3093 P. 3731 P. 3930	铅丹、朱粉	《抱朴子》等	无(“铅丹”条下别名、异名有)	有	有	有	铅丹/铅华;黄丹(出《陶景注》);巴丹;黄龙汗(出《药诀》);太阴(出《太清经》)
	黄矾	1	P. 3930		有	有	无	无	有	矾石/羽涅;羽泽;马齿矾、鸡屎矾(以上二种出《陶景注》);青矾、白矾、黑矾、绛矾、黄矾(以上五种出苏敬注);羽理、鸡屑(出《兼名苑》);武骨(出《药诀》);羽砺(《兼名苑》作“硵”)、羽望(出《释药性》)
	黄石脂	2	龙 530		《名医别录》等	无	无	无	有	黄石脂
	黄矾汁	1	P. 2882		无	无	无	无	无	无
	硇砂	6	P. 2115 P. 2755 P. 3093 P. 3930 Дx02822		有	有	有	无	有	无
	银星石	2	P. 2637 P. 2703		《证类本草》等	无	无	无	无	无
	舶上硫磺	1	S. 5435		《儒门事亲》等	无	无	无	无	无

（续表一三）

笔画	药名	出现频次	所在卷号	另名	其他医籍	中华药海	中医大辞典	汉语大词典	中华本草	本草和名
	密陀僧	5	S. 5614 P. 2115 P. 2378 P. 2755 P. 3930		有	有	有	有	有	无
	绿矾	1	P. 3093		有	有	有	无	有	无
十二画	硝	2	P. 2662V P. 3596		《肘后备急方》等	无	无	有	无	无
	硝石	14	S. 5614 S. 5795 P. 2115 P. 2378 P. 2662V P. 2755 P. 3930 龙 530 《辅行诀》		《名医别录》等	无	无	有	有	无
	硫磺	7	S. 5435 龙 530 Дx02822		《儒门事亲》等	无	无	有"硫黄"	无，有"硫黄"	无
	硫磺面	1	P. 3596		无	无	无	无	无	无

（续表一四）

笔画	药名	出现频次	所在卷号	另名	其他医籍	中华药海	中医大辞典	汉语大词典	中华本草	本草和名
	雄黄	33	龙 530 等		有	有	有	有	有	雄黄/黄食石；石黄（出《石门》）；熏黄（苏敬注）；丹山日魂（出《丹口诀》）；朱雀筋、帝男精（以上二名出《药诀》）；硿；礦（出《杂要诀》）
	紫石英	4	S. 1467 龙 530		有	有	有	有	有	紫石英/紫陵文侯（出《丹口诀》）；南城石、青绵石、林邑石（以上三名出《陶景注》）；五石之精、浊世之要药（《太清经》）
	粉	3	P. 3378 龙 530		《肘后备急方》等	无	无	有	无	无
	曾青	8	S. 1467 龙 530		有	有	有	有	有	1. 空青（《范汪方》）/青要（出《丹口诀》）；青油羽（出《丹药诀》）；金精（出《稽疑》）；青要中女（出《洞真丹经》）；曾青（出《兼名苑》）。2. 曾青（《范汪方》）/青龙膏（《药诀》）
	滑石	14	S. 5614 S. 5968 P. 2115 P. 2378 P. 2755 P. 3287 龙 530		有	有	有	有	有	滑石/液石；脆石；番石；冷石（出《陶景注》）；汋石、夜共者、民月石、夜石、战楞、冷石、切齿（出《释药性》）

（续表一五）

笔画	药名	出现频次	所在卷号	另名	其他医籍	中华药海	中医大辞典	汉语大词典	中华本草	本草和名
	寒水石	7	S. 328 P. 3930 龙 530 Дx02822 《疗服石方》		有	有	无	无	有	无
十三画	蓝田玉屑	2	S. 5614 P. 2115		无	无	无	无	无	无
	腻粉	4	S. 5435 P. 2637 P. 2703		《肘后备急方》等	无	无	有	有	无
十四画	磁石	14	P. 2755 P. 2882 P. 3596 P. 3930 龙 530		有	有	有	有	有	无
	雌黄	6	S. 2438 龙 530		有	有	有	有	有	雌黄/武都仇池黄（武都仇池）、崑崙黄（扶南林邑）（以上二名出《陶景注》）；玄台月华（出《丹口诀》）；帝女血（出《药诀》）；金液（出《兼名苑》）；黄石金（出《杂要诀》）
	颗盐	1	P. 3093		《太平圣惠方》等	无	无	有	无	无

（续表一六）

笔画	药名	出现频次	所在卷号	另名	其他医籍	中华药海	中医大辞典	汉语大词典	中华本草	本草和名
	熏黄	1	P. 2666		《备急千金要方》等	无	无	有	有	雄黄/黄食石；石黄（出《石门》）；熏黄（苏敬注）；丹山日魂（出《丹口诀》）；朱雀筋、帝男精（以上二名出《药诀》）；硂；礦（出《杂要诀》）
十六画	凝水石	3	S. 1467 龙 530		《名医别录》等	无	无	无	有	凝水石（出《陶景注》）/白水石；寒水石；陵水石；清水石、寒水绀代、寒水石黛（以上三名出《杂要诀》）

上表中石部药名共计 95 个，其中 62 个药名《中华药海》词条未收，占石部药名的 65%；除去词条未收但在别名、异名中收录的 8 个药名，仍有 54 个药名未收，占石部药名的 57%。54 个药名《中华本草》未收。49 个药名《本草和名》未收。9 个药名其他医籍未见（暂未查到使用例证），占石部药名的 9%。出现频次 20 次以上（含 20）5 个，占石部药名的 5%。其中出现频次最高的是“芒硝”“雄黄”，均为 33 次。其后依次为“石膏”，30 次；“盐”，29 次；“矾石”，23 次。出现频次 10—19（含 10、19）的有 8 个，占石部药名的 8%。其余为 9 次以下（含 9）。

第三节 动物类

敦煌写本医籍动物类药名共计363个，其中虫部58个、鱼鳞部31个、介部23个、禽部52个、兽部173个、人部26个。《中华药海》词条未收254个，占动物类药名的70%，分别为虫部36个、鱼鳞部14个、介部12个、禽部43个、兽部123个、人部26个。《中华药海》词条未收，但别名、异名、处方名等收录的药名34个，占动物类药名的9%，分别为虫部13个、鱼鳞部3个、介部5个、禽部5个、兽部4个、人部4个。《中华药海》词条及别名、异名、处方名等均未收录的药名220个，占动物类药名的61%，分别为虫部23个、鱼鳞部11个、介部7个、禽部38个、兽部119个、人部22个。其他医籍未收41个，占动物类药名的12%，分别为虫部2个、鱼鳞部2个、禽部7个、兽部24个、人部6个。《中华本草》未收药名203个。动物类药名中出现频次20次以上(含20)4个，占动物类药名1%，其中虫部1个、介部1个、兽部2个。出现频次10—19(含10、19)的12个，占动物类药名的3%，其中虫部4个、鱼鳞部1个、介部1个、禽部1个、兽部5个。其余9频次以下(含9)。所有动物类药名按虫部、鱼鳞部、介部、禽部、兽部、人部分类列表如下。

一、虫部

表 3—3—1　敦煌写本医籍与《本草和名》虫部药名比较表

笔画	药名	出现频次	所在卷号	另名	其他医籍	中华药海	中医大辞典	汉语大词典	中华本草	本草和名
三画	干蠍	1	Дx02822		《圣济总录》等	无	无	无	无	无
	土蜂房	1	龙 530		《太平圣惠方》等	无	无	无	无	无
	大蜻蜓	1	P. 2565		有	有	无	无	无	无
	飞生虫	1	龙 530		《外台秘要》等	无	无	无	有	无
	马明退	1	Дx02822		《儒门事亲》等	无	有	无	有	无
四画	水蛭	8	S. 5614 P. 2115 P. 2378 P. 2755 龙 530		有	有	有	有	有	水蛭/蚑；至掌；马蜞、山蚑（以上二名出《陶景注》）；草蛭；马蛭；马蟥
五画	石蚕	1	龙 530		有	有	有	无	有	石蚕/沙虱
	白蚕	3	S. 4329		《普济方》等	无	无	无	无	无
	白腊	4	P. 2565 P. 2637 P. 2703 P. 3043		《外台秘要》等	无	无	无	无，有“白蜡”	无

(续表一)

笔画	药名	出现频次	所在卷号	另名	其他医籍	中华药海	中医大辞典	汉语大词典	中华本草	本草和名
	白蜜	13	S. 2438 S. 4329 P. 2637 P. 2703 P. 2882 P. 3144 P. 3596 P. 4038	食蜜、白沙蜜	《药性论》等	无（“蜂蜜”条下别名、异名有）	有	有	有	石蜜（苏敬注）/石饴；崖蜜、木蜜、食蜜、土蜜（以上四名出《陶景注》）；白蜜（出苏敬注）；沙蜜；百花醴（出《墨子五行记》）；奔醴花腴（出《神仙服饵方》）
	白沙蜜	1	S. 76	白蜜、食蜜	《儒门事亲》等	无（“蜂蜜”条下别名、异名有）	无	无	有	无
	白僵蚕	4	S. 4329 P. 2565 龙 530	僵蚕	有	有	有	无	有	白僵蚕（《陶景注》）
	白颈蚯蚓	1	龙 530		《名医别录》等	无	无	无	无	无
六画	地胆	13	S. 5614 P. 2115 P. 2378 P. 2755 P. 3714 P. 3930 龙 530		有	有	有	无	有	地胆/芫青；青蛙

（续表二）

笔画	药名	出现频次	所在卷号	另名	其他医籍	中华药海	中医大辞典	汉语大词典	中华本草	本草和名
	百节	1	S. 5598		《证类本草》等	无	有	有	有	无
	衣中白鱼	2	龙 530		《小品方》等	无	无	无	有	无
七画	赤蜜	1	P. 3930		《备急千金要方》等	无	无	无	无	无
	芫青	6	P. 2565 龙 530		《名医别录》等	无（“青娘子”条下别名有）	有	无	有	1. 芫青/水龟子（出《杂要诀》）。 2. 地胆/芫青；青蛙
八画	鸣蝉	1	S. 1467	蚱蝉	《新修本草》等	无（“蚱蝉”条下别名有）	无	有	有	无
九画	虾蟆	4	P. 2666 P. 3930 龙 530 Дх02822		有	有	有	有	有	无
	虻虫	6	S. 5614 P. 2115 P. 2755 龙 530	蜚虻	有	有	有	有	有	无
	食蜜	1	龙 530	白蜜、白沙蜜	《伤寒论》等	无（“蜂蜜”条下别名、异名有）	无	无	有	石蜜（苏敬注）/石饴；崖蜜、木蜜、食蜜、土蜜（以上四名出《陶景注》）；白蜜（出苏敬注）；沙蜜；百花醴（出《墨子五行记》）；奔醴花腹（出《神仙服饵方》）

（续表三）

笔画	药名	出现频次	所在卷号	另名	其他医籍	中华药海	中医大辞典	汉语大词典	中华本草	本草和名
	亭长	3	龙 530		《雷公炮炙论》等	无	无	有，但无此处义	有	无
十画	晚蚕沙	1	Дx02822		有	无（原“蚕沙”条下别名、异名有）	有	无	无	无
	桑螵蛸	9	龙 530		有	有	有	有	有	桑螵蛸/蚀肬；蟷蜋、蛁蟟（以上二名出《陶景注》）；害焦（出《释药性》）；不过；莫髦、蟷蠰、莫狢、蛸母、石蜋、蝆、车蟞（以上七名出《兼名苑》）；螵蛸；博雌；蜱蛸（以上出《兼名苑》）
十一画	黄腊	1	P. 3043		《外台秘要》等	无	无	无	无，有“黄蜡”	无
	萤火	3	龙 530		有	有	无	有	有	萤火/夜光；放光；耀耀；即炤；丹良、丹鸟、燋光、夜照、小母、蟒（以上六名出《兼名苑》）；耀夜；景天；霄烛（以上出《古今注》）；夜行游女（出《墨子五行记》）

（续表四）

笔画	药名	出现频次	所在卷号	另名	其他医籍	中华药海	中医大辞典	汉语大词典	中华本草	本草和名
十二画	蚱蝉	2	龙 530	鸣蝉	有	有	有	有	有	蚱蝉/痖；蟪蛄；寒蜇；蟳蟦母、蛁蟟、鸣蜩（以上三种出《陶景注》）；壳名枯蝉、伏蛸（以上二名出苏敬注）；蝉；齐女（出《古今注》）；暗蝉；蜺（出《兼名苑》）；蠊
	蚯蚓屑	1	龙 530		无	无	无	无	无	无
	蛀虫	1	龙 530		《普济方》等	无	无	有	有	无
	斑蝥	10	S. 5614 P. 2115 P. 2378 P. 2755 龙 530		有	有	有	有	有	无
	蛴螬	7	P. 2666 龙 530		有	有	有	有	有	蛴螬/蟦蛴；蜸蛴；敦齐；蝎；蛣蝠；蝤蛴；雍垂（出《兼名苑》）
	蛴螬汁	2	P. 3930 龙 530		《医心方》等	无	无	无	无	无
	腊	7	S. 3347 S. 5435 P. 3885 P. 3596 P. 3731		《肘后备急方》等	无	无	有	无	无

（续表五）

笔画	药名	出现频次	所在卷号	另名	其他医籍	中华药海	中医大辞典	汉语大词典	中华本草	本草和名
十三画	蜈蚣	11	S. 328 P. 2565 P. 2755 P. 3714 龙 530		有	有	有	有	有	无
	蜗牛	2	龙 530		有	有	有	有	有	蜗牛/依牛；寄居（崔禹）；水中生蠡（出《范汪方》）
	蜂子	3	P. 2565 龙 530		《神农本草经》等	无（“蜜蜂子”条下别名有）	无	有	有	蜂子（《陶景注》）/大黄蜂子；土蜂子；蜚零；折腰；马蜂（以上出《兼名苑》）；飞云粮（出《墨子五行记》）；蚬（出《神仙服饵方》）
	蜂房	7	S. 5614 P. 2115 P. 2378 P. 2755 龙 530	露蜂房	《古今医统大全》等	无（“露蜂房”条下处方用名有）	有	有	有	无
	蜂窠	2	P. 2666 《换须发方》		《肘后备急方》等	无（“露蜂房”条下处方用名有）	无	有	有	无
	蜣蜋	2	S. 9987 龙 530		有	有	有	有	无，有“蜣螂”	蜣蜋/蛣蜣；转丸、弄丸、诸羌、粪虫（以上四名出《兼名苑》）

（续表六）

笔画	药名	出现频次	所在卷号	另名	其他医籍	中华药海	中医大辞典	汉语大词典	中华本草	本草和名
	鼠妇	2	龙 530	鼠姑	有	有	有	有	有	鼠妇/蟠负；伊威；委黍；鼠负、鼠姑（以上二名出《陶景注》）；委鼠（出《兼名苑》）
十四画	蜚虻	1	龙 530	虻虫	《神农本草经》等	无（“虻虫”条下别名、异名有）	有	有	有	无
	蜚蠊	6	龙 530		《名医别录》等	无	无	有	有	蜚蠊/石姜、卢蜰、负盘、滑虫（以上四名出《兼名苑》）
	蜡	1	龙 530		《肘后备急方》等	无（“蜜蜡”条下别名、异名有）	无	有	有	无
	蜡蜜	1	龙 530		《肘后备急方》等	无	无	有	无	无
	蜘蛛	3	S. 6177 龙 530		有	有	有	有	有	蜘蛛/蚰蟵；络新妇；蟏蛸；□、蛑蜍、社公、张公纲、蝃蝥（以上五名出《兼名苑》）；长蚑（出《古今注》）
	蜜	39	P. 2666 等		《肘后备急方》等	无	无	有	有	无
	蜜蜡	1	龙 530		有	有	有	有	有	无

（续表七）

笔画	药名	出现频次	所在卷号	另名	其他医籍	中华药海	中医大辞典	汉语大词典	中华本草	本草和名
十五画	樗鸡	1	龙 530		《神农本草经》等	无（“红娘子”条下别名、异名有）	有	有	有	樗鸡/莎鸡；天鸡；蒱错（以上出《兼名苑》）
	蝼蛄	3	龙 530		有	有	有	有	有	蝼蛄/惠姑；天蝼；螜；硕鼠（出《古今注》）
	僵蚕	5	P. 3714 龙 530	白僵蚕	《备急千金要方》等	无（“白僵蚕”条下别名、异名有）	有	无	有	无
十六画	螈蚕蛾	1	P. 2565		无	无	无	无	无	螈蚕蛾（《陶景注》）/魏蚕、茧、蚕沙（以上三名出《陶景注》）
十七画	蟅虫	2	P. 3287 龙 530		有	有	有	有	有	无
	螵蛸	2	龙 530		《备急千金要方》等	无	无	有	有	桑螵蛸/蚀肬；蟷蜋、蛁蟟（以上二名出《陶景注》）；害焦（出《释药性》）；不过；莫髦、蟷蠰、莫狢、蛸母、石蜋、蛑、车蟞（以上七名出《兼名苑》）；螵蛸；博蜼；蜱蛸（以上出《兼名苑》）
十九画	麒麟竭	1	Дx02822		《普济方》等	无	无	无	有	无

(续表八)

笔画	药名	出现频次	所在卷号	另名	其他医籍	中华药海	中医大辞典	汉语大词典	中华本草	本草和名
二十一画	露蜂房	2	P. 3596 Дx02822	蜂房、露蜂窠	有	有	有	无	有	露蜂房(苏敬注)/蜂场;百穿;蜂勒;蒹露(出《大清经》)
	露蜂窠	2	S. 5435《换须发方》	蜂房、露蜂房	《太平圣惠方》等	无	无	无	无	无
二十三画	蠮螉	1	龙 530		有	有	无	无	有	蠮螉/土蜂(苏敬注);蜾蠃;细腰、蛞蝼、莆芦(以上三名出《兼名苑》)

上表中虫部药名共计 58 个,其中 36 个药名《中华药海》词条未收,占虫部药名的 62%;除去词条未收但在别名、异名中收录的 13 个药名,仍有 23 个药名未收,占虫部药名的 41%。16 个药名《中华本草》未收。34 个药名《本草和名》未收。2 个药名其他医籍未见(暂未查到使用例证),占虫部药名的 5%。出现频次 20 次以上(含 20)1 个,占虫部药名的 2%。其中出现频次最高的是“蜜”,38 次。出现频次 10—19(含 10、19)的有 4 个,占虫部药名的 7%。其余为 9 次以下(含 9)。

二、鱼鳞部

表3—3—2 敦煌写本医籍与《本草和名》鱼鳞部药名比较表

笔画	药名	出现频次	所在卷号	另名	其他医籍	中华药海	中医大辞典	汉语大词典	中华本草	本草和名
三画	大结鱼	1	S. 3347		无	无	无	无	无	无
四画	乌蛇	1	Дx02822		有	有	有	无	有	无
	乌贼鱼骨	2	龙530		《圣济总录》等	无	有	无	有	无
五画	龙角	1	龙530		有	有	无	有	无	无
	龙齿	9	S. 1467 S. 5614 P. 2115 P. 2755 P. 2794 龙530		有	有	有	无	有	无
	龙骨	18	S. 1467 S. 5795 S. 9987 P. 2565 P. 3930 龙530		有	有	有	有	有	1. 蘼芜/薇芜；江离；股芜（出《杂要诀》）；续断；龙骨；接骨；南草；槐生；属折；□断、葛根、属路肉、蚍药（以上四名出《释药性》）；槐主（出《杂要诀》）；虎荓；桑上寄生、接骨树、一藤、诺藤（以上四名出《陶景注》）；含水藤（出《拾遗》）。2. 龙骨/白龙谷；龙胞；豢；尺木（出《兼名苑》）；陆虚遗生（出《丹口诀》）

（续表一）

笔画	药名	出现频次	所在卷号	另名	其他医籍	中华药海	中医大辞典	汉语大词典	中华本草	本草和名
	龙齿角	1	龙 530		《医心方》等	无	无	无	无	无
	白龙骨	3	S. 9987 P. 2565 龙 530		《名医别录》等	无	无	无	有	无
	白花蛇	1	Дx02822		有	有	有	无	有	无
八画	青鱼鲊	1	龙 530		《金匮要略》等	无	无	无	无	无
	鱼	5	S. 76 S. 5435 P. 2666 P. 3201		《名医别录》等	无	无	有	有	无
	鱼枕	1	P. 3093		《普济方》等	无	无	有	无	无
	鱼骨	1	Дx02822		《肘后备急方》等	无	无	无	无	无
	鱼胆	1	P. 3930		《备急千金要方》等	无（“老鸦糊”条下别名、异名有）	无	无	无	无
九画	穿山甲	1	Дx02822		有	有	有	有	有	无
十画	晋地龙骨	1	P. 2115		无	无	无	无	无	无

（续表二）

笔画	药名	出现频次	所在卷号	另名	其他医籍	中华药海	中医大辞典	汉语大词典	中华本草	本草和名
	贼鱼骨	1	Дх02822		《圣济总录》等	无	无	无	无	无
十一画	蚺蛇胆	1	龙 530		有	有	有	有	有	无
	蛇	1	P. 3731		《丹溪心法》等	无	无	有	无	无
	蛇皮	2	龙 530 Дх02822	蛇蜕、蛇蜕皮	《雷公炮炙论》等	无（“蛇蜕”条下别名、异名有）	有	有	有	无
	蛇蜕	8	S. 5614 P. 2115 P. 2378 P. 2755 龙 530	蛇皮、蛇蜕皮	有	有	有	有	有	无
	蛇蜕皮	3	S. 1467 P. 3596 龙 530	蛇皮、蛇蜕	《肘后备急方》等	无（“蛇蜕”条下别名、异名有）	无	无	无	蛇蜕皮/龙子衣；蛇符；龙子皮；龙子单衣；弓皮
十四画	蜥蜴	4	龙 530		有	有	有	有	有	石龙子/蜥蜴；山龙子；守宫（苏敬注）；石蜴、蛇医母、蛇舅母、龙子、蝘蜓（以上五名出《陶景注》）；蛇师、荣螈、罶虎、壁宫（以上四名出《释药性》）；刺蜴；玄蚖（出《兼名苑》）；玄螈；绿螈（以上出《古今注》）

(续表三)

笔画	药名	出现频次	所在卷号	另名	其他医籍	中华药海	中医大辞典	汉语大词典	中华本草	本草和名
	鲛鱼皮	1	龙 530		有	有	无	无	有	无
十五画	蝮蛇胆	1	龙 530		有	有	无	有	无	无
	鲤鱼	1	S. 4433		有	有	有	有	有	鲤鱼/鲕、鲽、鲅(以上三名出《七卷食经》);鲅;鳙(出崔禹);赤骥、青马、玄驹、白骥、黄雉(以上五名出《古今注》);赪尾;浏(出《兼名苑》);鳣(出《古今注》);水民(出《墨子五行记》)
	鲤鱼胆	1	龙 530		有	有	有	无	有	无
	鲤鱼脑	1	龙 530		有	有	无	无	有	无
	鲫鱼	1	S. 76		有	有	无	有	有	鲫鱼/鲋鱼;鲚(出崔禹)
二十画	鳝甲	6	龙 530		有	有	无	有	有	无
二十一画	鳢鱼	1	龙 530		有	有	无	有	有	无

上表中鱼鳞部药名共计 31 个,其中 14 个药名《中华药海》词条未收,占鱼鳞部药名的 45%;除去词条未收但在别名、异名中收录的 3 个药名,仍有 28 个药名未收,占鱼鳞部药名的 90%。12 个药名《中华本草》未收。26 个药名《本草和名》未收。2 个药名其他医籍未见(暂未查到使用例证),占鱼鳞部药名的 6%。出现频次 20 次以上(含 20)0 个。出现频次 10—19(含 10、19)的有 1 个,占鱼鳞部药名的 3%。其余为 9 次以下(含 9)。

三、介部

表 3—3—3　敦煌写本医籍与《本草和名》介部药名比较表

笔画	药名	出现频次	所在卷号	另名	其他医籍	中华药海	中医大辞典	汉语大词典	中华本草	本草和名
三画	马刀	4	龙 530	齐蛤	有	有	无	有	有	马刀/马蛤；单姥钊、蛤螺、蚬壳(以上三名出《陶景注》)；王蜚、鷊蛤(以上二名出《兼名苑》)；蚶；蛎；蜮；蟭；螯(出崔禹)；齐蛤、蛤蜓(以上二名出《释药性》)；公刀、姥刀、蛙(以上三名出《兼名苑》)
四画	贝子	1	P. 3201		有	有	无	有	有	贝子/贝齿马珂
	贝齿	3	龙 530		《备急千金要方》等	无	有	有	有	无
	贝齿屑	1	龙 530		《备急千金要方》等	无	无	无	无	无
	文蛤	2	龙 530		有	有	无	无	有	文蛤/蛤(出《兼名苑》)
五画	石决明	1	龙 530		有	有	有	无	有	石决明(崔禹注)/紫贝；鳆鱼甲(出《陶景注》)；马蹄决明
	甲香	1	S. 4329		有	有	有	有	有	甲香/流螺(出《七卷食经》)
	田中螺	1	龙 530		《医心方》等	无	无	无	有	舩虹/田中螺(出《疏文》)
	生龟	2	龙 530		《肘后备急方》等	无	无	无	无	无

（续表一）

笔画	药名	出现频次	所在卷号	另名	其他医籍	中华药海	中医大辞典	汉语大词典	中华本草	本草和名
六画	齐蛤	1	龙 530	马刀	《吴普本草》等	无（“马刀”条下别名有）	无	无	有	马刀/马蛤；单姥钊、蛤螺、蚬壳（以上三名出《陶景注》）；王蜚、蠚蛤（以上二名出《兼名苑》）；蚶；蛎；蛾；蟭；螯（出崔禹）；齐蛤、蛤蜓（以上二名出《释药性》）；公刀、姥刀、蛑（以上三名出《兼名苑》）
七画	牡蛎	29	P. 3378 等		有	有	有	有	有	牡蛎/蛎蛤；牡蛤；离蝼、典蜂、蟦、马蹄（以上四名出《兼名苑》）；四海分居（出《五金粉药诀》）
	龟甲	6	P. 3714 龙 530	神屋	《神农本草经》等	无（“龟板”条下别名、异名有）	有	有	有	龟甲/神屋；雪龟、天龟（以上二名出《兼名苑》）；衣□卸（出《古今注》）
九画	神屋	4	S. 5614 P. 2115 P. 2378 P. 2755	龟甲	《神农本草经》等	无（“龟板”条下别名、异名有）	无	有	有	龟甲/神屋；雪龟、天龟（以上二名出《兼名苑》）；衣□卸（出《古今注》）
十画	真珠	4	P. 3093 P. 3596 龙 530		《圣济总录》等	无（“珍珠”条下别名、异名有）	有	有	有	无

（续表二）

笔画	药名	出现频次	所在卷号	另名	其他医籍	中华药海	中医大辞典	汉语大词典	中华本草	本草和名
	真珠末	2	P. 3596 P. 3930		《圣济总录》等	无	无	无	无	无
	海蛤	6	P. 3596 龙 530 《辅行诀》		《神农本草经》等	无（“海蛤壳”条下别名、异名有）	无	有	有	海蛤/魁蛤；纯耳蛤
十二画	蛤蚧	1	Дx02822		有	有	有	有	有	无
十九画	鳖甲	19	S. 5614 P. 2115 P. 2378 P. 2755 P. 3201 龙 530 Дx02822		有	有	有	有	有	鳖甲/河伯从事、青衣、河伯使（以上三名出《古今注》）
	鳖头	5	S. 5614 P. 2115 P. 2378 P. 2755 龙 530		有	有	无	无	有	无

（续表三）

笔画	药名	出现频次	所在卷号	另名	其他医籍	中华药海	中医大辞典	汉语大词典	中华本草	本草和名
	蟹	5	龙 530		有	有	有	有	有	蟹/蛸蜞；红螯、青蜂（以上二名出《兼名苑》）；拥剑；彭蜞（以上三种出《陶景注》）；泽蜞；泽蝑（出《兼名苑》）；蜋；蠏（出《兼名苑》）；蛹、鳢、沙蝑、蛇、水母（以上五种出崔禹）；鳍鲜；蜥；石蜩；蝰虹；蠹蝑；蝑蝶、劳姑、长卿（以上三名出《兼名苑》）；蝎朴；平阿土；芦虎；倚望（以上十种出《七卷食经》）；揭柎、执火、招潮、望潮（以上四名出《兼名苑》）；旁行（出《七卷食经》）
	蟹爪	1	龙 530		有	有	无	有	无	无
	蟹黄	3	P. 2115 P. 2755		《备急千金要方》等	无	无	有	无	无
二十画	鼍鱼甲	1	S. 1467		《普济方》等	无	无	无	无	无

上表中介部药名共计 23 个，其中 12 个药名《中华药海》词条未收，占介部药名的 52%；除去词条未收但在别名、异名中收录的 5 个药名，仍有 7 个药名未收，占介部药名的 30%。6 个药名《中华本草》未收。10 个药名《本草和名》未收。出现频次 20 次以上（含 20）1 个，占介部药名的 4%。其中出现频次最高的为“牡蛎”，29 次。出现频次 10—19（含 10、19）的有 1 个，占介部药名的 4%。其余为 9 次以下（含 9）。

四、禽部

表 3—3—4 敦煌写本医籍与《本草和名》禽部药名比较表

笔画	药名	出现频次	所在卷号	另名	其他医籍	中华药海	中医大辞典	汉语大词典	中华本草	本草和名
三画	飞生鸟肉	1	P. 3930		无	无	无	无	无	无
	飞鸱头	1	P. 3596		《备急千金要方》等	无	无	无	有	无
四画	天鼠屎	2	龙 530		《神农本草经》等	无（“夜明砂”条下别名、异名有）	有	无	有	无
	天鼠膏	1	P. 2755		《王羲之十七帖》等	无	无	无	无	无
	天鼠煎膏	3	S. 5614 P. 2115 P. 2378		无	无	无	无	无	无
	丹雄鸡	3	S. 1467 龙 530		《名医别录》等	无	无	无	无	无
	乌鸡	1	龙 530		《普济方》等	无（“乌骨鸡”条下别名、异名有）	有	有	有	无

（续表一）

笔画	药名	出现频次	所在卷号	另名	其他医籍	中华药海	中医大辞典	汉语大词典	中华本草	本草和名
	乌鸡子	1	S. 1467		《外台秘要》等	无	无	无	无	无
	乌鸡骨	2	龙 530		《证类本草》等	无	无	无	有	无
	乌雄鸡血	2	龙 530		《新修本草》等	无	无	无	无	无
	乌雄鸡肝	1	龙 530		《本草纲目》等	无	无	无	无	无
	水淋鸡屎汁	1	龙 530		《备急千金要方》等	无	无	无	无	无
五画	生鹅脂	1	P. 3378		无	无	无	无	无	无
	生鸡子白	2	P. 2662V P. 3930		《外台秘要》等	无	无	无	无	无
	生雀头血	1	P. 3596		《医心方》	无	无	无	无	无
	白鸡肝	1	P. 2882		仅食物禁忌中有，无入药例	无	无	无	无	无
	白鸭屎	1	龙 530		《名医别录》等	无	无	无	无	无
	白鹅脂	1	龙 530		《名医别录》等	无	无	无	有	无
六画	伏翼	3	龙 530		《神农本草经》等	无（“蝙蝠”条下别名有）	无	有	有	伏翼（苏敬注）/蝙蝠；天鼠、仙鼠（以上二名出苏敬注）；蠘蠌（出《兼名苑》）；飞鼠（出《古今注》）

（续表二）

笔画	药名	出现频次	所在卷号	另名	其他医籍	中华药海	中医大辞典	汉语大词典	中华本草	本草和名
七画	鸡	2	S. 1467 S. 5435		《肘后备急方》等	无	无	有	有	无
	鸡子	17	S. 1467 S. 4329 S. 5435 S. 5614 P. 2115 P. 2662V P. 2755 P. 3930 P. 3960 龙 530		有	有	无	有	有	无
	鸡毛	2	P. 3960 龙 530		《备急千金要方》等	无	无	无	无	无
	鸡肪	1	龙 530		《备急千金要方》等	无	无	无	无	无
	鸡肠	2	S. 3347 龙 530		有	有	无	无	有	蘩蒌/鸡肠；葠蒌、莜（以上二名出《兼名苑》）；百滋草（出苏敬注）
	鸡粪	1	P. 2662V		《备急千金要方》等	无（“鸡屎白”条下别名有）	无	无	无	无

（续表三）

笔画	药名	出现频次	所在卷号	另名	其他医籍	中华药海	中医大辞典	汉语大词典	中华本草	本草和名
	鸡子白	7	P. 2565 P. 2662V P. 3930 龙 530		有	有	有	无	有	无
	鸡子汁	1	龙 530		《医心方》等	无	无	无	无	无
	鸡子黄	7	龙 530 《辅行诀脏腑用药法要》		有	有	有	无	有	无
	鸡矢白	1	S. 3347		《刘涓子鬼遗方》等	无	无	无	无	无
	鸡肶胵	1	龙 530		《太平圣惠方》等	无（“鸡内金”条下别名、异名有）	有	无	有	无
	鸡子粪汁	1	龙 530		无	无	无	无	无	无
八画	夜明沙	1	Дx02822		《圣济总录》等	无	无	无	无，有“夜明砂”	无
九画	胡燕矢	1	龙 530		《备急千金要方》等	无	无	有	无	无

(续表四)

笔画	药名	出现频次	所在卷号	另名	其他医籍	中华药海	中医大辞典	汉语大词典	中华本草	本草和名
十画	鸭血	1	龙 530		有	有	无	无	有	无
	鸭头热血	1	龙 530		《备急千金要方》等	无	无	无	无	无
十一画	雀卵	2	P. 3960 龙 530		有	有	有	无	有	无
	雀脑	1	龙 530		有	有	无	无	有	无
十二画	雁肪	1	龙 530		有	有	无	无	有	雁肪/鹜肪、鸿雁、野鹅、駕鹅(以上四名出《陶景注》);阳乌(出苏敬注);传书、送故(以上二名出《兼名苑》);駉(出《七卷食经》)
	雄雀	1	龙 530		《圣济总录》等	无	无	无	无	无
	雄雀矢	1	龙 530		《肘后备急方》等	无	无	无	无	无
	雄鸡左翅毛	1	S. 4433		《名医别录》等	无	无	无	无	无
	鹅脂	1	P. 2755		《肘后备急方》等	无	无	无	无	无
	腊月乌子粪	1	P. 2662V		无	无	无	无	无	无
十三画	蜀水花	1	S. 4329		《备急千金要方》等	无	无	无	无	鸬鹚/蜀水花;鷧(出《兼名苑》)

(续表五)

笔画	药名	出现频次	所在卷号	另名	其他医籍	中华药海	中医大辞典	汉语大词典	中华本草	本草和名
	新生乌鸡子	1	S. 1467		《外台秘要》等	无	无	无	无	无
十四画	鸬鹚骨	1	龙 530		无	无	无	无	无	无
	雌鸡肝	2	S. 4433		《备急千金要方》等	无	无	无	无	无
	鹜矢	1	龙 530		无	无	无	无	无	无
十六画	燕矢	2	P. 3596 龙 530		《医心方》等	无	无	无	无	无
十八画	鹰粪	1	S. 4329		《肘后备急方》等	无	无	无	无	无
	鹰矢白	2	S. 4329 龙 530		《名医别录》等	无	无	无	无	鹰矢白/雕;隼;青骹;金喙(以上出《兼名苑》)
二十二画	鹳骨	1	龙 530		有	有	无	无	有	无

上表中禽部药名共计 52 个,其中 43 个药名《中华药海》词条未收,占禽部药名的 83%;除去词条未收但在别名、异名中收录的 5 个药名,仍有 38 个药名未收,占禽部药名的 73%。35 个药名《中华本草》未收。47 个药名《本草和名》未收。7 个药名其他医籍未见(暂未查到使用例证),占禽部药名的 13%。出现频次 10—19(含 10、19)的有 1 个,占禽部药名的 2%。其中出现频次最高的为"鸡子",17 次。其余为 9 次以下(含 9)。

五、兽部

表 3—3—5　敦煌写本医籍与《本草和名》兽部药名比较表

笔画	药名	出现频次	所在卷号	另名	其他医籍	中华药海	中医大辞典	汉语大词典	中华本草	本草和名
三画	干脯肉	1	S. 3347		无	无	无	无	无	无
	山驴角	1	P. 3930		《证类本草》等	无	无	无	无	无
	马心	1	S. 1467		有	有	无	无	有	无
	马尿	1	S. 3395		《备急千金要方》等	无	无	有，但为酒的泛称	无	无
	马乳	1	龙 530		有	有	有	有	有	马乳/驴乳；马酪
	马通	1	龙 530	马粪	《名医别录》等	无	无	有	无	白马茎/屎名马通，马衔
	马粪	2	S. 3347 P. 3596	马通	《肘后备急方》等	无	无	有	无	无
	马酪	1	S. 76		《新修本草》等	无	无	有	无	马乳/驴乳；马酪

（续表一）

笔画	药名	出现频次	所在卷号	另名	其他医籍	中华药海	中医大辞典	汉语大词典	中华本草	本草和名
	马蹄	1	P. 2882		《肘后备急方》等	无	无	有	有	1. 沉香/坚黑、黑沉（以上二名出《兼名苑》）；蜜香；栈香；檠香（以上出《疏》）；薰陆香；胶香、白乳（以上二名出《兼名苑》）；云华沉油（出《丹药口诀》）；乳头香（《鉴真方》）；鸡舌香；亭尖独生（出《丹口诀》）；藿香；詹糖香；枫香（《陶景注》）；波律香；白檀（以上二种出《陶景注》）；青桂；鸡骨；马蹄；栈香；丁香。2. 牡蛎/蛎蛤；牡蛤；离蝼、典蜂、螭、马蹄（以上四名出《兼名苑》）；四海分居（出《五金粉药诀》）
	马头骨	1	龙 530		《肘后备急方》等	无	无	有	无	无
	马阴筋	1	S. 4433		无	无	无	无	无	无
	马骨灰	2	P. 3930		《备急千金要方》等	无	无	有	无	无
	马悬蹄	1	龙 530		《备急千金要方》等	无	无	无	无	无
	马蹄甲	1	龙 530		有	有	无	无	有	无
	马鬐膏	2	S. 1467		有	有	无	无	有	无

（续表二）

笔画	药名	出现频次	所在卷号	另名	其他医籍	中华药海	中医大辞典	汉语大词典	中华本草	本草和名
	马鬃脂	1	S. 4329		无	无	无	无	无	无
四画	犬心	1	S. 1467		《本草纲目》等	无	无	无	无	无
	犬肉	2	龙 530		《备急千金要方》等	无	无	无	无	无
	犬齿	1	龙 530		《小儿卫生总微论方》等	无	有，但无此处义	有，但无此处义	无	无
	犬屎	1	龙 530		《备急千金要方》等	无	无	无	无	无
	中台麝香	2	S. 5614 P. 2115		无	无	无	无	无	无
	牛毛	2	P. 3930		《普济方》等	无	无	有，但只取比喻义	无	无
	牛心	2	S. 1467 S. 4433		《诸病源候论》等	无	无	有	无	无
	牛尾	1	S. 6177		《证类本草》等	无	无	无	有	无
	牛尿	2	P. 3596		《备急千金要方》等	无	无	无	无	无

（续表三）

笔画	药名	出现频次	所在卷号	另名	其他医籍	中华药海	中医大辞典	汉语大词典	中华本草	本草和名
	牛角	4	P. 2666 P. 3930 龙 530 Дx04437		有	有	无	有	有	无
	牛乳	8	S. 76 S. 3347 P. 3144 P. 3378 P. 3596 P. 3930 龙 530 Дx02999 Дx03058		《备急千金要方》等	无	有	有	有	牛乳/犊牛、水牛乳（以上二名出《陶景注》）；秦牛乳
	牛胆	3	S. 3347 S. 4433 龙 530		有	有	有	无	有	无
	牛脂	1	P. 3930		有	有	无	无	有	无

(续表四)

笔画	药名	出现频次	所在卷号	另名	其他医籍	中华药海	中医大辞典	汉语大词典	中华本草	本草和名
	牛黄	16	S. 1467 S. 3347 S. 5614 S. 6107 P. 2115 P. 2565 P. 2662 P. 2755 P. 3230 P. 3731 龙 530 Дx02822		有	有	有	有	有	牛黄/生黄(苏敬注)、散黄、漫黄、团黄(以上四种出苏敬注)
	牛酥	1	P. 3731		《肘后备急方》等	无	无	有	无	酪酥(《陶景注》)/牛酥;羊酥;酥,变泽(《出药诀》)
	牛粪	1	S. 5435		《外台秘要》等	无	无	无	无	无
	牛髓	2	S. 1467V P. 3885		有	有	有	无	有	无
	牛耳中毛	1	P. 3596		《外台秘要》等	无	无	无	无	无
	乌犀	2	P. 2882 P. 3596		《圣济总录》等	无	无	有	有	无
	乌牛尿	1	P. 3596		《肘后备急方》等	无	无	无	无	无

（续表五）

笔画	药名	出现频次	所在卷号	另名	其他医籍	中华药海	中医大辞典	汉语大词典	中华本草	本草和名
	乌牛粪	1	P. 2666		《太平圣惠方》等	无	无	无	无	无
	乌牛粪汁	1	P. 2882		无	无	无	无	无	无
	乌牛鼻上津	1	P. 2666		无	无	无	无	无	无
	六畜血	1	龙 530		《太平圣惠方》等	无	无	无	无	无
五画	东行母猪粪	2	P. 2666 P. 3596		《医心方》等	无	无	无	无	无
	生鼠	2	龙 530		《备急千金要方》等	无	无	无	无	无
	生羊胆	1	S. 5435		《世医得效方》等	无	无	无	无	无
	生猪脑	1	P. 2662		《备急千金要方》等	无	无	无	无	无
	生猪脂	1	S. 1467		《外台秘要》等	无	无	无	无	无
	生鼠肝	1	龙 530		《证类本草》等	无	无	无	无	无
	白胶	7	S. 6107 P. 3230 P. 3596 龙 530	鹿角胶	《神农本草经》等	无	有	有	有	白胶/鹿角胶

（续表六）

笔画	药名	出现频次	所在卷号	另名	其他医籍	中华药海	中医大辞典	汉语大词典	中华本草	本草和名
	白马目	1	龙 530		《证类本草》等	无	无	无	无	无
	白马尿	1	P. 2666		《肘后备急方》等	无	无	无	无	无
	白马茎	3	龙 530		《名医别录》等	无	无	无	有	牡蒙/白马茎
	白马溺	1	龙 530		《本草纲目》等	无	无	无	无	无
	白羊肾	2	P. 2882 P. 3596		《备急千金要方》等	无	无	无	无	无
	白羊乳	1	P. 2662V		《备急千金要方》等	无	无	无	无	无
	白狗血	1	龙 530		《千金翼方》等	无	无	无	无	无
	白狗乳	1	P. 2666		《普济方》等	无	无	无	我	无
	白狗胆	1	龙 530		《证类本草》等	无	无	无	无	无
	白羊羊乳	1	P. 3596		无	无	无	无	无	无
六画	西方羊皮	1	Дx04679		无	无	无	无	无	无
	死鼠	1	P. 3885		《肘后备急方》等	无	无	无	无	无
	死鼠头	2	S. 6177 P. 2666		《备急千金要方》等	无	无	无	无	无

(续表七)

笔画	药名	出现频次	所在卷号	另名	其他医籍	中华药海	中医大辞典	汉语大词典	中华本草	本草和名
	死白狗脚	1	S. 6177		无	无	无	无	无	无
	羊毛	2	P. 3930		《医心方》等	无	无	有	无	无
	羊心	1	S. 1467		有	有	无	无	有	无
	羊肉	4	P. 3201 P. 3287 龙 530		有	有	有	无	有	无
	羊肝	1	P. 3930		有	有	有	无	有	无
	羊肚	1	P. 3596		有	有	无	无	有	无
	羊角	2	龙 530		《名医别录》等	无	无	有	有	越瓜(《陶景注》;孟诜《食经》)/春白、女臂、羊角、羊髋(以上四名出《兼名苑》);女臂瓜;玉臂(出《七卷食经》)
	羊肺	2	P. 3930 Дx10298		有	有	有	无	有	无
	羊齿	1	S. 328		《名医别录》等	无	无	无	无	无
	羊肾	1	P. 3930		有	有	有	无	有	无

（续表八）

笔画	药名	出现频次	所在卷号	另名	其他医籍	中华药海	中医大辞典	汉语大词典	中华本草	本草和名
	羊乳	3	P. 3930 龙 530 Дx02999 Дx03058		有	有	有	无	有	1. 干地黄/地髓；苄；芑；地脉；蜀黄(《神仙服饵方》)；花名羊乳(出《杂要诀》)；土精(出《太清经》)。2. 枸杞(蒋孝《苑注》)/杞根；地骨；苟忌；地辅；羊乳；却暑；仙人杖；西王母杖；天精、杶卢、却老(以上三名出《抱朴子》)；家紫、杖灵、却景、天清(以上四名出《太清经》)；梃；地莇；监木；地忌(以上出《兼名苑》)；都吾(花名)；去丹(子名)(以上出《神仙服饵方》)。3. 羊乳。4. 牛舌实/彖尸；羊乳；地黄
	羊胆	1	P. 3596		有	有	有	无	有	无
	羊脾	1	P. 3930		《太平圣惠方》等	无	无	无	无	无
	羊粪	1	P. 3596		《外台秘要》等	无	无	有	无	无
	羊靥	1	P. 3596		有	有	无	无	无	无
	羊髓	3	S. 1467V P. 2565 P. 3885		有	有	有	无	有	无

（续表九）

笔画	药名	出现频次	所在卷号	另名	其他医籍	中华药海	中医大辞典	汉语大词典	中华本草	本草和名
	羊子肝	1	P. 3930		《肘后备急方》等	无	无	无	无	无
	羊肾脂	1	S. 9987		《肘后备急方》等	无	无	无	无	无
	羊精肉	2	P. 2662V P. 3930		《医宗金鉴》等	无	无	无	无	无
	羊骨肌末	1	P. 3596		无	无	无	无	无	无
	好酥	1	P. 3930		《肘后备急方》等	无	无	无	无	无
	好牛酥	2	S. 3347		《外台秘要》等	无	无	无	无	无
	好甜酥	1	P. 3930		无	无	无	无	无	无
七画	牡鼠目	1	龙 530		《证类本草》等	无	无	无	无	无
	沙牛酪	1	S. 76		《普济方》等	无	无	无	无	无
	阿胶	13	S. 9987 P. 2565 P. 2755 P. 3378 P. 4038 龙 530 Дx04679		有	有	有	有	有	阿胶（《陶景注》）/傅致胶；盆覆胶（《陶景注》）

(续表一〇)

笔画	药名	出现频次	所在卷号	另名	其他医籍	中华药海	中医大辞典	汉语大词典	中华本草	本草和名
	驴乳	3	P. 2662V P. 3378 P. 3930		有	有	无	无	有	马乳/驴乳;马酪
	驴脂	2	S. 3347		有	有	无	无	有	无
	驴粪	1	P. 3596		《外台秘要》等	无	无	无	无	无
	驴蹄	2	S. 9987 Дx00924		有	有	无	无	有	无
八画	青羊肝	4	S. 5614 P. 2115 P. 2378 P. 2755		《肘后备急方》等	无	无	无	无	无
	青羊胆	1	龙 530		《名医别录》等	无	无	无	无	无
	青羊腹下毛	1	P. 3596		无	无	无	无	无	无
	虎骨	6	S. 1467V P. 2882 龙 530 Дx02822		有	有	有	无	无	虎骨/猛兽;鲍;乌菟;班子;䖘;彼虎(以上出《兼名苑》);盛文中王(出《丹口诀》);豹肉
	虎睛	1	Дx02822		有	有	无	无	无	无
	虎头骨汁	1	P. 2635		无	无	无	无	无	无

(续表一一)

笔画	药名	出现频次	所在卷号	另名	其他医籍	中华药海	中医大辞典	汉语大词典	中华本草	本草和名
	败豉皮	1	龙 530		《圣济总录》等	无	无	有	有	败豉皮(《陶景注》)
	牦牛酥	1	P. 2662V		无	无	无	无	无	无
	兔皮	1	P. 2882		《外台秘要》等	无	无	无	无	无
	兔屎	1	S. 4433		《补阙肘后方》等	无	有	无	有	无
	兔肉酱	1	P. 3287		《奇效良方》等	无	无	无	无	无
	狐阴	1	龙 530		《外台秘要》等	无	无	无	无	无
	狗阴	1	龙 530		《备急千金要方》等	无	无	无	无	无
	狗胆	2	龙 530		有	有	无	无	有	无
	狗粪	1	P. 3930		《肘后备急方》等	无	无	无	无	无
	狗头骨	1	龙 530		《肘后备急方》等	无	无	无	无	无
	狗脚乳	1	Дх00924		无	无	无	无	无	无
九画	骨上精肉	1	P. 3930		无	无	无	无	无	无
十画	热狗血	1	P. 2666		无	无	无	无	无	无
	狸肉	1	龙 530		有	有	无	无	有	无

(续表一二)

笔画	药名	出现频次	所在卷号	另名	其他医籍	中华药海	中医大辞典	汉语大词典	中华本草	本草和名
	狸骨	3	龙 530		有	有	无	无	有	狸骨/虎狸；猫狸；狃；鸡材；禽豹（以上出《兼名苑》）；鼠狼（出《拾遗》）
	狸头骨	1	龙 530		《千金翼方》等	无	无	无	无	无
	狸阴茎	2	龙 530		《千金翼方》等	无	无	无	有	无
	胶	4	P. 2662V P. 3930 龙 530 《辅行诀》		《备急千金要方》等	无	有	有	无	无
	羖羊角	2	龙 530		有	有	无	无	有	羖羊角/青羖；羄羪；羊羺；羯毛；参叏；羋；挚；柔毛；羬（出《兼名苑》）；髯鬓主簿（出《古今注》）；未物脂（出《墨子五行记》）
	羖羊乳	1	P. 3930		无	无	无	无	无	无
	羖羊蹄	1	P. 2882		无	无	无	无	无	无
十一画	黄牛酥	1	P. 3378		《外台秘要》等	无	无	无	无	无
	野狐肉	1	P. 3144		《圣济总录》等	无	无	无	无	无
	野犀牛角	1	P. 3930		无	无	无	无	无	无
	猪心	1	S. 1467		有	有	有	无	有	无

（续表一三）

笔画	药名	出现频次	所在卷号	另名	其他医籍	中华药海	中医大辞典	汉语大词典	中华本草	本草和名
	猪肉	6	P. 2882 P. 3596 龙 530		有	有	无	无	有	无
	猪肚	1	龙 530		有	有	有	无	有	无
	猪肾	1	S. 3347		有	有	有	无	有	无
	猪肪	1	龙 530		《肘后备急方》等	无	无	无	无	无
	猪骨	1	龙 530		有	有	无	无	有	无
	猪胆	2	P. 3378 P. 3596		有	有	有	无	有	无
	猪屎	1	P. 2662	猪粪	《备急千金要方》等	无	无	无	无	无
	猪脂	15	S. 1467 S. 4329 S. 5795 P. 2565 P. 3378 P. 3885 P. 3731 P. 3596 P. 3930		《金匮要略》等	无（“猪脂膏”条下别名、异名有）	无	有	有	无

(续表一四)

笔画	药名	出现频次	所在卷号	另名	其他医籍	中华药海	中医大辞典	汉语大词典	中华本草	本草和名
	猪粪	1	P. 3596	猪屎	《圣济总录》等	无	无	无	无	无
	猪鼻	1	P. 3596		《千金翼方》等	无	无	有。但无此处义	无	芰实/蔆；菰首（出《陶景注》）；菱；蕨蘽、猪鼻、水栗、薢茩（以上四名出《兼名苑》）
	猪膏	6	P. 3287 P. 3596 龙 530		《金匮要略》等	无（"猪脂膏"条下别名有）	无	有	有	无
	猪悬蹄	1	龙 530		《神农本草经》等	无（"猪蹄甲"条下别名有）	无	无	有	无
	猪狗四足	1	龙 530		《医暇卮言》等	无	无	无	无	无
	豚卵	1	龙 530		有	有	有	无	有	无
	鹿角	6	S. 4636 P. 2666 P. 2882 龙 530		有	有	有	有	有	鹿茸/漏脯、欝脯（以上二种出《陶景注》）；麚、麀、麤、麛、麠（以上五种出崔禹）；鹿角（出《杂要诀》）
	鹿茸	9	S. 4433 P. 2565 P. 4038 龙 530		有	有	有	有	有	鹿茸/漏脯、欝脯（以上二种出《陶景注》）；麚、麀、麤；麛、麠（以上五种出崔禹）；鹿角（出《杂要诀》）

（续表一五）

笔画	药名	出现频次	所在卷号	另名	其他医籍	中华药海	中医大辞典	汉语大词典	中华本草	本草和名
	鹿角末	3	P. 3596 P. 3930		《肘后备急方》等	无	无	无	无	无
	鹿角胶	2	P. 3596 P. 3930	白胶	有	有	有	有	有	白胶/鹿角胶
	鹿角屑	2	P. 3144 P. 3596		《备急千金要方》等	无	无	无	无	无
	羚羊角	14	S. 5614 P. 2115 P. 2378 P. 2755 P. 3201 P. 3930 龙 530		有	有	有	无	有	无
十二画	酥	14	S. 3347 S. 5435 P. 2565 P. 2662V P. 3930 龙 530 《疗服石方》(罗振玉旧藏)		有	有	无	有	有	酪酥(《陶景注》)/牛酥;羊酥;酥,变泽(《出药诀》)
	雄鼠粪	1	P. 3930		《圣济总录》等	无	无	无	无	无

（续表一六）

笔画	药名	出现频次	所在卷号	另名	其他医籍	中华药海	中医大辞典	汉语大词典	中华本草	本草和名
	猥皮	3	S. 3347 龙 530		《普济方》	无	无	无	有	无
	腊脂	2	S. 5795 P. 3930		《政治准绳》等	无	无	无	无	无
	腊月猪脂	4	S. 3395 P. 2635 P. 2666		《中藏经》等	无	无	无	无	无
	犀角	25	龙 530 等		有	有	有	有	无	犀角/通天犀；水犀角；骇鸡犀（《陶景注》）；兕犀；雌犀；班犀；骇鸡；骇禽（出《兼名苑》）；鼻上角，奴角，食角（以上出《拾遗》）
	犀角末	4	P. 2565 P. 3201 P. 3596		《肘后备急方》等	无	无	无	无	无
十三画	酪	4	S. 76 龙 530		有	有	无	有	有	酪
	酪浆	1	P. 2882		《外台秘要》等	无	无	有	无	无
	暖酥	1	P. 3930		无	无	无	有，但无此处义	无	无
	蜀酥	1	P. 3885		无	无	无	无	无	无

（续表一七）

笔画	药名	出现频次	所在卷号	另名	其他医籍	中华药海	中医大辞典	汉语大词典	中华本草	本草和名
	鼠头	1	P. 3930		《备急千金要方》等	无	无	无	无	无
	鼠阴	1	龙 530		《证类本草》等	无	无	无	无	无
	鼠骨	1	P. 2666		《圣济总录》等	无	无	无	无	无
	鼠屎	2	P. 3596 龙 530	鼠粪	《肘后备急方》等	无	无	有	无	无
	鼠粪	1	P. 3378	鼠屎	《外台秘要》等	无	无	无	无	无
	鼠头骨	2	S. 4433		《备急千金要方》等	无	无	无	无	无
	新牛粪	1	P. 2666		《太平圣惠方》等	无	无	无	无	无
	新出牛尿	1	P. 3596		无	无	无	无	无	无
十四画	獐肉	1	P. 3287		有	有	无	无	有	无
	獐骨	1	P. 2565		有	有	无	无	有	无
	精羊肉	3	S. 1467V S. 5435 P. 2882		《外台秘要》等	无	无	无	无	无

（续表一八）

笔画	药名	出现频次	所在卷号	另名	其他医籍	中华药海	中医大辞典	汉语大词典	中华本草	本草和名
	熊白	1	P. 2565	熊脂	《肘后备急方》等	无（"熊脂"条下别名有）	无	有	有	熊脂/熊白；羆、猳羆（以上二名出崔禹）
	熊脂	2	S. 1467 龙 530	熊白	有	有	有	有	有	熊脂/熊白；羆、猳羆（以上二名出崔禹）
十五画	蝟皮	2	龙 530		《神农本草经》等	无	无	无	无	蝟皮/汇、挺、毛刺（以上三名出《兼名苑》）；猿；虎脂（出《药诀》）
	熟羊肉	1	S. 1467V		《普济方》等	无	无	无	无	无
十六画	獭肝	2	龙 530 Дx02822		有	有	有	有	有	獭肝/獱獭（《陶景注》）；猵（出崔禹）
	獭骨	1	龙 530		有	有	无	无	有	无
十七画	麋脂	1	龙 530		有	有	无	无	有	麋脂/宫脂；道脂（《陶景注》）；麋茸；麔；麖
二十一画	麝香	30	龙 530 等		有	有	有	有	有	麝香
二十二画	麞骨	1	龙 530		《古今图书集成》等	无	无	无	无	麞骨/白肉（《陶景注》）；麢
二十八画	鼺鼠	1	龙 530		《神农本草经》等	无	无	无	有	鼺鼠/鼯鼠；飞生（《陶景注》）；水马（《陶景注》）；鼯鼠、飞獝、夷田（以上三名出《兼名苑》）

上表中兽部药名共计 173 个，其中 123 个药名《中华药海》词条未收，占兽部药名的 71%；除去词条未收但在别名、异名中收录的 4 个药名，仍有 119 个药名未收，占兽部药名的 69%。112 个药名《中华本草》未收。142 个药名《本草和名》未收。24 个药名其他医籍未见（暂未查到使用例证），占兽部药名的 14%。出现频次 20 次以上（含 20）2 个，占兽部药名的 1%。其中出现频次最高的“麝香”，30 次；其次“犀角”，25 次。出现频次 10—19（含 10、19）的有 5 个，占兽部药名的 3%。其余为 9 次以下（含 9）。

六、人部

表 3—3—6　敦煌写本医籍与《本草和名》人部药名比较表

笔画	药名	出现频次	所在卷号	另名	其他医籍	中华药海	中医大辞典	汉语大词典	中华本草	本草和名
二画	人乳	5	S. 3347 P. 3596 P. 3930		《肘后备急方》等	无（“人乳汁”条下处方用名有）	无	无	无	无
	人粪	7	S. 5435 S. 5614 S. 9987 P. 2115 P. 2378 P. 2755 P. 3596		《肘后备急方》等	无	无	无	无	无
	人溺	1	龙 530		《名医别录》等	无	无	无	有	人溺/灵泉（出《神农食经》）

（续表一）

笔画	药名	出现频次	所在卷号	另名	其他医籍	中华药海	中医大辞典	汉语大词典	中华本草	本草和名
	人新粪	1	P. 2666		无	无	无	无	无	无
三画	小便	6	S. 5435 P. 2662 P. 2666 P. 3201 P. 3930		《备急千金要方》等	无（“人尿”条下别名、异名有）	有	有	有	无
	小儿尿	1	P. 2666	小儿溺、小儿小便	《备急千金要方》等	无	无	无	无	无
	小儿溺	1	龙 530	小儿尿、小儿小便	《雷公炮炙论》等	无	无	无	无	无
	小儿小便	1	P. 3930	小儿溺、小儿尿	《医心方》等	无	无	无	无	无
五画	生粪	1	P. 3596		《普济方》等	无	无	有	无	无
	头垢	2	龙 530		《名医别录》等	无	无	有	无	头垢/云脂（出《墨子五行记》）
	头发灰	2	P. 2666 P. 3378		《外台秘要》等	无	无	无	无	无

（续表二）

笔画	药名	出现频次	所在卷号	另名	其他医籍	中华药海	中医大辞典	汉语大词典	中华本草	本草和名
	奶汁	1	S. 5435		《外台秘要》等	无（“人乳汁”条下别名、异名有）	无	无	有	无
六画	死人骨	1	S. 1468		无	无	无	无	无	无
	众人尿	3	P. 2565 P. 2666 Дx00924		《太平圣惠方》等	无	无	无	无	无
	众人粪	1	P. 2565		无	无	无	无	无	无
	衣中血	1	P. 3930		无	无	无	无	无	无
	产血	1	P. 2666		《备急千金要方》等	无	无	无	无	无
	汗鞋浸汁	1	P. 3378		无	无	无	无	无	无
	妇人发	1	P. 3596		《证治准绳》等	无	无	无	无	无
七画	乱发	4	S. 5435 P. 2755 P. 3731 龙 530		《肘后备急方》等	无	无	无	有	乱发（《陶景注》）

（续表三）

笔画	药名	出现频次	所在卷号	另名	其他医籍	中华药海	中医大辞典	汉语大词典	中华本草	本草和名
	体髅骨	1	P. 3596		无	无	无	无	无	无
八画	乳汁	1	龙 530		《肘后备急方》等	无（“人乳汁”条下处方用名有）	无	有	无	无
九画	枯朽骨	1	S. 1467V		《外台秘要》等	无	无	无	无	无
十一画	黄龙汤	5	S. 5614 P. 2115 P. 2378 P. 2755 P. 3596		《肘后备急方》等	无	无	有	无	人屎/黄龙汤（《陶景注》）；破棺汤
十二画	童子便	1	P. 3596		《普济方》等	无	无	无	无	无
十三画	溺	3	龙 530		《灵枢》等	无	有	有	无	无

上表中人部药名共计 26 个，其中 26 个药名《中华药海》词条未收，占人部药名的 100%；除去词条未收，但在别名、异名中收录的 4 个药名，仍有 22 个药名未收，占人部药名的 85%。22 个药名《中华本草》未收。22 个药名《本草和名》未收。6 个药名其他医籍未见（暂未查到使用例证），占人部药名的 23%。所有人部药名出现频次均为 9 次以下（含 9）。其中出现频次最高的为“人粪”，7 次。

第四节　器物类

器物类所涉药名不多，不再具体分类，敦煌写本医籍中涉及相关药名按笔画数列表如下。

表 3—4—1　敦煌写本医籍与《本草和名》器物类药名比较表

笔画	药名	出现频次	所在卷号	另名	其他医籍	中华药海	中医大辞典	汉语大词典	中华本草	本草和名
三画	干柞木梳子	1	P. 4038		无	无	无	无	无	无
	弓弦	4	S. 4433 P. 2666 龙 530 Дx00924		《外台秘要》等	无	无	有	无	无
四画	中衣带	1	P. 3960		《备急千金要方》等	无	无	无	无	无
五画	未嫁女衣	1	Дx10298		无	无	无	无	无	无
	母衣带	1	P. 2635		《备急千金要方》等	无	无	无	无	无
六画	死人衣带	1	P. 2666		无	无	无	无	无	无
七画	角弓弦	1	S. 4433		无	无	无	无	无	无
八画	青布	3	S. 6177 P. 2666 P. 3885		《肘后备急方》等	无	无	无	无	无
十画	破履	1	P. 2882		无	无	无	无	无	无
	钱	4	P. 2666 P. 2882 P. 3930		《外台秘要》等	无	无	有	无	无

（续表一）

笔画	药名	出现频次	所在卷号	另名	其他医籍	中华药海	中医大辞典	汉语大词典	中华本草	本草和名
	家长卧席	1	P. 2882		无	无	无	无	无	无
十一画	绯帛	1	P. 3731		《备急千金要方》等	无	无	无	无	无
十四画	缦青	1	P. 2662		无	无	无	无	无	无
	缦绯	1	P. 2662		无	无	无	无	无	无
十六画	甑带	1	P. 3930		《备急千金要方》等	无	无	有	无	无
十九画	簸箕舌	2	S. 6177 P. 2666		《外台秘要》等	无	无	无	无	无

上表中器物部药名共计 16 个，其中 16 个药名《中华药海》词条未收，占器物部药名的 100%。16 个药名《中华本草》未收。16 个药名《本草和名》未收。8 个药名其他医籍未见（暂未查到使用例证），占器物部药名的 50%。所有器物部药名出现频次均为 9 次以下（含 9）。其中出现频次最高的“弓弦”和“钱”，均为 4 次。

第五节　其他药名类

敦煌写本医籍中少数药名兼跨不同属类不便归类者，或不见于其他医籍不详属部者，或因药名指示不清不明属部者等均归属在此类。

表 3—5—1 敦煌写本医籍与《本草和名》其他药名比较表

笔画	药名	出现频次	所在卷号	另名	其他医籍	中华药海	中医大辞典	汉语大词典	中华本草	本草和名
二画	丁子	1	S. 5598		《医心方》等	无	无	有	无	无
	八侧子	1	P. 3714		无	无	无	无	无	无
三画	大赭	1	P. 3093		《普济方》等	无	无	无	无	无
	马子	1	S. 4433		《太平圣惠方》等	无	无	无	无	无
	马间	1	龙 530		《神农本草经》等	无	无	无	无	无
四画	井水蓝	1	龙 530		无	无	无	无	无	无
	牛饴	1	龙 530		无	无	无	无	无	无
	乌龙肝	2	P. 2637 P. 2703		无	无	无	无	无	无
	水花	1	S. 1468		《证类本草》等	无	无	有	有	1. 水蓱/水花;水白;水苏;水中大蓱、蘋(以上二名出苏敬注);水花(出《杂要诀》);薸(出崔禹);七英;水英(以上出《兼名苑》);水中大马蓱;马菜;马叶(以上出《小品方》);苹;薸。2. 藕实/水芝丹;莲;水日、灵芝、泽芝、芙蕖、菡萏(以上五名出《兼名苑》);水花(出《古今注》);加实;蜧实;莲花;扶容;荷;芋;藕;交与(以上出《大清经》);石莲(出《拾遗》)

（续表一）

笔画	药名	出现频次	所在卷号	另名	其他医籍	中华药海	中医大辞典	汉语大词典	中华本草	本草和名
五画	石芮	1	P. 3714		无	无	无	无	无	无
	石南草	6	S. 1467 龙 530		《刘涓子鬼遗方》等	无	无	无	无	石南草/鬼目
	石蜴蜡	1	P. 2565		无	无	无	无	无	无
	吡脂	2	S. 6107 P. 3230		无	无	无	无	无	无
	生油	2	P. 2666 P. 3596	麻油、胡麻油、乌麻油	《肘后备急方》等	无	无	无	无	无
	生白仁	1	P. 3596		无	无	无	无	无	无
	仙家压油	1	S. 76		无	无	无	无	无	无
	白脂	1	S. 3347		《普济方》等	无	无	无	无	无
	瓜子	1	龙 530		《备急千金要方》等	无	无	有	有	白瓜子（苏敬注）/水芝；瓜子；水芝瓜（出苏敬注）；瓜子（出崔禹）；兔延（出《神仙服饵方》）
	瓜仁	1	S. 4329		《外台秘要》卷	无	无	有	无	无

（续表二）

笔画	药名	出现频次	所在卷号	另名	其他医籍	中华药海	中医大辞典	汉语大词典	中华本草	本草和名
	皮曲	1	龙 530		无	无	无	无	无	无
七画	杜子	1	S. 5968		无	无	无	无	无	无
	阿愚繻譂泥	2	P. 2882		无	无	无	无	无	无
八画	青耳	2	龙 530		无	无	无	无	无	无
	青麦䠞	1	P. 2882		无	无	无	无	无	无
	苦末	1	P. 2882		无	无	无	无	无	无
	苜蓿香	2	S. 6107 P. 3230		《备急千金要方》等	无	无	无	无	无
	松笋	3	P. 4038		无	无	无	无	有	无
	肥葵汁	1	P. 3930		无	无	无	无	无	无
	法豆	2	P. 2637 P. 2703		无	无	无	无	无	无
九画	草精	1	S. 2438		无	无	无	无	无	五茄（《陶景注》）/豺漆；豺节；五葭（出《释药性》）；杜节；节花（以上出《兼名苑》）；金盐母；豉母；牙古；金玉之香草；五车星之精（以上出《太清经》）；五行之精；五叶；鸢瓜；五家（以上出《神仙服饵方》）；草精（出《范汪方》）

（续表三）

笔画	药名	出现频次	所在卷号	另名	其他医籍	中华药海	中医大辞典	汉语大词典	中华本草	本草和名
	茱萸	14	S. 76 S. 328 S. 5901 P. 2115 P. 2794 P. 2882 P. 3201 龙 530 Дx02822		《丹溪心法》等	无	无	有	无	无
	茱萸皮	1	龙 530		《证类本草》等	无	无	无	无	无
	茱萸根	1	龙 530		《外台秘要》等	无	无	无	有	无
	故油	1	P. 2882		《医心方》等	无	无	无	无	无
	香叶	1	S. 3347		有	有	无	有	有	无
	禹石余	2	P. 2637 P. 2703		无	无	无	无	无	无
	鬼刑	1	P. 3596		无	无	无	无	无	无
	鬼儆刑	1	P. 3596		无	无	无	无	无	无

（续表四）

笔画	药名	出现频次	所在卷号	另名	其他医籍	中华药海	中医大辞典	汉语大词典	中华本草	本草和名
	宣腊	2	P. 2637 P. 2703		无	无	无	无	无	无
十一画	棕饼	1	P. 3714		无	无	无	无	无	无
	绿丹	4	S. 5614 P. 2115 P. 2378 P. 2755		无	无	无	无	无	无
	蔄茹	3	S. 5614 P. 2115 P. 2755		无	无	无	有	有	蔄茹/屈据；离娄；漆头蔄茹（出高丽）；草蔄茹（以上二名出《陶景注》）；离楼、屈居、久居、大要（以上四名出《释药性》）；散热、散炁（以上二名出《杂要诀》）
十二画	蒌香	2	S. 6107 P. 3230		无	无	无	无	无	无
	紫雪	1	P. 3930		《外台秘要》等	无	无	有	无	无
	蛤蒲	1	P. 2882		无	无	无	无	无	无
	腊月生油	1	P. 4038		无	无	无	无	无	无

（续表五）

笔画	药名	出现频次	所在卷号	另名	其他医籍	中华药海	中医大辞典	汉语大词典	中华本草	本草和名
十三画	磣参	1	《疗服石方》（罗振玉旧藏）		无	无	无	无	无	无
	暖油	1	P. 2882		无	无	无	无	无	无
十四画	磁毛石	1	P. 2882		《外台秘要》等	无	无	无	无	无
	箕豆	1	P. 2665		无	无	无	无	无	无
十五画	篇竹	1	S. 9987		《证类本草》等	无	无	无	无	无
十七画	藋梨	1	P. 2882		无	无	无	无	无	无
二十二画	鑛	1	P. 3930		无	无	无	有	无	无

上表中药名共计53个，其中52个药名《中华药海》词条未收，占本类药名的98%。48个药名《中华本草》未收。48个药名《本草和名》未收。34个药名其他医籍未见（暂未查到使用例证）。出现频次10—19（含10、19）的有1个，占本类药名的2%。其中出现频次最高的“茱萸”，为14次。其余药名均为9次以下（含9）。

第六节　敦煌写本医籍与《本草和名》药名文献互证

敦煌写本医籍统计得到1728个药名，其中植物类1138个、矿物类158个、动物类363个、器物类16个、其他药名类53个。目前收药相对较多的两部专书，一是《中华药海》，一是《中华本草》。《中华药海》收载药物8488种（有人据书中药名统计，认为实收8499种），《中华本草》收载药物8980味，是目前收载药物最多的专著。敦煌写本医籍中的药名，《中华药海》词条及别名、异名、处方名等均未收录的药名1019个，其中植物类624个、矿物类107个、动物类220个、器物类16个、其他药名类52个。《中华本草》未收录的药名831个，其中植物类461个、矿物类103个、动物类203个、器物类16个、其他类48个。别的词典，如《中医大辞典》，词条未收计1189个，《汉语大词典》词条未收计1051个。其他医籍也未见的244个，占总数量的14%，其中植物类130个、矿物类31个、动物类41个、器物类8个、其他药名类34个。出现频次20以上（含20）的68个，占总数量的4%，其中植物类59个、矿物类5个、动物类4个。出现频次10—19（含10、19）的89个，占药名总数量的5%，其中植物类67个、矿物类9个、动物类12个、其他药名类1个。其余均为9频次以下（含9）。

统计表明，植物类药名占绝对优势，占药名总数量的66%。其后依次为动物类，占药名总数量的21%；矿物类，占药名总数量的9%；器物类，占药名总数量的1%。各类药名的统计情况，一定程度上可管窥中古时期地处西北的敦煌在药物使用上的地域性；而又因为敦煌特殊的地理位置，其融汇了多种文明，也可藉此看到中古药物使用的时代共性。

敦煌写本医籍为《中华药海》《中华本草》《中医大辞典》《汉语大词典》等书提供大量失收药名，部分药名补充或提供已收药名书证。从前文列表比较可以看出，敦煌写本医籍的药名，《本草和名》收录的并不比《中华本草》等本草类著作多，《本草和名》的编纂重点是药名异称，而这些异称大多引自国内已亡佚的典籍，因此，和敦煌写本医籍药名的重合率不是太高。但也有敦煌写本医籍的部分药名虽国内诸书未收，但却见于时代与之接近的《本草和名》，说明药名确实存在，并非敦煌写本抄写时笔误，二者内容各有侧重，互为补充，提供了该药物相关内容的可靠实证，有着文献互证的作用。

词典失收却均见于敦煌写本医籍与《本草和名》的药名，对比如下。药名条下先列敦煌写本医籍原文，再列《本草和名》原文。引用《本草和名》原文时，与本文无涉的注音及和名未录，“已上二名出《兼名苑》”等同样情况的用法“已上”径改“以上”。

1. 玉支

《新修本草·草部》卷十（P. 3714）：“羊踯躅。味辛，温，有大毒。主贼风在皮[肤]中淫痛，温疟，恶毒，诸痹，邪气，鬼疰，蛊毒。一名玉支，生太行山谷及淮南山，三月采花，阴干。”其后为《陶弘景注》：“今近道诸山皆有，花黄似鹿葱，羊误食其叶，踯躅而死，亦不可近眼。谨案：玉支、踯躅一名，陶于‘支子’注中云：‘是踯躅，子名玉支。’花亦不似鹿葱，正似嵩旋，花黄色也。”

《本草和名》：“羊踯躅。《陶景注》云：羊误食踯躅而死，故名之。一名玉支，一名史光，出《释药性》。”

据敦煌写本，“玉支”为“羊踯躅”别名。《本草和名》提供“玉支”为“羊踯躅”别名的文献佐证。《本草和名》另补充异名“史光”，并标示出处为《释药性》，《释药性》传世史志目录皆不载。“羊踯躅”，《中华药海》《中医大辞典》《汉语大辞典》未收，《中华本草》收有，但并未载异名“玉支”“史光”。敦煌写本医籍与《本草和名》可资补充。

2. 固活

《新修本草·草部》卷十（P. 3714）：“钩吻。味辛，温，有大毒。

主金创乳痓,中恶风,破癥积,除脚膝痹,四肢拘挛,恶疮疥虫,杀鸟兽。一名野葛,折之青烟出者名固活。其热一宿,不入汤。生傅高山谷及会稽东野。""五符中亦云:钩吻是野葛……覈事而言,乃是两物,野葛是根,状如牡丹……钩吻别是一草,叶似黄精而茎紫……或云钩吻是毛茛,此《本经》及后说皆参错不同,未详定云何? 又有一物名阴命,赤色,着木悬其子,生山海中,最有大毒,入口即杀人。""谨案:……亦谓苗名钩吻,根名野葛……经言折之青烟出者名固活为良。"

《本草和名》:"钩吻:一名野葛,一名固活(折之青烟出者),一名除辛,一名毒根,一名毛茛,又有阴命;(以上四名出《陶景注》)一名已(?)人,一名辜草;(以上二名出《释药性》)一名大阴之精;(出《大清经》)一名黄葛;(薄皮轻软者,出《杂要诀》)一名胡蔓。(出《拾遗》)唐。"

据敦煌写本,"钩吻"为通名,苗也可称"钩吻",根名"野葛",陈根折之有尘起者品质为良,称"固活",但又质疑"钩吻""野葛""毛茛""阴命"是否为一物。《新修本草》原书已佚,敦煌写本残卷是原书的最好见证。《本草和名》补充了不少异名及出处:"已(?)人"和"辜草"(以上二名出《释药性》)、"大阴之精"(出《大清经》)、"黄葛"(薄皮轻软者,出《杂要诀》)、"胡蔓"(出《拾遗》),上述异名《中华本草》未见收录,可资补充。

3. 堇草

《新修本草·草部》卷十(P. 3714)"天雄"条下:"天雄:味辛、甘,温,大温,有大毒……一名白幕。生少室山谷。二月采根,阴干。""天雄似附子,细而长者便是,长者乃至三四寸许,此与乌头、附子谓为三建。""谨案:《尔雅》云:芨,堇草。郭注云:乌头苗。"

《本草和名》:"天雄。乌喙三寸以上为天雄。一名白幕;一名芨,一名堇草;(以上二名出《尔雅》)一名乌登;(出《大清经》)一名茛。(出《释药性》)""蒴藋。一名堇草,一名芨;(苏敬注云此陆英之叶)一名兰节。(出《兼名苑》)"

据敦煌写本引《尔雅》郭璞注，“堇草”为乌头苗。《本草和名》一说引《尔雅》，收录为“天雄”的异名。“乌喙”三寸以上为“天雄”，“乌喙”即是“乌头”，此说与敦煌写本相近。一说为“陆英”之叶“蒴藋”的异名。此外还补充了“乌登”“兰节”等异名及出处。《中华本草》仅收异名“白幕”，其余异名诸书也多未收录，可资补充。

4. 紫苑

《蒙学字书·药物部》(ДX02822)列了“紫苑”之名，《本草和名》：“紫苑。一名紫蒨，一名青苑，一名白苑；(出《陶景注》)一名女苑；(出苏敬注)一名织女菜；(出《兼名苑》)一名紫青。(出《杂要诀》)”补充了大量异名。“紫蒨”“青苑”等，国内传世文献多收为“紫菀”的异名，可以推断，“紫苑”应为“紫菀”的异写。《中华本草》有“紫菀”，仅收了异名“紫蒨”“青苑”，织女菜、紫青等其他异名并未收录，这些异名诸书也多未收录。

5. 蜀桑根

《新修本草·草部》卷十(P. 3714)：“芫花。味辛，苦，温，微温，有小毒。主咳逆上气，喉鸣喘，咽肿短气，蛊毒鬼疟，疝瘕痈肿，杀虫鱼，消胸中痰水，喜唾，水肿，五水在五藏、皮肤及腰痛。下寒毒肉毒。久服令人虚。一名去水，一名毒鱼，一名牡芫。根名蜀桑根。疗疥咳，可用毒鱼。生淮原山谷，三月三日采花，阴干。”

《本草和名》：“芫花。一名毒鱼，一名杜芫，根名蜀桑根(以上本条)；一名生水，一名败花，一名儿草根，一名黄大戟，一名白草，一名傲花，一名元白；(以上七名出《释药性》)元根；(是元花根也，出《范汪方》)一名余甘。(出《释药》)唐。”

敦煌写本提到“芫花”根名“蜀桑根”，《本草和名》提供同样的文献佐证，同时补充了大量的异名及出处。敦煌写本的异名“牡芫”，《本草和名》为“杜芫”。

6. 薇衔

《本草经集注·序录》(龙 530)：“野葛、狼毒、毒公、鬼臼……紫葳、薇衔、白及、牡蒙……王不留行、兔丝子入酒。右草木类。”

“薇衔(得秦皮良)。”

《本草和名》:“薇衔。一名糜衔,一名兼膏,一名兼肥,一名无心,一名无颠,一名鹿衔草(苏敬注:鹿有病,衔此草即差),一名大吴风草,一名小吴风草。(以上三名出苏敬注)唐。”

敦煌写本列举草木类药名时提到“薇衔”之名以及配伍规律。《本草和名》补充了不少异名,其中“兼膏”“兼肥”等异名并不见于国内传世医籍。

7. 细葱

《脚气、疟病方书》(P. 3201):“但患脚气及去□疹,常服犀角豉酒方:犀角(八两,末),香豉(三升,右一物,生绢袋贮),以酒九升浸之,春夏二日、三日,秋冬四日、五日,犀角末任在袋外,每服常搅动。量性增减,日三服,夏日无多作。其中上有着橘皮、细葱、生姜之辈,任调其味。如数寒热者,每晓豉一升,小便一升,浸片时,去滓,顿服。频三日一停,如其气下无热,直脚弱不能行,宜与后甘草犀角汤一剂。”

《本草和名》:“葱实。山葱,一名茖、胡葱,一名兴渠,一名伧蒿;(以上二名出《兼名苑》)冻葱(凌冬不死),汉葱(冬叶死),葱白(冷),葱苒(叶中涕也);(以上六种出《陶景注》)获葱(冬根不死),沙葱(茎、叶皆细);(以上出崔禹)驎葱(味甘),滠葱(味辛),细葱(温);(以上三种出《七卷食经》)葱,一名波兰;(出《兼名苑》)一名时空停。(出《五金粉要诀》)”

敦煌写本有“细葱”之名和入方之用,《本草和名》列出了葱的各种类别和药性,包括“细葱”的药性。对“细葱”,国内传世医籍鲜有介绍。

8. 杏核

《本草经集注・序录》(龙 530):“杏核(得火良,恶黄芪、黄芩、葛根、胡粉,畏蘘草,解锡毒)。”

《本草和名》:“杏核。一名杏子(本条)、栅子(味酸,出崔禹),一名黄吉、蓬莱杏。(以上二名出《兼名苑》)”

敦煌写本阐释“杏核”的药性佐使及禁忌,《本草和名》列出不少异名,互为补充。同时,也佐证存在“杏核”这个药名。

9. 桃核

《张仲景〈五脏论〉一卷》(P. 2755):“蔷薇可以除疮,水蛭尤能破血,桃核蕤仁明目,秦皮决明去翳,牛膝去冷膝,鹅脂开耳聋。”

《本草和名》:“桃核。桃枭,一名桃奴(实着树不落实中者)、桃蠹(食桃树虫也)、山竜桃;(出《陶景注》)一名缃核、勾鼻、金城、绮叶;(以上四名出《兼名苑》)一名金桃;(出《汉武内传》)一名僻侧胶(桃胶也);一名木核葩(花也。出《墨子五行记》)。桃胶,一名桃脂,一名桃膏,一名桃魄,一名桃灵,一名桃精,一名桃父母。(以上出《神仙服饵方》)”

“桃核”,仅《汉语大词典》收,医药词典未收,敦煌写本为“桃核”的药性功用,《本草和名》有与之相关的若干名称,不少名称未见于国内传世医籍。

10. 小蘖

《杂证方书第一种》(S. 3347):“疗消渴方……又方:秘验。黄连五两,小蘖二两,栝蒌二两□,捣筛为丸散,煮大麦仁饮,和服一匕,日再验。”

《本草和名》:“蘖木,一名檀桓(根名)、子蘖(《陶景注》云是又一种也)。子蘖,一名山石榴,一名小蘖、刺蘖(苏敬注云此非小蘖)、檀桓,一名檕根,一名棹桢,一名檀无根,一名檗木;(出《释药性》)一名黄木。(出《兼名苑》)”“小蘖,一名山石留。”

敦煌写本为“小蘖”的入方主治,《本草和名》列出若干相关名称,“棹桢”等部分异名为国内传世医籍所未收。

11. 甘竹

《脚气、疟病方书》(P. 3201):“疗诸疟验方:恒山(三两,上者),石膏(八两,碎,绵裹),甘竹(一握,切),糯米(一百),右四味以水八升,明旦欲服,今晚渍药于铜器中,露置星月下高净处,刀置其上,药于病人房门前,于铜器里缓火煎取三升,分三服,日欲出一服,临发又服。若即定，不须后服，取药滓，石膏裹置心上，除四分置左右手足心，甚验。”

《本草和名》：“竹叶。芹竹叶（崔禹云有实可噉）。淡竹（《陶景注》云竹沥唯用淡竹，崔禹云有花无实），一名绿虎（出《兼名苑》）；苦竹（崔禹云不花）；竹笋（崔禹云笋作荀子），一名草花（出《养生要集》）；甘竹（《陶景注》云薄壳者），一名卧梦（出《兼名苑》）；实中竹，一名笙竹，一名筅，一名竹甘，一名豉槌，一名龙竹。（以上五名出《兼名苑》）桂竹（崔禹云实中桂竹并以笋为佳）。水竹（实状似小麦而夹长。出崔禹《食经》）。日精（竹实也。出《太清经》）。子名玉英，一名垂珠。（出《杂要诀》）”

敦煌写本为“甘竹”的入方主治，《本草和名》阐释其特点竹中“薄壳者”，二者互证有此药名，内容互为补充。

12. 占斯

《本草经集注·序录》（龙530）：“恶疮：雄黄、雌黄、胡粉、硫磺、矾石、石灰、松脂、蛇床子、地榆、水银、蛇衔、白蔹、漏芦、蔄茹、黄蘗、占斯、藿菌、莽草、青葙、白芨、楝实、及己、狼跋、桐叶、虎骨、狸骨、藜芦、猪肚。”“月闭：鼠妇、蟅虫、虻虫、水蛭、蛴螬、桃核仁、狸阴茎、牡丹、牛膝、占斯、虎杖、阳起石、桃毛、白垩、铜镜鼻。”

《本草和名》：“淮木，一名百岁城中木。占斯（是木皮），一名炭皮。胡桃皮□□，一名嗛斯。（出《释药性》）”

敦煌写本有“占斯”的入方及主治，《本草和名》列在“淮木”条下，认为是木皮，同时列出异名“炭皮”“嗛斯”，“嗛斯”标示出处《释药性》。虽然《中华药海》《中医大辞典》《汉语大词典》《中华本草》诸书未收，《本草纲目》有收，《本草纲目·木之四·占斯》：“时珍曰：占斯，《范汪方》谓之良无极，《刘涓子鬼遗方》谓之木占斯，盛称其功，而《别录》一名炭皮，殊不可晓。[集解]《别录》曰：占斯生太山山谷。采无时。”①但仍对其有补充之用，出自已佚医书《释药

① 李时珍：《本草纲目》，人民卫生出版社，1957年影印本，第871页。

性》的“嗛斯”，国内传世医籍未见收录。

13. 木占斯

《本草经集注·序录》(龙530)：“狼毒毒用蓝汁、白蔹及盐汁及盐汤煮木占斯并解之。”

《本草和名》：“仙沼子、续随子、蓝漆、扑奈、石骨、铁屑、蓝子、石荆、牡蒙、木占斯……以上卅三种出《本草稽疑》。”

敦煌写本有“木占斯”的药用功效，《本草和名》列出其出自佚书《本草稽疑》，《本草稽疑》史志目录未见载录，日本《医心方》《和名类聚抄》等有引用。《本草纲目》有“木占斯”之名，《本草纲目·木之四·占斯》：“时珍曰：占斯，《范汪方》谓之良无极，《刘涓子鬼遗方》谓之木占斯，盛称其功，而《别录》一名炭皮，殊不可晓。[集解]《别录》曰：占斯生太山山谷。采无时。”结合传世文献，“木占斯”为“占斯”别名，将敦煌写本和《本草和名》关于“占斯”和“木占斯”的文献合并来看，其仍有补充作用。

14. 荆实

《治病药名文书》(S. 1467)：“治男子得鬼魅欲死，所见惊怖欲走，时有休止，皆邪气所为，不自绝。九物牛黄丸方：荆实一两(死人精)，曾青一两(龙精)，玉屑一两(白虎精)，牛黄一两(火精)，雄黄一两(地精)，玄参一两(玄武精)，空青一两(天精)，赤石脂一两(朱雀精)，龙骨一两(水精)。九物名曰九精，上通九天，下通九地，捣下筛，蜜和丸，如小豆丸。先食吞一丸，日三，稍加，以知为度。”

《本草经集注·序录》(龙530)：“菥蓂子(得荆实、细辛良，恶干姜、苦参)。”

《本草和名》：“蔓荆实，小荆(苏敬注云此牡荆也)。荆实者，死人精(出《范汪方》)，牡荆实牝精(生田野)。殖近江国。”

敦煌写本为“荆实”的入方主治及药性佐使。《本草和名》可见“蔓荆实”和“荆实”的区别，同时，佐证“荆实”为“死人精”，并非敦煌写本将“人精”误作“死人精”。

15. 薰陆香

《美容方书》(S. 4329)："熏衣香方：沉香一斤，甲香九两，丁香九两，麝香一两，甘松香一两，薰陆香一两，白檀香一两，右件七味，捣□□□□□为半和冷相□蜜和之……""熏衣香方：零陵香(一两)，藿香(一两)，甘松(四两)，丁香(四两)，薰陆香(三两)，香蒲(三两)，甲香(三两)，上件药捣末，绢袋盛之。""玉屑面脂方：玉屑(四分)，芎藭(四分)，章陆根(一分)，土瓜根(四两)，辛夷仁(二分)，黄芩(二分)，防风(二分)，蒿本(三分)，栝楼(三分)，桔梗(三分)，白附子(四分)，白僵蚕(三分)，萎蕤(四分)，木兰皮(三分)，冬瓜仁(五分)，白芷(三分)，蜀水花(四分)，桃仁(四分，去皮)，鹰矢白(四分)，薰陆香(二分)，伏苓(四分)……"

《杂证方书》(P. 3731)："乌膏：主一切痈疽、毒肿、恶疮溃后浓汁不尽，肉不生，以帖之。去肿生肉良方：黄丹(五两)，松脂(四两)，薰陆香(二两)，蜡(三两)，乱发(如大鸭子)，绯帛(方两五寸)，以上麻油四升，缓火煎之，以发白销尽乃好。每用涂故帛上，厚一分许，以帖疮上，或作纸经涂膏，经上以充疮中，以脓尽肉生为度。"

《本草和名》："沉香。一名坚黑，一名黑沉。(以上二名出《兼名苑》)沉香(节坚沉水者)，一名蜜香，一名栈香(不沉不浮与水平者)，一名椠香。[最虚白者，以上出疏(文)]薰陆香，一名胶香，一名白乳，(以上二名出《兼名苑》)一名云华、沉油(出《丹药口诀》)，一名乳头香(《鉴真方》)。鸡舌香，一名亭尖独生(出《丹口诀》)。藿香。詹糖香。枫香。(《陶景注》云此六种皆合香要用也)波律香(注云出婆律国，故名之)，白檀。(以上二种出《陶景注》)青桂，鸡骨，马蹄，檖香。(同是树也)丁香(又一种也)。"

敦煌写本有"薰陆香"的入方主治，《本草和名》列出了各类香名，包括"薰陆香"，列出了"薰陆香"在国内传世医籍所未见的异名及出处，如胶香、白乳、云华、沉油、乳头香。

16.东壁土

《本草经集注·序录》(龙 530):“脱(工)[肛]:鳖头、卷柏、铁精、生铁、东壁土、蜗牛。”

《本草和名》:“东壁土(《陶景注》云此屋之东壁上土耳)。”

敦煌写本有“东壁土”之名及其入方主治,《本草和名》引用陶弘景对其的解释,互为补充。

17.藜灰

《本草经集注·序录》(龙 530):“药不宜入汤酒者:朱砂、雌黄、云母、阳起石、矾石、硫磺、钟乳、孔公孽、矾石、银屑、铜镜鼻、白垩、胡粉、铅丹、卤咸、石灰、藜灰,右石类。”

《本草和名》:“冬灰。一名藜灰(《陶景注》云烧诸蒿藜练作之)、荻灰,(出《陶景注》)桑薪灰、青蒿灰(烧蒿作之)、柃灰(烧木叶作,并入染用)。(以上三种出苏敬注)一名地粉,一名黄灰。(以上二名出《兼名苑》)”

敦煌写本为“藜灰”的用途禁忌,《本草和名》引用陶弘景《本草经集注》的释义,一并列出各种同类药名,部分药名出自已佚典籍《兼名苑》,为传世医籍所未见。

18.银屑

《本草经集注·序录》(龙 530):“药不宜入汤酒者:朱砂、雌黄、云母、阳起石、矾石、硫磺、钟乳、孔公孽、矾石、银屑、铜镜鼻、白垩、胡粉、铅丹、卤咸、石灰、藜灰,右石类。”

《本草和名》:“银屑。一名白银(《陶景注》云:银名白银)、黄银(苏敬注云:又有黄银,《本草》不载)。银屑者,月之精也。出对马国。”

敦煌写本为“银屑”的用途禁忌,《本草和名》列出异名及出处,并对“银屑”有所阐释,并列出日本产地。

19.大盐

《本草经集注·序录》(龙 530):“石下:青瑯玕(得水银良,畏乌鸡骨,煞锡毒)、矾石(得火良,棘针为之使,恶毒公、虎掌、鹜屎、细辛，畏水）、方解石（恶巴豆）、代赭（畏天雄）、大盐（漏卢为之使）、特生矾石（火炼之良，畏水）。”

《道家合和金丹法》（P.3093）：“长生涌泉汞法：烧金灰十五斤，白结砂子三十两，绿矾、白矾、消石、白盐、硇砂、石脑油以上六味各随沙子分两……牡利（蛎）、大赭、胶土、炭灰、大盐等分，捣罗为泥粘用之。”

《本草和名》：“大盐，一名印盐（苏敬注云人常食者是也），一名青盐（色苍苍也，出《七卷食经》）。”

敦煌写本为“大盐”的药性、佐使等药物配伍规律和道医用法。《本草和名》列举其异名及出处。其“青盐”出《七卷食经》，历代史志书目未见，日本《医心方》等也有引录。

20.代赭

《本草经集注·序录》（龙530）：“妇人崩中：石胆、禹余粮、赤石脂、代赭、牡厉（蛎）、龙骨、白僵蚕……马通、伏龙肝。”

《本草经集注·序录》（龙530）：“石下：青琊玕（得水银良，畏乌鸡骨，煞锡毒）、矾石（得火良，棘针为之使，恶毒公、虎掌、鹜屎、细辛，畏水）、方解石（恶巴豆）、代赭（畏天雄）、大盐（漏卢为之使）、特生矾石（火炼之良，畏水）。”

《除咳逆短气方及专中丸方》（ф356V）：“专中丸方：用人参、乌头……雄黄各二分，代赭六铢，巴豆七十枚去心皮，熬。”

《本草和名》：“代赭（《陶景注》云出代郡，故以名之）。一名须丸，一名血师；一名辞，一名土心，一名土黄，一名赤土。（以上四名出《兼名苑》）出太宰。”

敦煌写本为“代赭”的入方主治及配伍禁忌，《本草和名》为“代赭”异名及出处，并有日本产地，内容互为补充。部分异名出自已佚典籍《兼名苑》，传世医籍多未收录。

21.螵蚕蛾

《杂证方书》（P.2565）：“秘泄津液方，延年养性，神秘不传。螵蚕蛾未连者四十枚（去头足□，以苦酒浸，浸周之时出，阴干之）。

大蜻蜓十四枚(六足四目者,青色者良)。蜂子,临飞、赤黄者六十枚(蒸之,三升米下,令足羽自落,去头,阴干之)。右合捣筛,以鸡子白和为丸,丸如梧子。酒服三丸,日三服,九九止尽,日交而液不出也。欲下者,食猪脂一斤。”

《本草和名》:“螈蚕蛾(《陶景注》云是重养者)。一名魏蚕、茧(蚕衣也)、矢名蚕沙。(以上三名出《陶景注》)”

敦煌写本为“螈蚕蛾”的炮制方法、入方、主治,《本草和名》列出其异名、相关药名及出处。“螈蚕蛾”之名,国内传世医籍未见,敦煌写本和《本草和名》均见,可互证此名。

22. 蜀水花

《美容方书》(S. 4329):“玉屑面脂方:玉屑(四分),芎藭(四分),章陆根(一分),土瓜根(四两),辛夷仁(二分),黄芩(二分),防风(二分),蒿本(三分),栝楼(三分),桔梗(三分),白附子(四分),白僵蚕(三分),萎蕤(四分),木兰皮(三分),冬瓜仁(五分),白芷(三分),桃仁(四分,去皮),蜀水花(四分),鹰矢白(四分),薰陆香(二分),伏苓(四分)……”

《本草和名》:“鸬鹚。一名蜀水花,一名鷧。(出《兼名苑》)”

敦煌写本为“蜀水花”入方及主治。《本草和名》收在兽禽部“鸬鹚”条下,异名有“蜀水花”。《本草纲目》有收,《本草纲目·禽部》:“蜀水花,《别录》曰:鸬鹚屎也。”敦煌写本和《本草和名》可资补充。

23. 鹰矢白

《美容方书》(S. 4329):“玉屑面脂方:玉屑(四分),芎藭(四分),章陆根(一分),土瓜根(四两),辛夷仁(二分),黄芩(二分),防风(二分),蒿本(三分),栝楼(三分),桔梗(三分),白附子(四分),白僵蚕(三分),萎蕤(四分),木兰皮(三分),冬瓜仁(五分),白芷(三分),蜀水花(四分),桃仁(四分,去皮),鹰矢白(四分),薰陆香(二分),伏苓(四分)……”

《本草经集注·序录》(龙 530):“灭瘢:鹰矢白,白僵蚕,衣中白鱼。”

《本草和名》:“鹰矢白。一名雕,一名隼,一名青骹,一名金喙。(以上出《兼名苑》)”

敦煌写本为“鹰矢白”入方及主治,《本草和名》列出鹰所属的传统鸟类分类系统中隼形目中外形相似的雕、隼,以及鹰的“青骹”“金喙”等种类异名,出自已佚典籍《兼名苑》的异名“金喙”,国内传世医籍未见收录。“鹰矢白”,即“鹰屎白”,鹰的粪便上的白色部分。

24. 石南草

《本草经集注·序录》(龙 530):“凡用桂、厚朴、杜仲、秦皮、木兰辈,皆削去上虚软甲错,取里有味者称之。茯苓、猪苓削除去黑皮。牡丹、巴戟天、远志、野葛等,皆捶破去心。紫菀洗去土皆毕,乃秤之。薤白、葱白,除青令尽。莽草、石南草、茵芋、泽兰,剔取叶及嫩茎,去大枝。鬼臼、黄连,皆除根毛。蜀椒去闭口者及目,熬之。”“虚劳:空青、曾青、钟乳、紫石、白石英、磁石、龙骨、黄蓍、干地黄、茯苓、茯神、天门冬、麦门冬、薯蓣、石斛、人参、沙参、玄参、五味、苁蓉、续断、泽泻、牡蛎、牡丹、芍药、远志、当归、牡桂、五加、枣刺、覆盆子、巴戟天、牛膝、柏子、桑螵蛸、石龙芮、石南草、桑根白皮、地肤子、菟丝子、干漆、蛇床子、车前子、枸杞子、枸杞根、大枣、麻子、胡麻。”“野葛、狼毒、毒公、鬼臼……占斯、辛夷、石南草、虎掌……右草木类。”“石南草(五加为之使)。”

《治病药名文书》(S. 1467):“□生发膏方:蔓荆子三两,附子三两,松脂三两,松叶半升,茵草一两,石南草二两,细辛二两,零陵香二两,续断二两,皂荚二两,泽兰二两,防风二两,杏仁二两,马䯄膏二两,藿香一两,熊脂二升,猪脂二升,白芷二两,并父咀,细细切,清醯三升,渍药二宿。”

《本草和名》:“石南草。一名鬼目。”

敦煌写本为“石南草”的炮制方法、功能主治、配伍规律等,《本草和名》列出异名“鬼目”,互为补充。

25. 草精

《绝谷仙方》(S. 2438):“黄精,二名重楼,三名仙人余粮▨天老曰:天地所生草,有食之令▨名曰黄精,饵而食之,所以度世▨之,入口即死人,若信钩吻伤人▨或乎。其草精者,叶似竹▨也,夫采以二月八月三月▨禁忌食梅。”

《本草和名》:“五茄(《陶景注》云或作“家”字)。一名豺漆,一名豺节。(以上本条)一名五葭;(出《释药性》)一名杜节,一名节花。(以上出《兼名苑》)一名金盐母,一名豉母,一名牙古,一名金玉之香草、五车星之精。(以上出《太清经》)一名五行之精。一名五叶,一名鸢瓜,一名五家(五叶同本而外五分,故名五家,如五家为邻比也)。(以上出《神仙服饵方》)五茄者,草精也。(出《范汪方》)”

敦煌写本有“草精”的形状等描述,《本草和名》有关于“草精”的内容阐述及出处,互为补充参证。

上述 25 个药名,《中华药海》《中华本草》《中医大辞典》《汉语大词典》未收,敦煌写本医籍和《本草和名》均有,二者各有侧重,敦煌写本为炮制、入方、主治、药性等内容,《本草和名》多列举异名和相关种类药名和出处,少数有释名和功能主治。二者内容相较,正可互为补充和参证。

《本草和名》列出的异名,引自中国典籍,所引典籍中,部分典籍早已亡佚,国内史志目录、传世文献也鲜见,能借此窥之一二。上述 25 个药名,《本草和名》引书达 24 种,包括《释药性》《本草经集注》《大清经》《杂要诀》《拾遗》《尔雅》《新修本草》《兼名苑》《范汪方》《释药》《七卷食经》《五金粉要诀》《汉武内传》《墨子五行记》《神仙服饵方》《养生要集》《崔禹食经》《太清经》《本草稽疑》《疏》《丹药口诀》《鉴真方》《丹口诀》等。其中,陶弘景《本草经集注》、苏敬等纂《新修本草》原书已佚,仅存有敦煌写本残卷,《本草和名》也多所引用,二者可相互参证。《本草和名》所引其他诸书,除《汉武内传》

尚存，《范汪方》原书已佚，《外台秘要》等存其大量佚文，《本草和名》引用三十多次，《本草拾遗》原书已佚，《证类本草》等存其大量佚文，其他原书早已亡佚，国内各种书目文献鲜有记载，传世文献也鲜见引用。已佚典籍辑复，多根据散见于传世文献的内容、出土文献，域外文献引录的佚文也是很好的参考依据。同时，《本草和名》的内容也可为出土文献提供文献参证，还可为药物词典的编纂提供大量的异名。

第四章　敦煌写本医籍与《和名类聚抄》人体部位名比较

《和名类聚抄》为日本平安时代承平年间(794—1192)编纂,分类方式和《尔雅》相类,以义为序,按事类分部别门,分 32 部 249 门,具有百科全书的性质。现存 10 卷本和 20 卷本,此处选取日本元和三年(1617)刊刻的 20 卷本与敦煌写本医籍相比较,两者成书时代相近,彼时大量中国典籍涌入日本,对前者的编纂有极大影响。敦煌写本医籍统计得到人体部位名共计 254 个,其中 102 个《中医大辞典》词条未收,占总数的 40%。《和名类聚抄》用汉字撰写,引用大量中国典籍,与敦煌写本医籍在人体部位名上同名多还是异名多,是可以互相参证还是互相补充,一种是未经篡改的出土文献,一种是保存较好的域外文献,无论比较结果如何,肯定都是有价值的。

第一节　敦煌写本医籍与《和名类聚抄》人体部位名列表比较

将敦煌写本医籍的人体部位名尽可能作穷尽统计,将统计出来的人体部位名与《和名类聚抄》形体部名称具体比较列于下表。为更客观地反映敦煌写本医籍人体部位名当前的收录情况,本节选取《中医大辞典》相关条目作对照。

表格分为七栏,从左往右依次为:笔画、人体部位名、出现频次、所在卷号、另名、中医大辞典、和名类聚抄。“笔画”是指人体部位名首字笔画数，首字相同的，按次字笔画，依次类推。笔画少的在前，笔画多的在后，同笔画的按笔顺排列。“人体部位名”是指敦煌写本医籍中出现的人体部位名。原卷人体部位名中错字、讹字、同音替代字均改为正字。“出现频次”是指该人体部位名在敦煌写本医籍中的出现频次，同一内容不同写卷的人体部位名，出现一次计一次。“所在卷号”是指该人体部位名在敦煌写本医籍中所在的卷号，无编号的仅列卷名。“另名”仅限于列举敦煌写本医籍中同物异名的人体部位名，敦煌写本之外医籍中的异名不包括在内。“中医大辞典”一栏主要考察人体部位名在李经纬等主编的《中医大辞典》中作为词条的收录情况，《中医大辞典》中有该人体部位名则标注为“有”，否则则标注为“无”。“和名类聚抄”主要考察敦煌写本医籍中的人体部位名在《和名类聚抄》中的出现情况，有该人体部位名则标注为“有”，无该人体部位名则标注为“无”。

表 4—1 敦煌写本医籍与《和名类聚抄》人体部位名比较表

笔画	人体部位名	出现频次	所在卷号	另名	中医大辞典	和名类聚抄
二画	七孔	1	P. 2115		无	无
	八节	1	P. 2115		有	无
	九脏	2	P. 3477		有	无
	九窍	1	P. 2115		有	无
三画	三焦	1	S. 76		有	有
		2	S. 5614			
		2	P. 2115			
		1	P. 3287			
		1	P. 3477			
		2	P. 3655			
		1	Дx01325			

（续表一）

笔画	人体部位名	出现频次	所在卷号	另名	中医大辞典	和名类聚抄
	三管	1	P. 3655	上焦	有	无
	下唇	1	P. 2675		无	无
	下焦	1	S. 76		有	无
		1	S. 202			
		4	S. 5614			
		1	S. 8289			
		3	P. 2115			
		4	P. 3655			
		1	Дx18173			
	大肋	1	S. 6168		无	无
	大肠	1	S. 4534		有	有
		3	S. 5614			
		1	S. 6168			
		3	P. 2115			
		1	P. 3287			
		5	P. 3655			
		1	P. 3714			
		1	Дx00235			
		1	Дx17453			
	大指	2	S. 6262		有	无
	大腹	1	P. 3714		有	无
		2	龙 530			
		1	《辅行诀脏腑用药法要》（张偓南家藏，下同）			

（续表二）

笔画	人体部位名	出现频次	所在卷号	另名	中医大辞典	和名类聚抄
	大小肠	1	S. 6168		无	无
		2	P. 3714			
	大拇指	1	P. 3930		无	无
	上焦	4	S. 5614		有	无
		3	P. 2115			
		3	P. 3655			
		1	Дx18173			
	上腭	1	P. 2637		有	无
	口	2	S. 76		有	有
		4	S. 202			
		1	S. 1467			
		2	S. 5435			
		2	S. 5614			
		1	S. 6245			
		1	S. 5737			
		1	S. 9434			
		3	P. 2115			
		1	P. 2378			
		2	P. 2637			
		2	P. 2662			
		1	P. 2662V			
		1	P. 2666			

(续表三)

笔画	人体部位名	出现频次	所在卷号	另名	中医大辞典	和名类聚抄
	口	2	P. 2675		有	有
		1	P. 2755			
		3	P. 2882			
		1	P. 3247			
		2	P. 3378			
		1	P. 3477			
		12	P. 3596			
		2	P. 3655			
		3	P. 3714			
		2	P. 3810			
		1	P. 3822			
		7	P. 3930			
		1	Дx02822			
		1	Дx09935，Дx09936，Дx10092			
		3	Дx18173			
		6	龙 530			
		2	《疗服石方》(罗振玉藏)			
		7	《搜神记》(罗氏 017)《辅行诀脏腑用药法要》			
	口吻	1	S. 6168		无	无
	小肋	1	S. 6168		无	无

(续表四)

笔画	人体部位名	出现频次	所在卷号	另名	中医大辞典	和名类聚抄
	小肠	6	S. 5614		有	无
		2	S. 6168			
		1	S. 8289			
		6	P. 2115			
		1	P. 3287			
		4	P. 3655			
		1	Дх00235			
	小指	1	P. 2662		有	无
	小腹	1	S. 76		有	无
		2	S. 5614			
		1	P. 2115			
		2	P. 3655			
		1	Дх01258			
		1	Дх01325			
		1	《辅行诀脏腑用药法要》			
	子户	1	P. 2115		有	无
	子宫	1	P. 2539		有	无
	小指头	1	S. 6168		无	无
		1	P. 2662			
四画	天庭	1	S. 6262		有	无
	五内	1	S. 76		无	无
		1	S. 4534			

(续表五)

笔画	人体部位名	出现频次	所在卷号	另名	中医大辞典	和名类聚抄
	五脏	6	S. 76		有	有
		5	S. 5614			
		1	S. 5968			
		5	P. 2115			
		1	P. 2662V			
		1	P. 2755			
		1	P. 3477			
		1	P. 3655			
		2	P. 3714			
		1	P. 3822			
		1	ф356			
		1	Дx02822			
		1	Дx09888			
		2	Дx09935,Дx09936,Дx10092			
		1	Дx17453			
		1	龙 530			
		1	《疗服石方》(罗振玉藏)			
		1	《搜神记》(罗氏 017)			
		6	《辅行诀脏腑用药法要》			
	五液	1	S. 202		有	无

（续表六）

笔画	人体部位名	出现频次	所在卷号	另名	中医大辞典	和名类聚抄
	牙	1	S. 76		有	有
		1	P. 2755			
		2	P. 3596			
		1	P. 3930			
	牙齿	1	S. 76		无	无
		1	S. 5614			
		1	P. 2115			
		1	P. 2882			
		1	P. 3247			
		1	P. 3378			
		2	P. 3596			
		1	P. 3885			
		1	Дx01325			
		1	Дx02822			
	少阴	4	S. 202		有	无
	少腹	1	S. 5614		有	无
		1	P. 3287			
		1	P. 3481			
		1	P. 3596			
		2	Дx00235			
		8	《辅行诀脏腑用药法要》			
	中指	1	P. 2882		有	有
		3	P. 3655			

（续表七）

笔画	人体部位名	出现频次	所在卷号	另名	中医大辞典	和名类聚抄
	中焦	4	S. 76		有	无
		1	S. 202			
		4	S. 5614			
		3	P. 2115			
		4	P. 3655			
	中指节	1	P. 3596		有	无
	中指头	1	P. 2675		无	无
	内踝	1	S. 5737		有	无
		2	P. 2675			
		1	P. 3247			
	手	1	S. 3347		有	无
		1	S. 4433			
		1	S. 5435			
		1	S. 5614			
		1	S. 6168			
		1	P. 2115			
		1	P. 2662			
		7	P. 2662V			
		6	P. 2675			
		2	P. 2882			
		1	P. 3201			
		1	P. 3287			
		1	P. 3378			

（续表八）

笔画	人体部位名	出现频次	所在卷号	另名	中医大辞典	和名类聚抄
	手	4	P. 3596		有	无
		1	P. 3655			
		9	P. 3930			
		1	P. 4038			
		1	Дx00506V			
		2	Дx01258			
		1	Дx02822			
		1	《新修本草·序》（羽田亨藏）			
		3	《疗服石方》（罗振玉藏）			
		2	《辅行诀脏腑用药法要》			
	手心	1	S. 6262		有	无
		2	P. 2675			
		1	P. 3287			
	手指	1	S. 5614		无	无
		1	P. 2115			
		1	P. 3477			
	手腕	1	P. 2675		无	无
		1	Дx01325			
		1	Дx02822			
	手掌	1	P. 2662V		无	无
		1	Дx09935，Дx09936，Дx10092			

（续表九）

笔画	人体部位名	出现频次	所在卷号	另名	中医大辞典	和名类聚抄
	手臂	2	P. 2662V		无	无
	手小指	2	P. 2675		无	无
		2	P. 3247			
G2	手腕节	1	P. 2675		无	无
	手十指头	1	S. 6262		无	无
	手小指头	1	S. 6168		无	无
	毛	2	S. 5614		无	无
		2	P. 2115			
		1	P. 3477			
		1	P. 3731			
	毛发	1	S. 76		无	无
		1	P. 2115			
		1	P. 3655			
	爪	2	S. 5614		无	无
		2	P. 2115			
	爪甲	1	Дx02822		无	有
	六腑	5	S. 5614		有	有
		5	P. 2115			
		2	P. 3477			
		1	P. 3655			
		1	Дx01325			
		1	Дx02822			
		1	Дx09888			

（续表一〇）

笔画	人体部位名	出现频次	所在卷号	另名	中医大辞典	和名类聚抄
	六腑	1	Дх17453		有	有
		1	龙 530			
		1	《辅行诀脏腑用药法要》			
	心	12	S. 76		有	有
		1	S. 3395			
		1	S. 4534			
		31	S. 5614			
		1	S. 6245			
		1	S. 5737			
		1	S. 5968			
		2	S. 6168			
		1	S. 6177			
		1	S. 8289			
		1	S. 9443			
		17	P. 2115			
		2	P. 2378			
		3	P. 2565			
		2	P. 2662			
		5	P. 2662V			
		5	P. 2666			
		8	P. 2675			
		5	P. 2755			
		7	P. 2882			

（续表一一）

笔画	人体部位名	出现频次	所在卷号	另名	中医大辞典	和名类聚抄
	心	1	P. 3043		有	有
		1	P. 3093			
		5	P. 3201			
		1	P. 3287			
		1	P. 3378			
		1	P. 3477			
		3	P. 3481			
		2	P. 3596			
		13	P. 3655			
		10	P. 3714			
		4	P. 3731			
		5	P. 3810			
		1	P. 3930			
		2	P. 4038			
		3	ф356			
		3	Дх00235			
		2	Дх00239			
		1	Дх01258			
		1	Дх01325			
		1	Дх02822			
		1	Дх02869A			
		3	Дх02869A			

（续表一二）

笔画	人体部位名	出现频次	所在卷号	另名	中医大辞典	和名类聚抄
	心	1	Дx08644		有	有
		1	Дx09178V			
		1	Дx09170			
		2	Дx09170V			
		4	Дx17453			
		4	龙 530			
		1	《占病书断》(羽田亨藏)			
		5	《疗服石方》(罗振玉藏)			
		54	《辅行诀脏腑用药法要》			
	心胞	1	《辅行诀脏腑用药法要》		有	无
	心脏	1	《辅行诀脏腑用药法要》		无	无
	心腑	1	Дx02822		无	无
	心下膈	1	P. 2662V		无	无
五画	玉门	4	S. 4433		有	有
	玉茎	1	S. 76		有	有
		1	S. 6168			
		4	P. 2539			
		1	P. 3378			
	玉茎头	1	S. 76		无	无
		1	S. 6168			
		1	P. 2666			

（续表一三）

笔画	人体部位名	出现频次	所在卷号	另名	中医大辞典	和名类聚抄
	左手	3	S. 5614		无	无
		4	P. 2115			
		1	P. 3287			
		4	P. 3655			
	左耳	1	P. 2666		无	无
	左眦	1	《辅行诀脏腑用药法要》		无	无
	右手	3	S. 5614		无	无
		4	P. 2115			
		2	P. 3655			
	右耳	1	P. 2666		无	无
	右肾	1	P. 3287		无	无
	右眦	1	《辅行诀脏腑用药法要》		无	无
	右膊	1	ф281		无	无
	右手指	1	P. 3287		无	无
	目	4	S. 76		有	有
		2	S. 202			
		1	S. 1467			
		1	S. 4534			
		6	S. 5614			
		1	S. 5737			
		1	S. 5795			
		1	S. 6168			

（续表一四）

笔画	人体部位名	出现频次	所在卷号	另名	中医大辞典	和名类聚抄
	目	1	S. 9443		有	有
		6	P. 2115			
		2	P. 2378			
		1	P. 2539			
		1	P. 2662			
		2	P. 2662V			
		1	P. 2665			
		2	P. 2666			
		3	P. 2675			
		4	P. 2755			
		1	P. 3201			
		3	P. 3477			
		1	P. 3596			
		5	P. 3655			
		8	P. 3714			
		2	P. 3731			
		1	P. 3810			
		8	P. 3822			
		2	P. 3930			
		2	P. 4038			
		1	Дx00235			
		1	Дx00613			

（续表一五）

笔画	人体部位名	出现频次	所在卷号	另名	中医大辞典	和名类聚抄
	目	1	Дx09935，Дx09936，Дx10092		有	有
		1	（Дx09935，Дx09936，Дx10092）V			
		3	龙 530			
		2	《疗服石方》（罗振玉藏）			
		8	《辅行诀脏腑用药法要》			
	目大眦	1	《辅行诀脏腑用药法要》		无	无
	四肢	1	S. 76		有	无
		4	S. 5614			
		1	S. 8289			
		2	P. 2115			
		1	P. 2215			
		1	P. 2539			
		2	P. 2662V			
		1	P. 2675			
		1	P. 3093			
		1	P. 3596			
		2	P. 3714			
		1	P. 3822			
		1	P. 3930			
		1	Дx00235			
		1	Дx09178			

（续表一六）

笔画	人体部位名	出现频次	所在卷号	另名	中医大辞典	和名类聚抄
	四肢	1	龙 530		有	无
		2	《疗服石方》(罗振玉藏)			
		5	《辅行诀脏腑用药法要》			
	白发	1	S. 76		有	无
		2	P. 2215			
	外踝	3	P. 2675		有	无
		2	P. 3247			
	头	2	S. 1467		有	无
		6	S. 5614			
		1	S. 5968			
		1	S. 6052			
		3	S. 6168			
		1	S. 8289			
		1	S. 9431			
		7	P. 2115			
		1	P. 2215			
		8	P. 2662V			
		1	P. 2665			
		1	P. 2666			
		8	P. 2675			
		3	P. 2755			
		1	P. 2882			

（续表一七）

笔画	人体部位名	出现频次	所在卷号	另名	中医大辞典	和名类聚抄
	头	2	P. 3093		有	无
		1	P. 3144			
		2	P. 3287			
		2	P. 3477			
		1	P. 3481			
		3	P. 3596			
		2	P. 3655			
		6	P. 3714			
		2	P. 3731			
		1	P. 3822			
		1	P. 3885			
		17	P. 3930			
		2	P. 4038			
		1	ф281			
		2	Дх00235			
		3	Дх00506V			
		1	Дх00924			
		6	Дх01258			
		1	Дх02683			
		1	Дх09888			
		1	龙 530			
		2	《疗服石方》(罗振玉藏)			
		8	《辅行诀脏腑用药法要》			

(续表一八)

笔画	人体部位名	出现频次	所在卷号	另名	中医大辞典	和名类聚抄
	头皮	1	P. 3930		无	无
	头发	1	S. 4433		无	无
		1	S. 5435			
		1	P. 2666			
		1	P. 2882			
		1	P. 3378			
	头顶	1	P. 3930		无	无
	头面	1	S. 76		无	无
	尻	1	P. 2539		有	无
		1	P. 2675			
		1	《辅行诀脏腑用药法要》			
	尻门	1	P. 2539		无	无
	尻尾	1	P. 2675		无	无
		1	P. 3247			
	皮	5	S. 5614		有	有
		2	S. 5968			
		6	P. 2115			
		1	P. 2662V			
		1	P. 2755			
		1	P. 3477			
		2	P. 3655			
		3	P. 3714			
		2	Дx01325			

（续表一九）

笔画	人体部位名	出现频次	所在卷号	另名	中医大辞典	和名类聚抄
	皮肤	1	S. 76		有	无
		1	S. 5435			
		2	S. 5614			
		2	P. 2115			
		1	P. 2378			
		1	P. 2755			
		1	P. 2882			
		1	P. 3655			
		4	P. 3714			
		1	Дх02822			
		1	龙 530			
		1	《疗服石方》(罗振玉藏)			
		1	《辅行诀脏腑用药法要》			
	发	1	S. 76		有	无
		1	P. 2662			
		5	P. 2882			
		1	P. 3378			
		3	P. 3596			
		1	P. 3930			
		3	P. 4038			
		1	龙 530			
		8	《换须发方》(羽田亨藏)			

（续表二〇）

笔画	人体部位名	出现频次	所在卷号	另名	中医大辞典	和名类聚抄
	发际	1	S. 5737		有	无
		4	S. 6168			
		1	S. 6262			
		1	P. 2675			
		1	P. 3247			
		2	P. 3287			
		1	P. 3596			
		2	P. 3930			
六画	耳	1	S. 76		有	有
		2	S. 1467			
		1	S. 4534			
		1	S. 5435			
		5	S. 5614			
		1	S. 6245			
		1	S. 6168			
		2	S. 6262			
		2	S. 9443			
		6	P. 2115			
		2	P. 2215			
		1	P. 2378			
		1	P. 2665			
		1	P. 2666			

（续表二一）

笔画	人体部位名	出现频次	所在卷号	另名	中医大辞典	和名类聚抄
六画	耳	6	P. 2675		有	有
		4	P. 2755			
		1	P. 3378			
		3	P. 3477			
		1	P. 3481			
		13	P. 3596			
		3	P. 3655			
		2	P. 3731			
		1	P. 3777			
		1	P. 3810			
		1	P. 3822			
		16	P. 3930			
		1	P. 4038			
		1	P. 5549			
		1	Дx00613			
		1	Дx18173			
		2	龙 530			
		1	《疗服石方》(罗振玉藏)			
		10	《辅行诀脏腑用药法要》			
	耳坠	1	Дx02822		有	无。有“耳埵”
	曲肘	1	P. 3596		无	无

（续表二二）

笔画	人体部位名	出现频次	所在卷号	另名	中医大辞典	和名类聚抄
	肉	1	S. 76		有	有
		4	S. 5614			
		3	P. 2115			
		1	P. 2662V			
		1	P. 3287			
		2	P. 3655			
		3	P. 3714			
		2	P. 3731			
		1	P. 3822			
		1	P. 3930			
		2	Дx01325			
		1	Дx18173			
		1	《换须发方》(羽田亨藏)			
		2	《辅行诀脏腑用药法要》			
	舌	1	S. 202		有	有
		2	S. 5614			
		2	P. 2115			
		1	P. 2637			
		2	P. 2666			
		1	P. 3093			
		1	P. 3596			
		1	P. 3777			

（续表二三）

笔画	人体部位名	出现频次	所在卷号	另名	中医大辞典	和名类聚抄
	舌	6	P. 3930		有	有
		1	Дх01325			
		1	《疗服石方》(罗振玉藏)			
		8	《辅行诀脏腑用药法要》			
	肌	2	《疗服石方》(罗振玉藏)		有	有
	肌肉	2	S. 76		有	无
		1	S. 4534			
		3	S. 5614			
		1	P. 2115			
		1	P. 2755			
		1	P. 3287			
		1	P. 3378			
		2	P. 3477			
		1	《辅行诀脏腑用药法要》			
	肋	1	P. 2662V		无	有
		1	P. 2882			
		1	P. 3287			
		2	P. 3378			
		1	Дх01325			
		2	《辅行诀脏腑用药法要》			
	外踝	1	S. 5737		有	无
		1	P. 2675			
		1	P. 3596			

（续表二四）

笔画	人体部位名	出现频次	所在卷号	另名	中医大辞典	和名类聚抄
	产门	1	Дx00924		有	无
	关节	2	S. 76		有	无
		2	P. 3714			
	阳峰	2	P. 2539		无	无
	阳道	1	P. 2882		无	无
		2	P. 3655			
	阴	1	S. 76		有	有
		1	S. 202			
		1	S. 3347			
		4	S. 4433			
		1	P. 2115			
		1	P. 2539			
		4	P. 2675			
		1	P. 3247			
		1	P. 3596			
		2	P. 3714			
		4	P. 3960			
		3	《辅行诀脏腑用药法要》			
	阴干	2	P. 2539		有	无
	阴下	1	S. 76		无	无
	阴中	1	S. 8289		有	无

(续表二五)

笔画	人体部位名	出现频次	所在卷号	另名	中医大辞典	和名类聚抄
	阴头	1	P. 2666		有	无
		1	P. 3596			
	阴茎	1	S. 3347		有	无
		1	P. 3596			
	阴囊	1	P. 3714		无	有
七画	形体	1	S. 202		有	无
		1	S. 5379			
		1	《搜神记》(罗氏 017)			
	形脏四	1	P. 3477		无	无
	走哺	1	P. 3655	下焦	无	无
	两胁	1	S. 5737		无	无
	里	1	P. 2115		无	无
		2	P. 3287			
	足	1	S. 202		有	无
		1	S. 3347			
		1	S. 5435			
		4	S. 5614			
		1	S. 6168			
		1	S. 9431			
		4	P. 2115			
		2	P. 2539			
		2	P. 2662V			

（续表二六）

笔画	人体部位名	出现频次	所在卷号	另名	中医大辞典	和名类聚抄
	足	8	P. 2675		有	无
		1	P. 2882			
		1	P. 3201			
		2	P. 3247			
		5	P. 3287			
		1	P. 3378			
		3	P. 3596			
		1	P. 3655			
		1	P. 3930			
		1	P. 3960			
		2	Дx01258			
		1	Дx18173			
		1	《新修本草·序》（羽田亨藏）			
		2	《疗服石方》（罗振玉藏）			
		5	《辅行诀脏腑用药法要》			
	足趺	1	P. 2675		有	无
		1	P. 3247			
		1	P. 3596			
	足大指	2	P. 2675		无	无
		1	P. 3247			
		1	P. 3596			

（续表二七）

笔画	人体部位名	出现频次	所在卷号	另名	中医大辞典	和名类聚抄
	足小指	1	S. 5737		有	无
		1	P. 2666			
		1	P. 3596			
	足内踝	1	P. 3287		无	无
	足外踝	2	S. 6262		无	无
	足小指头	1	S. 6168		无	无
	体	1	S. 3347		无	无
		1	P. 2666			
		1	龙 530			
	身	8	S. 76		有	有
		1	S. 4534			
		1	S. 5435			
		1	S. 5614			
		1	S. 5795			
		1	S. 6052			
		1	S. 6168			
		1	P. 2115			
		2	P. 2215			
		1	P. 2378			
		1	P. 2637			
		2	P. 2666			
		2	P. 2675			

（续表二八）

笔画	人体部位名	出现频次	所在卷号	另名	中医大辞典	和名类聚抄
	身	1	P. 2755		有	有
		1	P. 2882			
		1	P. 3093			
		2	P. 3144			
		1	P. 3201			
		1	P. 3247			
		2	P. 3287			
		2	P. 3596			
		3	P. 3655			
		4	P. 3714			
		1	P. 3777			
		1	P. 3822			
		1	P. 3885			
		2	P. 4038			
		1	ф281			
		1	Дх00235			
		1	Дх09178			
		1	Дх12495R			
		2	Дх18173			
		7	龙 530			
		1	《疗服石方》(罗振玉藏)			
		9	《辅行诀脏腑用药法要》			

（续表二九）

笔画	人体部位名	出现频次	所在卷号	另名	中医大辞典	和名类聚抄
	身体	1	S. 202		无	无
		1	S. 9431			
		1	P. 2115			
		1	P. 2662			
		1	P. 2662V			
		1	P. 3477			
		1	Дx04996			
		1	Дx17453			
		2	《疗服石方》(罗振玉藏)			
	肝	21	S. 5614		有	有
		1	S. 6245			
		1	S. 5968			
		10	P. 2115			
		1	P. 2378			
		1	P. 2675			
		1	P. 3247			
		1	P. 3477			
		13	P. 3655			
		1	P. 3714			
		1	P. 3822			
		1	Дx01325			
		1	Дx02822			

（续表三〇）

笔画	人体部位名	出现频次	所在卷号	另名	中医大辞典	和名类聚抄
	肝	1	（Дx09935，Дx09936，Дx10092）V		有	有
		1	Дx12495V			
		5	Дx17453			
		14	《辅行诀脏腑用药法要》			
	肝脏	1	《辅行诀脏腑用药法要》		无	无
	肛	1	S. 5614		有	无
		1	P. 2115			
		1	P. 2378			
		1	P. 2755			
	肚	1	S. 76		有	无
		2	P. 2539			
		1	P. 2675			
		1	Дx01325			
		1	Дx02800			
		1	Дx02822			
	肘	1	S. 5737		有	无
		1	P. 2115			
		1	Дx01325			
	肠	7	S. 76		有	无
		1	S. 1467			
		4	S. 5614			
		1	S. 8289			

（续表三一）

笔画	人体部位名	出现频次	所在卷号	另名	中医大辞典	和名类聚抄
	肠	5	P. 2115		有	无
		1	P. 2378			
		1	P. 2565			
		2	P. 2755			
		1	P. 2882			
		4	P. 3596			
		2	P. 3655			
		3	P. 3714			
		1	P. 3930			
		1	Дx00235			
		1	Дx03070			
		1	Дx00924			
		1	Дx17453			
		2	龙 530			
		2	《搜神记》(罗氏 017)			
		2	《辅行诀脏腑用药法要》			
	肓	2	《搜神记》(罗氏 017)		有	无
	岐骨	1	P. 2662		有	无
	鸠尾岐骨	1	P. 2662V		无	无
八画	表	2	P. 2115		有	无
		1	P. 3287			
	茎	2	S. 76		有	无

(续表三二)

笔画	人体部位名	出现频次	所在卷号	另名	中医大辞典	和名类聚抄
	拇指	1	P. 2662V		有	无
	齿	2	S. 76		有	有
		1	S. 4534			
		2	S. 5614			
		1	S. 6052			
		4	P. 2115			
		1	P. 2378			
		1	P. 2662			
		2	P. 2675			
		1	P. 2755			
		2	P. 3596			
		1	P. 3714			
		2	P. 3731			
		1	P. 3930			
		2	龙 530			
		1	《换须发方》(羽田亨藏)			
		1	《辅行诀脏腑用药法要》			
	肾	1	S. 4534		有	有
		24	S. 5614			
		2	S. 6245			
		14	P. 2115			
		1	P. 2882			

(续表三三)

笔画	人体部位名	出现频次	所在卷号	另名	中医大辞典	和名类聚抄
	肾	1	P. 3477		有	有
		3	P. 3596			
		11	P. 3655			
		1	P. 3714			
		6	P. 3810			
		1	P. 3822			
		1	P. 3930			
		1	Дx00613			
		1	Дx01325			
		1	(Дx09935,Дx09936,Дx10092)V			
		3	Дx17453			
		10	《辅行诀脏腑用药法要》			
	肾脏	1	Дx02822		无	无
		1	《辅行诀脏腑用药法要》			
	命门	1	P. 2115		有	无
		1	P. 3655			
	乳	1	P. 2666		有	有
		1	P. 2675			
		1	P. 3287			
		1	P. 3378			
		6	P. 3596			
		1	P. 3714			

（续表三四）

笔画	人体部位名	出现频次	所在卷号	另名	中医大辞典	和名类聚抄
	乳头	2	S. 6168		有	无
		1	S. 6262			
	乳房	1	P. 3930		有	无
	肤体	1	P. 2115		无	无
		1	P. 2378			
	肺	1	S. 5435		有	有
		16	S. 5614			
		1	S. 6245			
		2	S. 5968			
		8	P. 2115			
		3	P. 2662V			
		2	P. 3481			
		10	P. 3655			
		1	Дx01325			
		1	Дx02822			
		1	Дx09935，Дx09936，Дx10092			
		2	（Дx09935，Дx09936，Дx10092）V			
		10	Дx17453			
	肺脏	1	《辅行诀脏腑用药法要》		无	无
	肢节	1	S. 76		无	无
		1	S. 5379			

(续表三五)

笔画	人体部位名	出现频次	所在卷号	另名	中医大辞典	和名类聚抄
	肢体	1	S.4534		无	有
	股	1	S.5737		有	有
		6	P.2675			
		2	P.3247			
		1	Дx01325			
		1	《辅行诀脏腑用药法要》			
	胁	4	S.5614		有	无
		1	S.5737			
		2	P.2115			
		1	P.2882			
		2	P.3287			
		1	P.3596			
		2	P.3714			
		1	ф356			
		1	Дx00235			
		1	Дx01325			
		1	Дx02869A			
		1	Дx08644			
		1	龙 530			
		1	《占病书断》(羽田亨藏)			
		1	《疗服石方》(罗振玉藏)			
		11	《辅行诀脏腑用药法要》			

(续表三六)

笔画	人体部位名	出现频次	所在卷号	另名	中医大辞典	和名类聚抄
	府	8	P. 2115		有	无
		2	P. 3287			
	肩	1	S. 5614		有	有
		1	S. 8289			
		1	P. 2115			
		1	P. 2539			
		3	P. 2675			
		2	Дx03070			
		1	Дx02822			
		1	Дx02869A			
		3	《辅行诀脏腑用药法要》			
	肩胛	1	P. 3714		有	无
		3	《辅行诀脏腑用药法要》			
九画	项	1	S. 5737		有	有
		3	S. 6168			
		1	S. 6262			
		1	P. 2662			
		1	P. 2662V			
		3	P. 2675			
		2	P. 3287			
		2	P. 3596			
		1	P. 3885			

（续表三七）

笔画	人体部位名	出现频次	所在卷号	另名	中医大辞典	和名类聚抄
九画	项	1	P. 3930		有	有
		1	Дx01325			
		1	《辅行诀脏腑用药法要》			
	面	3	S. 76		有	无
		1	S. 5435			
		2	S. 5614			
		1	S. 6168			
		3	P. 2115			
		1	P. 2378			
		1	P. 2662			
		3	P. 2662V			
		1	P. 2666			
		1	P. 2755			
		1	P. 2882			
		1	P. 3093			
		1	P. 3201			
		1	P. 3596			
		4	P. 3714			
		1	P. 3731			
		3	P. 3822			
		1	P. 3885			
		9	P. 3930			

（续表三八）

笔画	人体部位名	出现频次	所在卷号	另名	中医大辞典	和名类聚抄
	面	1	P. 4038		有	无
		2	Дх00235			
		1	Дх01325			
		2	Дх09935，Дх09936，Дх10092			
		3	龙 530			
		1	《疗服石方》(罗振玉藏)			
		4	《辅行诀脏腑用药法要》			
	面皮	1	P. 2115		无	无
		1	P. 2378			
		1	P. 2755			
	指	3	S. 5614		有	有
		1	S. 8289			
		2	P. 2115			
		1	P. 2539			
		2	P. 3287			
		6	P. 3477			
		2	P. 3596			
		6	P. 3655			
		2	P. 3930			
		1	Дх01295			
		1	Дх01325			
		1	《辅行诀脏腑用药法要》			

（续表三九）

笔画	人体部位名	出现频次	所在卷号	另名	中医大辞典	和名类聚抄
	指爪	1	S.5614		无	无
	指甲	1	S.4433		有	无
		1	P.3960			
		1	(Дx09935,Дx09936,Дx10092)V			
		1	《辅行诀脏腑用药法要》			
	指头	1	Дx02822		无	无
	背	1	S.1467		有	有
		1	S.3347			
		2	S.5614			
		1	P.2115			
		1	P.2666			
		7	P.2675			
		1	P.3201			
		1	P.3247			
		1	P.3378			
		3	P.3481			
		5	P.3655			
		1	P.3930			
		1	Дx00239			
		1	Дx01325			
		1	Дx08644			
		1	《疗服石方》(罗振玉藏)			
		11	《辅行诀脏腑用药法要》			

（续表四〇）

笔画	人体部位名	出现频次	所在卷号	另名	中医大辞典	和名类聚抄
	胃	5	S. 76		有	有
		4	S. 202			
		16	S. 5614			
		1	S. 8289			
		5	P. 2115			
		1	P. 2565			
		1	P. 2662V			
		1	P. 2675			
		1	P. 3093			
		1	P. 3287			
		1	P. 3596			
		10	P. 3655			
		2	P. 3714			
		1	Дх02822			
		1	Дх02869A			
		1	Дх08644			
		1	Дх18173			
	胃脘	1	S. 5737		有	无
		1	P. 3247			
	胃管	1	S. 5614		有	无
		1	S. 6168			
		1	P. 2675			

(续表四一)

笔画	人体部位名	出现频次	所在卷号	另名	中医大辞典	和名类聚抄
	咽	2	P. 2666		有	有
		4	P. 3714			
		3	《疗服石方》(罗振玉藏)			
		4	《辅行诀脏腑用药法要》			
	咽喉	1	S. 5614		有	有
		1	S. 5737			
		1	S. 6168			
		1	P. 2115			
		1	P. 2662V			
		1	P. 3714			
		2	P. 3930			
		1	Дх00506V			
		1	Дх01325			
		1	Дх02822			
		1	Дх18173			
	骨	1	S. 76		有	有
		8	S. 5614			
		1	S. 8289			
		11	P. 2115			
		2	P. 2662			
		3	P. 3477			
		1	P. 3655			

（续表四二）

笔画	人体部位名	出现频次	所在卷号	另名	中医大辞典	和名类聚抄
	骨	1	P. 3822		有	有
		1	P. 3930			
		1	ф356			
		1	Дx00235			
		1	Дx01325			
		1	Дx17453			
		1	Дx18173			
		1	龙 530			
		2	《辅行诀脏腑用药法要》			
	骨节	1	S. 202		无	无
		1	P. 2115			
		2	Дx18173			
		2	《疗服石方》(罗振玉藏)			
	骨髓	2	龙 530		有	无
	须	1	S. 5435		有	无
		2	P. 2882			
		G63	P. 4038			
		1	《换须发方》(羽田亨藏)			
	胆	3	S. 5614		有	有
		3	P. 2115			
		1	P. 2662V			
		9	P. 3655			

（续表四三）

笔画	人体部位名	出现频次	所在卷号	另名	中医大辞典	和名类聚抄
	胞门	1	P. 2115		有	无
	胫	1	S. 5614		有	无
		1	P. 2115			
		1	P. 2675			
		2	P. 3201			
		1	P. 3247			
		1	P. 3481			
		1	Дx01325			
		2	《辅行诀脏腑用药法要》			
	胫骨	1	Дx02822		有	无
	眉	1	S. 5435		有	有
		2	S. 5737			
		2	S. 6168			
		1	P. 2115			
		4	P. 2675			
		1	Дx01325			
	眉毛	1	S. 6168		无	无
		1	Дx02822			
	津液	1	S. 76		有	无
		1	S. 202			
		1	P. 2539			
	神脏五	1	P. 3477		无	无

（续表四四）

笔画	人体部位名	出现频次	所在卷号	另名	中医大辞典	和名类聚抄
十画	唇	1	S. 202		有	无
		1	S. 5614			
		1	S. 5737			
		1	P. 2115			
		1	P. 2666			
		1	P. 2882			
		1	P. 3043			
		3	P. 3655			
		1	P. 3714			
		2	P. 3930			
		1	Дx01325			
		1	Дx02822			
		1	《辅行诀脏腑用药法要》			
	胯	2	P. 2882		有	有
		1	Дx12495R			
	胻	2	《辅行诀脏腑用药法要》		有	有
	胸	1	S. 76		有	无
		1	S. 3347			
		12	S. 5614			
		1	S. 6168			
		2	S. 8289			
		3	P. 2115			
		1	P. 2378			

(续表四五)

笔画	人体部位名	出现频次	所在卷号	另名	中医大辞典	和名类聚抄
	胸	1	P. 2539		有	无
		3	P. 2662V			
		7	P. 2675			
		1	P. 2755			
		1	P. 3201			
		2	P. 3247			
		4	P. 3287			
		1	P. 3378			
		3	P. 3477			
		2	P. 3481			
		2	P. 3596			
		8	P. 3655			
		8	P. 3714			
		2	P. 3930			
		1	Дх03070			
		1	Дх00613			
		1	Дх02822			
		2	Дх02869A			
		4	Дх08644			
		1	Дх12495V			
		2	Дх18173			
		5	《疗服石方》(罗振玉藏)			
		19	《辅行诀脏腑用药法要》			

(续表四六)

笔画	人体部位名	出现频次	所在卷号	另名	中医大辞典	和名类聚抄
	胸膈	1	S. 5614		无	无
		1	P. 2662V			
		1	P. 2755			
		1	龙 530			
	脏	1	S. 76		无	无
		2	S. 202			
		1	S. 5614			
		1	P. 2115			
		1	P. 3093			
		4	P. 3287			
		2	Дх11074			
	脏腑	2	S. 76		有	无
		1	S. 202			
		1	S. 5614			
		1	P. 2115			
		1	P. 3287			
		2	龙 530			
		1	《辅行诀脏腑用药法要》			
	脐	1	S. 76		有	无
		1	S. 5435			
		1	S. 6177			
		1	P. 2662			

（续表四七）

笔画	人体部位名	出现频次	所在卷号	另名	中医大辞典	和名类聚抄
	脐	1	P. 2662V		有	无
		3	P. 2666			
		1	P. 2675			
		4	P. 2882			
		4	P. 3287			
		1	P. 3481			
		4	P. 3596			
		6	P. 3655			
		1	P. 3714			
		2	P. 3810			
		3	P. 3930			
		1	Дx01325			
		1	龙 530			
		1	《辅行诀脏腑用药法要》			
	脑	1	S. 6052		有	有
		1	S. 6168			
		1	P. 2115			
		1	P. 2378			
		1	P. 2755			
		1	S. 4534			
		1	P. 3655			
		1	P. 3930			

（续表四八）

笔画	人体部位名	出现频次	所在卷号	另名	中医大辞典	和名类聚抄
	脑	1	Дх02822		有	有
		1	Дх04907			
		1	Дх18173			
		1	《搜神记》(罗氏 017)			
	脑门	1	P. 2662		无	无
	脂肉	2	S. 76		无	无
	涕	1	S. 202		有	无
	脊	1	S. 76		有	无
		1	S. 5737			
		2	S. 6168			
		1	P. 2882			
		1	P. 3714			
		1	P. 3930			
		1	P. 4038			
		1	Дх00235			
		3	Дх00239			
		1	Дх01325			
	脊背	1	P. 2662V		无	无
		1	Дх00239			
		1	(Дх09935,Дх09936,Дх10092)V			
	脊骨	1	P. 3596		有	无
	脊腰	1	P. 2662V		无	无

(续表四九)

笔画	人体部位名	出现频次	所在卷号	另名	中医大辞典	和名类聚抄
十一画	黄发	1	S. 76		无	无
	眼	1	S. 6168		有	有
		1	P. 2115			
		2	P. 2215			
		1	P. 2378			
		1	P. 2539			
		2	P. 2665			
		1	P. 2666			
		1	P. 2675			
		1	P. 2755			
		2	P. 2882			
		1	P. 3144			
		5	P. 3596			
		3	P. 3655			
		1	P. 3714			
		1	P. 3777			
		10	P. 3930			
		2	P. 4038			
		1	ф281			
		1	Дх04537V			
		1	Дх09888			
		1	Дх09935,Дх09936,Дх10092			

(续表五〇)

笔画	人体部位名	出现频次	所在卷号	另名	中医大辞典	和名类聚抄
	眼	1	Дx12495R		有	有
		2	Дx12495V			
		1	《药方》(羽田亨藏)			
		1	《辅行诀脏腑用药法要》			
	眼目	1	P. 2115		无	无
		1	P. 2662			
	眼角	1	P. 2666		有	无
		1	Дx00924			
	眼眶	1	Дx02822		无	无
	眼睛	1	S. 6168		无	无
		1	P. 2662V			
	眼膜	1	S. 5614		无	无
		1	P. 2115			
		1	P. 2755			
	眼睛瞳子	1	S. 6168		无	无
	唾	1	S. 76		有	有
	躯	1	Дx04907		有	有
	脚	2	S. 76		有	无
		1	S. 3347			
		1	S. 4534			
		1	S. 5435			
		1	P. 2115			

（续表五一）

笔画	人体部位名	出现频次	所在卷号	另名	中医大辞典	和名类聚抄
	脚	3	P. 2539		有	无
		1	P. 2565			
		1	P. 2662			
		5	P. 2662V			
		1	P. 2665			
		1	P. 2666			
		2	P. 2675			
		2	P. 2755			
		1	P. 2882			
		10	P. 3201			
		6	P. 3596			
		1	P. 3655			
		4	P. 3714			
		1	P. 3731			
		1	P. 3810			
		5	P. 3930			
		1	Дx18173			
		1	龙 530			
		1	《辅行诀脏腑用药法要》			
	脚心	1	P. 3201		无	无
		1	P. 3930			
	脚趾	1	《疗服石方》(罗振玉藏)		无	无

（续表五二）

笔画	人体部位名	出现频次	所在卷号	另名	中医大辞典	和名类聚抄
	脚踝	1	S. 5614		无	无
		1	P. 2115			
		1	Дx01325			
	脚内踝	1	P. 3960		无	无
	脞	1	Дx04907		无	无
	弼鼻	1	Дx02822		无	无
	颈	1	S. 5737		有	有
		3	P. 2675			
		1	龙 530			
十二画	颊	1	P. 3287		有	有
		1	《辅行诀脏腑用药法要》			
	掌	1	S. 5614		有	有
		1	S. 6168			
		1	P. 2115			
		1	P. 3477			
		1	S. 3347			
		1	P. 3930			
	喉	1	S. 5614		有	有
		1	S. 9443			
		1	P. 2115			
		1	P. 2662V			
		2	P. 2675			

（续表五三）

笔画	人体部位名	出现频次	所在卷号	另名	中医大辞典	和名类聚抄
	喉	4	P. 3714		有	有
		1	P. 3822			
		2	P. 3930			
		1	Дх18173			
		3	龙 530			
		2	《辅行诀脏腑用药法要》			
	喉咙	1	Дх18173		有	无
	筋	3	S. 76		有	无
		1	S. 202			
		8	S. 5614			
		1	S. 9431			
		8	P. 2115			
		1	P. 2378			
		2	P. 2662V			
		1	P. 2755			
		2	P. 3287			
		2	P. 3477			
		2	P. 3655			
		1	P. 3714			
		1	Дх01325			
		1	Дх08644			
		1	Дх17453			
		1	龙 530			
		1	《辅行诀脏腑用药法要》			

（续表五四）

笔画	人体部位名	出现频次	所在卷号	另名	中医大辞典	和名类聚抄
	筋脉	1	S. 9434		无	无
	筋骨	2	S. 76		无	无
		2	S. 4534			
		1	P. 3596			
		1	P. 3714			
	脾	1	S. 76		有	有
		3	S. 202			
		1	S. 4534			
		21	S. 5614			
		2	S. 6245			
		2	S. 5968			
		10	P. 2115			
		1	P. 3043			
		1	P. 3093			
		1	P. 3477			
		2	P. 3596			
		6	P. 3655			
		1	P. 3714			
		1	Дx02822			
		1	Дx09178V			
		1	Дx09935，Дx09936，Дx10092			

（续表五五）

笔画	人体部位名	出现频次	所在卷号	另名	中医大辞典	和名类聚抄
	脾	1	(Дx09935,Дx09936,Дx10092)V		有	有
		3	Дx17453			
		13	《辅行诀脏腑用药法要》			
	脾脏	1	《辅行诀脏腑用药法要》		无	无
	腕	2	P. 2675		有	有
		1	P. 3247			
	睑	1	S. 202		有	有
	腋	1	P. 3596		有	有
		1	P. 3714			
		1	ф281			
		1	Дx12495V			
	腑	1	S. 202		有	无
		1	S. 5614			
		1	Дx11074			
十三画	腨	1	Дx01325		无	无
	腰	2	S. 76		有	有
		1	S. 202			
		1	S. 1467			
		3	S. 5435			
		7	S. 5614			
		2	S. 6168			
		6	P. 2115			

（续表五六）

笔画	人体部位名	出现频次	所在卷号	另名	中医大辞典	和名类聚抄
	腰	1	P. 2215		有	有
		1	P. 2378			
		3	P. 2539			
		1	P. 2565			
		1	P. 2665			
		9	P. 2675			
		2	P. 2755			
		6	P. 2882			
		2	P. 3247			
		1	P. 3481			
		4	P. 3596			
		4	P. 3655			
		4	P. 3714			
		1	P. 4038			
		1	Дx00235			
		5	Дx00239			
		1	Дx03070			
		1	Дx02822			
		1	Дx08644			
		1	Дx12495R			
		1	龙 530			
		1	《药方》(羽田亨藏)			
		8	《辅行诀脏腑用药法要》			

（续表五七）

笔画	人体部位名	出现频次	所在卷号	另名	中医大辞典	和名类聚抄
	腹	6	S. 76		有	有
		1	S. 202			
		2	S. 1467			
		4	S. 3347			
		4	S. 3395			
		1	S. 4534			
		1	S. 5435			
		3	S. 5614			
		1	S. 5737			
		2	S. 6168			
		1	S. 6177			
		2	P. 2115			
		4	P. 2565			
		1	P. 2662			
		13	P. 2662V			
		10	P. 2666			
		7	P. 2675			
		1	P. 2755			
		13	P. 2882			
		2	P. 3144			
		1	P. 3201			
		1	P. 3287			
		1	P. 3378			

(续表五八)

笔画	人体部位名	出现频次	所在卷号	另名	中医大辞典	和名类聚抄
	腹	1	P. 3477		有	有
		12	P. 3596			
		5	P. 3655			
		12	P. 3714			
		5	P. 3731			
		1	P. 3885			
		9	P. 3930			
		1	P. 3960			
		1	P. 4038			
		2	ф356			
		2	Дх00235			
		1	Дх03070			
		1	Дх00924			
		2	Дх01258			
		1	Дх02800			
		3	Дх02869A			
		1	Дх04996			
		1	Дх09178			
		2	(Дх09935,Дх09936,Дх10092)V			
		1	Дх10298			
		1	Дх17453			
		7	龙 530			

（续表五九）

笔画	人体部位名	出现频次	所在卷号	另名	中医大辞典	和名类聚抄
	腹	1	《药方》(羽田亨藏)		有	有
		1	《占病书断》(羽田亨藏)			
		5	《疗服石方》(罗振玉藏)			
		22	《辅行诀脏腑用药法要》			
	腿	1	P. 2539		有	有
		1	Дx01325			
		1	Дx04907			
	跟	1	Дx04907		无	无
十四画	龈	2	P. 3930		有	无
	鼻	2	S. 76		有	有
		2	S. 202			
		3	S. 5614			
		1	S. 6168			
		4	P. 2115			
		1	P. 2378			
		1	P. 2662			
		3	P. 2662V			
		3	P. 2666			
		3	P. 2675			
		1	P. 2755			
		1	P. 3093			
		3	P. 3378			

（续表六〇）

笔画	人体部位名	出现频次	所在卷号	另名	中医大辞典	和名类聚抄
	鼻	1	P. 3481		有	有
		13	P. 3596			
		3	P. 3655			
		1	P. 3714			
		1	P. 3731			
		1	P. 3777			
		2	P. 3810			
		1	P. 3822			
		4	P. 3930			
		1	P. 4038			
		1	Дx09935，Дx09936，Дx10092			
		3	龙 530			
		2	《疗服石方》(罗振玉藏)			
		4	《辅行诀脏腑用药法要》			
	鼻孔	1	P. 2675		有	无
		2	P. 3930			
	鼻柱	1	S. 5737		有	有
		2	S. 6168			
		1	P. 2675			
		1	P. 3247			
	鼻根	1	P. 3930		有	无
	鼻梁	1	P. 2662V		有	无

（续表六一）

笔画	人体部位名	出现频次	所在卷号	另名	中医大辞典	和名类聚抄
	膈	1	S. 5435		有	无
		1	Дх01325			
	膊	1	P. 2675		有	无
		1	P. 3201			
		1	P. 3596			
		1	P. 3930			
		1	Дх03070			
	膀胱	4	S. 5614		有	有
		2	S. 6168			
		5	P. 2115			
		1	P. 2565			
		1	P. 3287			
		2	P. 3655			
		3	P. 3714			
		1	Дх17453			
	膏	1	Дх18173		有	无
		2	《搜神记》(罗氏 017)			
十五画	踝	1	S. 3347		有	有
		1	S. 6168			
		1	S. 6262			
		1	P. 2675			
		1	P. 3247			

（续表六二）

笔画	人体部位名	出现频次	所在卷号	另名	中医大辞典	和名类聚抄
十五画	踝	1	P. 3287		有	有
		1	P. 3596			
		1	Дx04907			
	膝	1	S. 76		有	有
		1	S. 5614			
		1	S. 5737			
		1	S. 6262			
		2	P. 2115			
		1	P. 2539			
		2	P. 2662			
		6	P. 2675			
		2	P. 2882			
		2	P. 3247			
		5	P. 3596			
		2	P. 3655			
		1	P. 3714			
		1	Дx01325			
		1	Дx02683			
		1	Дx02822			
		1	《辅行诀脏腑用药法要》			
	膝下廉文头	1	S. 6168		无	无

（续表六三）

笔画	人体部位名	出现频次	所在卷号	另名	中医大辞典	和名类聚抄
	额	1	S. 6168		有	有
	额	1	P. 3287		有	有
	额	2	P. 3930		有	有
十六画	霍乱	1	P. 3655	中焦	有	无
	髭	2	P. 2882		有	有
	髭发	1	S. 76		有	无
	髭发	1	P. 2115		有	无
	髭发	2	P. 2882		有	无
	髭发	1	Дx01325		有	无
	髭须	3	P. 2882		无	有
	髭髯	1	Дx02822		无	无
	颣额	1	Дx02822		无	无
十七画	臆	1	龙 530		无	无
	臂	1	P. 2115		有	有
	臂	1	P. 2675		有	有
	臂	1	ф281		有	有
	臂	1	Дx01325		有	有
	臂	1	Дx02822		有	有
	臂	1	《辅行诀脏腑用药法要》		有	有
十八画	颞颔	1	Дx02822		无	无

（续表六四）

笔画	人体部位名	出现频次	所在卷号	另名	中医大辞典	和名类聚抄
二十画	鬓	1	P. 2115		有	有
		1	P. 2215			
		1	P. 3596			
	鬓发	1	P. 3596		无	有
二十一画	髓	1	S. 4534		有	有
		1	P. 3144			
		1	P. 3596			
		1	Дх04907			
		2	Дх18173			

敦煌写本医籍的 254 个人体部位名，《中医大辞典》收有 152 个，《和名类聚抄》收有 67 个。爪甲、肋、阴囊、肢体、髭须、鬓发，《中医大辞典》未收，《和名类聚抄》有收。敦煌写本“耳坠”，《和名类聚抄》为“耳埵”；敦煌写本为“口吻”，《和名类聚抄》为“唇吻”，二者仅名称不同。《和名类聚抄》因为其百科全书式的性质，收录的多为通用名称，专门的医用词汇相对较少。而敦煌写本医籍主要为涉医写卷，专用词汇相对较多，才导致共同名称相对较少。那这样还有没有可比性呢？当然有，二者时代相对接近，必然会反映出某些人体部位名称的共同的中古时代特色。

第二节 《和名类聚抄》形体名称

《和名类聚抄》卷三《形体部》第八作为词条收有145个形体名称，词条后收有异名或相关名称36个，共计181个。具体如下：

头面类第三十：首头、颅（脑盖、髑髅、头骨）、脑、顖会、顶𩕄（颠）、顱、蟀谷、云脂、胲、颜面（颜、面子）、额（䩕、颚）、颊（颧、颊骨、辅车）、靥、颔（颔骨、颐、䪼车）、颈（领）、胡、项（脰）。以上作为词条收录的17个，括号内为词条后相关的名称，有的是异名，有的只是相关名称，括号内的名称有16个。

耳目类第三十一：耳、耳埵、完骨、目、眼（眼皮、目子、瞳）、矏、眸、睑、眶、眦、眵、涕泪（承泣）、盯。以上作为词条收录的13个，括号内的为词条后的相关名称，有的是异名，有的只是相关名称，括号内的名称有4个。

鼻口类第三十二：鼻、齃、鼻柱、衄、洟、口、舌、人中（水沟）、唇吻、纵理、齿（龀）、板齿、牙、齨、齗、腭、咽喉（咽、嗌、喉、咙）、吭、唾。以上作为词条收录的19个，括号内的为词条后的相关名称，有的是异名，有的只是相关名称，括号内的名称有6个。

毛发类第三十三：毫毛、鬓发（鬓、髮）、髻、髻（鬟）、鬐、髭须（髭）、眉、睫。以上作为词条收录的8个，括号内的为词条后的相关名称，有的是异名，有的只是相关名称，括号内的名称有4个。

身体类第三十四：身（躬、躯）、肢体、髑髅、肩、胛、腋、背、胸臆、乳、腹、膍脐、水腹、胁肋、腰、𦟝、胯、腿、臀、骨、髓、筋力、孔窍、汗。以上作为词条收录的23个，括号内的为词条后的相关名称，有的是异名，有的只是相关名称，括号内的名称有2个。

筋骨类第三十五：骨、髑髅、完骨、辅车、䪼车、缺盆骨、鸠尾骨、髂、肋。以上作为词条收录的9个。

肌肉类第三十六：肌、肤、皮、皴、肉、膜、血脉、脂膏。以上作为词条收录的8个。

脏腑类第三十七：五脏、肝、心、脾、肺、肾、六腑、大肠、小肠、胆、胃、三焦、膀胱。以上作为词条收录的 13 个。

手足类第三十八：手子、掌、拳、指、腡、拇、食指、中指、无名指、季指、腕、臂、股、膝、膝眮(髌)、胭、腓、胻、脚足、踝、踵、跗、蹠、爪甲。以上作为词条收录的 24 个，括号内的为词条后的相关名称，有的是异名，有的只是相关名称，括号内的名称有 1 个。

茎垂类第三十九：阴、玉茎(屎)、阴囊、阴核、玉门、吉舌、月水、精液、尿(小便)、屎(大便)、屁。以上作为词条收录的 11 个，括号内的为词条后的相关名称，有的是异名，有的只是相关名称，括号内的名称有 3 个。

第三节 以“爪甲”为例看手足指上甲名称的历时演变

《中医大辞典》未收，敦煌写本医籍与《和名类聚抄》均收的人体部位名称：爪甲、肋、阴囊、肢体、髭须、鬓发。以下以其中的“爪甲”为例试作考证。

“爪甲”，敦煌写本与《和名类聚抄》的用例如下：

敦煌写本 Дx02822：“《身体部》第八：爪甲。”①

《和名类聚抄》卷第三《形体部》：“爪甲：《四声字苑》云爪，手足指上甲。”②

“爪甲”在敦煌写本与《和名类聚抄》中各出现 1 次，由上文内容看，显然是指“手足指上甲”。既然二书均收，可见“爪甲”确是中

① 俄罗斯科学院东方研究所圣彼得堡分所、俄罗斯科学出版社东方文学部、上海古籍出版社编：《俄藏敦煌文献》第 10 册，俄罗斯科学出版社东方文学部、上海古籍出版社，1998 年，第 62 页。

② [日]源顺辑，[日]狩谷望之笺注：《和名类聚抄》，早稻田大学图书馆藏本，第 8 页。

古时代手足指上甲的名称。手足指上甲，现代汉语分别为“指甲”“趾甲”，是区分清楚的。那么，从“爪甲”到“指甲”“趾甲”，经过了怎样的演变过程，以下试作探讨。

一、先秦两汉时期，手足指上甲多称“爪”

先秦时期的文献中，人的手足指上甲称“爪”，鸟兽的脚趾或趾甲也称“爪”。例：

《列子》卷第一《天瑞篇》：“亦如人自世至老，貌色智态，亡日不异；皮肤爪发，随世随落，非婴孩时有停而不易也。”①

《国语·晋语二》第八：“虢公梦在庙，有神人面白毛虎爪，执钺立于西阿之下，公惧而走。”②

汉代或之后的文献中，仍有用“爪”来指人的手足指上甲，例：

敦煌写本张仲景《五脏论》S. 5614，P. 2115 中有“见爪则知筋”“筋绝则爪干”，《释名·释形体》：“爪，绍也。筋极为爪，绍续指端也。”由上述两例可见，筋和甲是有关联的，筋极处为爪，此处的“爪”应为人的指甲、趾甲。

《和名类聚抄》人体部位名“爪甲”条下，记载《四声字苑》把“爪甲”称作“爪”。《四声字苑》具体成书年代不可考，但有一点可以肯定，其一定早于《和名类聚抄》。可见，“爪甲”之前的名称确有称“爪”的。

《北齐书》卷六《帝纪第六·孝昭》：“太后尝心痛不自堪忍，帝立侍帷前，以爪掐手心，血流出袖。”③

但“爪”的意义重点开始有所变化，多用于鸟兽的脚趾或趾甲，用于人，则多指“手”。“爪”，《说文解字》：“丮也。覆手曰爪。象

---

① 杨伯峻：《列子集释》，中华书局，1979 年，第 30 页。

② 徐元诰撰，王树民等点校：《国语集解·晋语二第八》，中华书局，2002 年，第 283 页。

③《北齐书》，中华书局，1972 年，第 85 页。

形。凡爪之属皆从爪。”段注：“仰手曰掌，覆手曰爪。”“爪”是指反过来的手。《史记》卷四六《田敬仲完世家第十六》：“攫之深、醳之愉者，政令也。”集解徐广曰“攫”：“以爪持弦也。”①

二、中古时期，手足指上甲称“爪甲”“指爪”“指甲”

考察敦煌写本医籍中关于“指”的相关名称，出现频率和卷号见下表。

笔画	敦煌写本医卷	出现次数	所在卷号	和名类聚抄
三画	大指	2	S. 6262	有
	大拇指	1	P. 3930	无
	小指	1	P. 2662	有
	小指头	1	S. 6168	无
		1	P. 2662	
四画	中指	1	P. 2882	有
		3	P. 3655	
	中指节	1	P. 3596	有
	中指头	1	P. 2675	无
	手指	1	S. 5614	无
		1	P. 2115	
		1	P. 3477	
	手小指	2	P. 2675	无
		2	P. 3247	
	手十指头	1	S. 6262	无

① 《史记》，第 1889 页。

(续表一)

笔画	敦煌写本医卷	出现次数	所在卷号	和名类聚抄
	手小指头	1	S. 6168	无
五画	右手指	1	P. 3287	无
七画	足大指	2	P. 2675	无
		1	P. 3247	
		1	P. 3596	
	足小指	1	S. 5737	有
		1	P. 2666	
		1	P. 3596	
	足小指头	1	S. 6168	无
八画	拇指	1	P. 2662V	有
九画	指	3	S. 5614	有
		1	S. 8289	
		2	P. 2115	
		1	P. 2539	
		2	P. 3287	
		6	P. 3477	
		2	P. 3596	
		6	P. 3655	
		2	P. 3930	
		1	Дx01295	
		1	Дx01325	
		1	《辅行诀脏腑用药法要》(张偓南家藏)	

（续表二）

笔画	敦煌写本医卷	出现次数	所在卷号	和名类聚抄
	指爪	1	S. 5614	无
	指甲	1	S. 4433	有
		1	P. 3960	
		1	（Дx09935，Дx09936，Дx10092）V	
		1	《辅行诀脏腑用药法要》（张偓南家藏）	
	指头	1	Дx02822	无

从上表看，不涉及“手足指上甲”时普遍都用“指”，涉及“手足指上甲”才用到“爪”和“甲”，如上表中的“指爪”和“指甲”。

“指爪”。敦煌写本 S. 5614“唇舌牙齿，臂肘指爪”中“指爪”，当为“手足指上甲”义。

“指甲”。敦煌写本 S. 4433：“又方：妇人欲得子法，取夫头发并指甲，著妇人席下，卧，勿令知之，即生男。”P. 3960：“屈两足指甲白肉际，灸年壮。”（Дx09935，Дx09936，Дx10092）V：“脾绝六之十指甲青□。”上述例中“指甲”，当为“手足指上甲”义。

由此看来，中古时期，手足指上甲有三个名称，即“爪甲”“指爪”“指甲”。

三、“爪甲”“指爪”“指甲”使用历程考

（一）爪甲

较早的用例出现于晋代文献，隋、唐、五代、宋、元、明、清均有“爪甲”指手足指上甲的用例。

东晋葛洪《抱朴子》卷十七《登涉》：“或以干姜附子带之肘后，或烧牛羊鹿角薰身，或带王方平雄黄丸，或以猪耳中垢及麝香丸著

足爪甲中，皆有效也。”[①]上例“爪甲”为足上甲。

《晋书》卷七十《卞壸传》：“其后盗发壸墓，尸僵，鬓发苍白，面如生，两手悉拳，爪甲穿达手背。”[②]《隋书》卷五七《薛道横》：“太常丞胡仲操曾在朝堂，就孺借刀子割爪甲。”[③]上述例中“爪甲”，指手上甲。宋《云笈七签》卷八三《庚申部》：“五行紫文除尸虫法……又法：常以七月十六日去手爪甲，烧作灰服之，即自灭。”“又法：凡寅日去手爪甲，午日去足爪甲，名之斩三尸。”[④]《元史》卷二〇三《李杲传》：“药未就而病者爪甲变，顿服者八两，汗寻出而愈。”[⑤]清《聊斋志异》卷五《江城》：“乃以手抚扪生体，每至刀杖痕，嘤嘤啜泣，辄以爪甲自掐，恨不即死。”[⑥]

“爪甲”也用于鸟兽，如《西游记》第十四回：“变作一把牛耳尖刀，从那虎腹上挑开皮，往下一剥，剥下个囫囵皮来；剁去了爪甲，割下头来，割个四四方方一块虎皮，提起来，量了一量道：‘阔了些儿。’”[⑦]《清史稿》卷四十《灾异一》：“二十九年四月十三日，天门乌龙见，头角爪甲俱现。”[⑧]

（二）指爪

“指爪”，用于人，也用于其他。如敦煌写本张仲景《五脏论》S.5614：“唇舌牙齿，臂肘指爪。”《文选》卷十二《郭景纯江赋》李善注：

---

① 王明：《抱朴子内篇校释》，中华书局，1980年，第279页。

② 《晋书》，中华书局，1974年，第1873页。

③ 《隋书》，中华书局，1973年，第1413页。

④ （宋）张君房纂辑，蒋力生等校注：《云笈七签》，华夏出版社，1996年，第519页。

⑤ 《元史》，中华书局，1976年，第4542页。

⑥ （清）蒲松龄著，任笃行辑校：《全校会注辑评聊斋志异》，齐鲁书社，2000年，第1285页。

⑦ （明）吴承恩：《西游记》，上海古籍出版社，1990年影印世德堂本，第320页。

⑧ 《清史稿》，中华书局，1977年，第六册第1517页。

“又曰：初宁县多鼊，龟形薄头，喙似鹅指爪。”①隋唐五代至清均有使用。

《太平广记》卷二七九《梦四》：“有妇人，年二十余，洁白凝净，指爪长五六寸，头插金钗十余只。”②《晋书》卷八八《颜含》：“父母从之，乃共发棺，果有生验，以手刮棺，指爪尽伤，然气息甚微，存亡不分矣。”③《云笈七签》卷一一七《道教灵验记部》：“功用既毕，刘忽得疾沉绵，旬日稍较，忽如风狂，于其阶庭之中，攫土穴地，指爪流血，而终不已。”④《初刻拍案惊奇》卷三七：“正是：有指爪劈开地面，会腾云飞上青霄。”⑤《聊斋志异》卷五《江城》：“未几，女渐肆，生面上时有指爪痕，父母明知之，亦忍不置问。”⑥

（三）指甲

《汉语大词典》第六卷第575页，“指甲”用例最早为宋代。用例可推溯更早，唐代晁采《子夜歌十八首》：“明窗弄玉指，指甲如水晶。”⑦敦煌写本医卷有“指甲”之名，例见前，不赘述。“指甲”在《和名类聚抄》中同样也有。宋代以后的用例，那就很多了，晏殊《木兰花·春葱指甲轻拢捻》：“春葱指甲轻拢撚。五彩条垂双袖卷。”⑧《初刻拍案惊奇》卷十八：“身边腰袋里摸出一个纸包，打开来都是些药末，就把小指甲挑起一些些来，弹在罐里，倾将出来，连

① （梁）萧统编，（唐）李善注：《文选》，中华书局，第185页。
② （宋）李昉等编：《太平广记》，中华书局，1961年，第2221页。
③ 《晋书》，中华书局，1974年，第2285—2286页。
④ （宋）张君房纂辑，蒋力生等校注：《云笈七签》，第737页。
⑤ （明）凌蒙初撰：《拍案惊奇》，海南出版社，1993年，第503页。
⑥ （清）蒲松龄著，任笃行辑校：《全校会注辑评聊斋志异》，齐鲁书社，2000年，第1280页。
⑦ （清）曹寅、彭定求等编纂：《全唐诗》卷八〇〇《晏采》，中华书局，1980年，第9000页。
⑧ 唐圭璋编：《全宋词》，中华书局，1965年，第96页。

那铅汞不见了，都是雪花也似的好银。”[①]《金瓶梅》第八回：“那迎儿真个舒着脸，被妇人尖指甲掐了两道血口子，才饶了他。”[②]《水浒传》第二十五回：“但见：面皮黄，唇口紫，指甲青，眼无光。”[③]《红楼梦》第五十一回：“那大夫见这只手上有两根指甲，足有二三寸长，尚有金凤仙花染的通红的痕迹，便回过头来。”[④]

宋代已专指手的指甲，和脚趾甲相对。《喻世明言》卷一二：“嫂嫂，你看这一块有指甲，便是人的指头。”[⑤]《云笈七签》卷四五《秘要诀法部》：“甲寅日可割指甲，甲午日可割脚甲，此日三尸游处，故以割除，以制尸魄也。”[⑥]

由此看来，“爪甲”“指爪”“指甲”，中古以来，均可指人的手足指上甲，“爪甲”和“指爪”还可用于禽兽等。“指甲”从产生起，基本用于人的手足指上甲。至迟到宋代，“指甲”开始用于专指手指甲，与“脚甲”相对。但真正完全完成手上甲和足上甲的分野，是在现代汉语中。

四、现代汉语手足指上甲称“指甲”“趾甲”

现代汉语中，一般使用“指甲”“趾甲”，分指手上甲和足上甲，且区分较为严格。宋代和现代汉语中均有少量使用“脚甲”指足上甲的，但并未充分发展取得足上甲通名的地位，被“趾甲”后来居上。“指甲”“趾甲”为手足指上甲的现代汉语通用名称，为人熟知，不再赘举例证。仅在特殊场合偶有使用“指爪”“爪甲”，例如，《七

---

① (明)凌蒙初撰：《拍案惊奇》，海南出版社，1993 年，第 231 页。

② (明)兰陵笑笑生撰：《金瓶梅词话》，人民文学出版社，1985 年，第 59 页。

③ (明)施耐庵撰：《水浒传》，人民文学出版社，2002 年，第 339 页。

④ (清)曹雪芹、高鹗撰：《红楼梦》，人民文学出版社，2000 年，第 559 页。

⑤ (明)冯梦龙撰：《喻世明言》(明末衍庆堂刊本)，日本内阁文库藏本，第 18 页。

⑥ (宋)张君房纂辑，蒋力生等校注：《云笈七签》，华夏出版社，1996 年，第 265 页。

个战士和一个零》:“内侧赫然突出的巨崖,把公路挤得狭窄陡斜,一棵形似枯手的秃树朝公路伸着指爪。”①《矛盾全集·散文一集·内河小火轮》:“他翘起他那乌黑的长爪甲的手指,从他的托盘内取出一盒花生酥打开来,拈了一块直送到我的鼻子尖,一面夸奖他的货色:闻闻看,喷香……”②《内科学·肺痈》:“至于病情转化,要观其溃后如何,若寒热渐退,脓血由多渐少,饮食增加,大便通畅者良;若溃后脓血咳唾不已,异常腥臭,皮肤甲错,不思饮食,大便燥结者不良;甚则音哑,张口气喘,爪甲青紫者为重危之候,不可忽视。”③

综上,由单音节词“爪”到双音节词“爪甲”“指爪”“指甲”的变化,词汇系统双音化是主要原因。“指甲”取得最终的通行权,则是词义变化的结果。早期的“爪”是泛称,用于人,也用于禽兽,后来单用时渐渐多用于禽兽。“爪甲”“指爪”“指甲”,较长时期同时共用,但最终由于“爪”多用于禽兽,而致使“爪甲”“指爪”在用于人时渐具贬义,因而“指甲”成为现代汉语的通名。因为表达精细的需要,宋代就区分为“指甲”和“脚甲”,现代汉语使用了“趾甲”作为与“指甲”相对的通名。

---

① 严歌苓、李春威:《七个战士和一个零》,《收获》1981 年第 3 期,上海文艺出版社,1981 年。

② 《茅盾全集》编辑委员会编辑:《茅盾全集》第十一卷,人民文学出版社,1986 年,第 98 页。

③ 上海中医学院编:《内科学》,上海科学技术出版社,1979 年。

第五章　敦煌写本医籍与《医心方》医方名比较

敦煌写本中杂抄1200余首医方，很少标注出处，这些医方国内传世文献中也极少见。写本医方源于何处，较难考证。经与时代相近的日本汉文医籍《医心方》相对比，发现两者有不少医方名与组方内容具有极高相似度。《医心方》征引中国典籍，均有出处，据此可推知敦煌写本杂抄医方的出处。敦煌写本未经传世篡改，《医心方》为域外文献，均能较好地还原时代真实性，二者比较，具有较高的可信度和价值。

先看敦煌写本医方名的情况。统计写本中有明确的医方名或主治病证的医方名725个，①其中650个《中医方剂大辞典》词条未收，占总数的90%；674个《中医大辞典》词条未收，占总数的93%。《中医方剂大辞典》《中医大辞典》未收，却见于《医心方》的有465个，占总数的64%。写本与《中医方剂大辞典》《中医大辞典》《医心方》均收的，仅27个，抄录如下：人参汤、三黄丸、三黄汤、大黄汤方、大三五七散、乌梅丸、玉壶丸、生姜汤、半夏汤、当归汤、麦门冬汤、泻肝汤、泻肾汤、泻肺汤、定志丸、茵陈汤、茯神汤、前胡汤、桂枝汤、桃花散、理中丸、黄龙汤、黄芩汤、黄连散、葱豉汤、槟榔汤、橘皮汤。上述数据对比显示，《医心方》与敦煌写本医方名的相似度较高，具有可对比性。

敦煌写本与《医心方》具有较高相似度的原因，是写本的抄写

① 一个医方名下可能有多个组方，实际医方数达1200余首。

年代与《医心方》的成书年代相近，医方命名的主流特征是以主治病证命名，以丸散膏汤等命名相对较少。敦煌写本同一写卷，不一定抄自同一个医方，有按主治病证杂抄医方的，也有将多类主治病证医方杂抄在一个写卷上的；《医心方》按主治病证类别引抄诸书医方。二者杂抄或征引大量医方，不排除有系出同源者。

比对敦煌写本与《医心方》，医方名相同，组方内容不一定相同；医方名称有异，组方内容也可能相同；当然，也有医方名和组方内容完全相同的。《医心方》所引医方全部有出处，循此，可考证写本医方的来源。

第一节　敦煌写本医籍与《医心方》医方名列表比较

将敦煌写本医籍中有方剂名或主治名的医方统计出来，列于下表。为求更为客观地反映敦煌写本医籍医方名在现代专门辞书中的收录情况，表中选取了《中医方剂大辞典》《中医大辞典》二书作对照。

表分八栏，从左往右依次为：笔画、医方名、出现频次、所在卷号、另名、中医方剂大辞典、中医大辞典、医心方。“笔画”是指医方名首字笔画数，首字相同的，按次字笔画，依次类推。笔画少的在前，笔画多的在后，同笔画的按笔顺排列。“医方名”是指敦煌写本医籍中出现的医方名，原卷医方名中错字、讹字、同音替代字均改为正字。“出现频次”是指该医方名在敦煌写本医籍中的出现频次，同一内容不同写卷的医方名出现一次计一次。“所在卷号”是指该医方名在敦煌写本医籍中所在的卷号，无编号则列卷名。“另名”仅限于列举敦煌写本医籍中同物异名的医方名，敦煌写本之外医籍中的异名不包括在内。“中医方剂大辞典”一栏主要考察医方名在彭怀仁等主编的《中医方剂大辞典》中作为词条的收录情况，[①]《中医方剂大辞典》词条中有该医方名则标注为“有”，无则标注为“无”。“中医大辞典”一栏主要考察医方名在李经纬等主编的《中医大辞典》中作为词条的收录情况，[②]《中医大辞典》中有该医方名则标注为“有”，无则标注为“无”。“医心方”一栏主要考察敦煌写本医籍中的医方名在《医心方》中是否有类同医方，《医心方》中有该医方名则标注为“有”，无则标注为“无”。

表 5—1—1　敦煌写本医籍与《医心方》医方名比较表

笔画	医方名	出现频次	所在卷号	中医方剂大辞典	中医大辞典	医心方
一画	一切虐方	1	S. 6084?	无	无	疗一切疟方
	一切病无不治者单方	1	P. 2666	无	无	无
	一切偏风，半身不随，手不上头	1	S. 3347	无	无	无
	一切黄入四肢皮肉……	1	P. 2662V	无	无	疗黄病……方
二画	八公神散	1	P. 4038	无。有八公散	无	无
	人心痛	2	P. 2666	无	无	治心痛方
	人目翳	1	P. 2666	无	无	治目翳方
	人冷痹	1	P. 2666	无	无	主冷痹脚气
	人参汤	1	P. 3596	有	有	人参汤
	人急痟	1	P. 2666	无	无	疗急痟方
	人患咽	1	P. 2666	无	无	无

① 彭怀仁等编：《中医方剂大辞典》，人民卫生出版社，1993 年。
② 李经纬等编：《中医大辞典》，人民卫生出版社，2005 年。

（续表一）

笔画	医方名	出现频次	所在卷号	中医方剂大辞典	中医大辞典	医心方
	人患痢	1	P.2666	无	无	一切痢神效方
	人偏风	1	P.2666	无	无	治卒偏风方、疗偏风
	人温痒	1	P.2666	无	无	无
	人癫狂	1	P.2666	无	无	治卒发狂方
	人火烧疮	1	P.2666	无	无	火烧疮方、治火烧疮
	人赤白痢	1	P.2666	无	无	治赤白痢方
	人被蛇咬	2	P.2666	无	无	治众蛇螫人方、蛇螫方等
	人患疔疮	1	P.2666	无	无	治患疔疮
	人患一切风	1	P.2666	无	无	治一切风病方
	人粪酒方	1	P.2565	无	无	无
	人吃蛊毒	1	P.2666	无	无	治蛊毒方、疗蛊毒方等
	人心痛欲死	1	P.2666	无	无	治卒心痛欲死方
	人失音不语	1	P.2666	无	无	治失音方
	人杂得恶疰	1	P.2666	无	无	疗恶疰方等
	人急黄疸黄	1	P.2666	无	无	疗黄病……方
	人患反花疮	1	P.2666	无	无	治反花疮方、疗反花疮等
	人吃鱼骨在咽中	1	P.2666	无	无	鱼骨哽方等
	人时气遍身生疮	1	P.2666	无	无	无
	人面欲得如花色	1	P.2666	无	无	无

(续表二)

笔画	医方名	出现频次	所在卷号	中医方剂大辞典	中医大辞典	医心方
	人恶疰入心欲死	1	P. 2666	无	无	疗恶疰入心欲死方
	人蛊水遍身洪肿	1	P. 2666	无	无	无
	人脚转筋及入腹	1	P. 2666	无	无	疗脚转筋及入腹方
	人一切疼痛恶肿不可忍	1	P. 2666	无	无	无
	九物牛黄丸方	1	S. 1467V	有	无	无
三画	三黄丸	1	P. 3378	有	有	有
	三黄汤	1 1	P. 3378 《疗服石方》(罗振玉藏,下同)	有	有	有
	三黄五味汤	1	《疗服石方》	无	无	无
	三等丸	1 2	P. 2882 P. 3596	无	无	无
	下乳汁方	1	龙 530	有	无	无
	大三黄汤	1	《疗服石方》	无	无	无
	大白虎汤	1	《辅行诀脏腑用药法要》(张偓南家藏,下同)	无	无	无
	大玄武汤	1	《辅行诀脏腑用药法要》	无	无	无
	大朱鸟汤	1	《辅行诀脏腑用药法要》	无	无	无
	大阳旦汤	1	《辅行诀脏腑用药法要》	无	无	无

（续表三）

笔画	医方名	出现频次	所在卷号	中医方剂大辞典	中医大辞典	医心方
	大阴旦汤	1	《辅行诀脏腑用药法要》	无	无	无
	大麦奴汤	1	《疗服石方》	无	无	无
	大补心汤	2	《辅行诀脏腑用药法要》	有	无	无，有补心汤
	大补肝汤	1	《辅行诀脏腑用药法要》	无	无	无，有补肝汤
	大补肾汤	1	《辅行诀脏腑用药法要》	有	无	无
	大补肺汤	1	《辅行诀脏腑用药法要》	有	无	无
	大补脾汤	1	《辅行诀脏腑用药法要》	有	无	无
	大青龙汤	1	《辅行诀脏腑用药法要》	有	有	无，有青龙汤
	大泻心汤	2	《辅行诀脏腑用药法要》	无	无	无
	大泻肝汤	1	《辅行诀脏腑用药法要》	无	无	无，有泻肝汤
	大泻肾汤	1	《辅行诀脏腑用药法要》	无	无	无，有泻肾汤
	大泻肺汤	1	《辅行诀脏腑用药法要》	无	无	无，有泻肺汤
	大泻脾汤	1	《辅行诀脏腑用药法要》	无	无	无
	大调中丸	1	S. 3347	无	无	无
	大黄汤方	1 1	《疗服石方》 P. 3596	有	有	有

（续表四）

笔画	医方名	出现频次	所在卷号	中医方剂大辞典	中医大辞典	医心方
	大黄朴硝丸	1	P. 3596	无，有大黄朴消汤	无，有大黄朴消汤	无
	大三五七散	1	S. 1467V	有	有	有
	丈夫虚肾热客……方	1	P. 2565	无	无	无
	□食不语方	1	S. 3347	无	无	无
	小儿利方	1	P. 3596	无	无	无
	小儿秃疮	1	P. 3930	无	无	无
	小儿重舌	1	P. 2666	无	无	治小儿重舌方、治重舌方
	小儿疮方	1	P. 3930	无	无	治小儿疮方
	小三黄汤	1	《疗服石方》	有	无	有
	小白虎汤	1	《辅行诀脏腑用药法要》	无	无	无
	小玄武汤	1	《辅行诀脏腑用药法要》	无	无	无
	小朱鸟汤	1	《辅行诀脏腑用药法要》	无	无	无
	小阳旦汤	1	《辅行诀脏腑用药法要》	无	无	无
	小阴旦汤	1	《辅行诀脏腑用药法要》	无	无	无
	小补心汤	2	《辅行诀脏腑用药法要》	无	无	无，有补心汤
	小补肝汤	1	《辅行诀脏腑用药法要》	无	无	无，有补肝汤
	小补肾汤	1	《辅行诀脏腑用药法要》	无	无	无

（续表五）

笔画	医方名	出现频次	所在卷号	中医方剂大辞典	中医大辞典	医心方
	小补肺汤	1	《辅行诀脏腑用药法要》	无	无	无
	小补脾汤	1	《辅行诀脏腑用药法要》	无	无	无
	小青龙汤	1	《辅行诀脏腑用药法要》	有	有	无，有青龙汤
	小泻心汤	3	《辅行诀脏腑用药法要》	无	无	无
	小泻肝汤	1	《辅行诀脏腑用药法要》	无	无	无，有泻肝汤
	小泻肾汤	1	《辅行诀脏腑用药法要》	无	无	无，有泻肾汤
	小泻肺汤	1	《辅行诀脏腑用药法要》	无	无	无，有泻肺汤
	小泻脾汤	1	《辅行诀脏腑用药法要》	无	无	无
	小便不通	1	P. 3378	无	无	治小便不出……方
	小麝香丸	1	P. 3596	有	无	无，有麝香丸
	小三五七散	1	S. 1467V	有	无	有
	小儿霍乱吐乳不止方	1	P. 3596	无	无	无，有治小儿霍乱方
	小儿霍乱吐乳欲死者	1	P. 2666	无	无	无
	凡人远行法	1	P. 2666	无	无	无
	凡人患烂唇	1	P. 2666	无	无	有唇烂相关
	女人快乐男子强好	1	S. 4433	无	无	无

(续表六)

笔画	医方名	出现频次	所在卷号	中医方剂大辞典	中医大辞典	医心方
	子死腹中,寒热头重者	1	P. 3930	无	无	治子死腹中方等
四画	无子	1	S. 4433	无	有,但不是方剂名	治妇人无子方等
	乌膏	1	P. 3731	有	无	甘氏乌膏等
	乌梅丸	1	P. 2565	有	有	有
	夫憎妇	1	P. 2666	无	无	无
	五芝方	1	S. 2438	无	无	无
	五痔方	1	S. 6084	无	无,有五痔散	有
	五淋方	1	S. 6084	无,有五淋汤、散	无,有五淋散	除五淋
	五香之方	1	P. 3731	无	无	五香汤、五香丸
	五脏补泻法	1	《辅行诀脏腑用药法要》	无	无	五脏散方等
	牙疼方	1 1 1	P. 2662 P. 2882 P. 3596	无	无	有
	牙疼齿痛	1	P. 3596	无	无	齿痛相关方
	内药方	1 1	P. 2882 P. 3596	无	无	无
	牛胆丸	1	S. 3347	有	无	无
	牛黄丸	1	P. 2565	有	有	无

（续表七）

笔画	医方名	出现频次	所在卷号	中医方剂大辞典	中医大辞典	医心方
	牛黄双丸	1	P. 3731	无	无	无
	牛膝酒	1	P. 3144	有	无	有
	专中丸方	1	ф356V	无	无	无
	不下食方	1	P. 3596	无	无	无，有治呕吐不下食方
	反花疮方	1	P. 3596	无	无	治反花疮方等
	丹雄鸡汤	1	S. 1467V	无	无	无
	六一泥法	1	P. 3093	无，有六一泥饮	无	无
	火烧疮方	1	S. 6084	无	无	有
	天行后热痢	1	P. 3885	无	无	无
	王宗无忌单方	1	P. 2635	无	无	无
	长生涌泉贡法	1	P. 3093	无	无	无
五画	灭瘢	1	龙 530	无	无	治白瘢方
	玉壶丸	1	P. 2755	有	有	有
	玉屑面脂方	1	S. 4329	有	无	无
	平胃丸	3	P. 3287	有	无	无
	生姜汤	1	P. 3287	有	有	有
	生牛膝酒	1	P. 3596	有	无	无
	生姜橘皮汤	1	P. 3596	无，有生姜橘皮丸	无	无

(续表八)

笔画	医方名	出现频次	所在卷号	中医方剂大辞典	中医大辞典	医心方
	生发及治头风头痒白屑膏方	1	S. 1467	无	无	无
	白秃方	1	P. 3596	无	无	有
	白朱砂法	1	P. 3093	无	无	无
	白术饮子方	1	P. 3596	无	无	无
	半夏汤	1	P. 3201	有	有	有
	正阳旦汤	1	《辅行诀脏腑用药法要》	无	无	无
	去三尸方	1	S. 2438	无	无	有
	四色神丹	1 1	P. 2115 P. 2755	无	无	无
	四时常服方	1	P. 2565	无	无	无
	四时常服三等丸方	1	P. 2882 P. 3596	无	无	无
	石龙芮丸	1	P. 2565	无	无	无
	石钟乳散	1	ф356	无	无	无
	瓜蒂散汤	1	P. 2662V	无	无	无
	甘草犀角汤	1	P. 3201	无	无	无,有犀角汤
	仙人治病法	1	P. 2662V	无	无	无
	令人省睡方	1	P. 2565	无	无	无
	头痈骨陷方	1	S. 6084	无	无	无
	头下生瘰疬方	1	P. 3596	无	无	治瘰疬方
	宁气补肺汤	1	《辅行诀脏腑用药法要》	无	无	无

（续表九）

笔画	医方名	出现频次	所在卷号	中医方剂大辞典	中医大辞典	医心方
	出蛊毒方	1 1	P. 2637 P. 2703	无	无	无，有治蛊毒方
	发落不生方	1	S. 4329	无	无	无，有治中风发落不生方
	韦侍郎变白方	1	P. 4038	无	无	有面白相关
	主孩儿冷利……方	1	P. 2565	无	无	无，有治小儿冷利方
六画	耳聋	1	P. 2665	无	有，作为病名收入	治耳聋方
	耳卒疼痛方	1	P. 3596	无	无	无，有治耳疼痛方
	地黄丸	1	P. 3093	有	有	无
	当归汤	1	P. 2662V	有	有	有
	当归酒	1	P. 3596	有	无	无
	休粮方	1 1 1	P. 2637 P. 2703 P. 3043	无	无	无
	安胎方	1	龙 530	无	无	治妊妇养胎方
	好眠方	1	龙 530	无	无	无
	羊髓面脂	1	P. 2565	无	无	无
	汤烂疮方	1	S. 6084	无	无	无
	妇人别意	1	P. 2666	无	无	无
	妇人妊娠	1	P. 2666	无	无	有妊娠相关

(续表一〇)

笔画	医方名	出现频次	所在卷号	中医方剂大辞典	中医大辞典	医心方
	妇人多失子	1	P. 2666	无	无	数数失子,藏胞衣法
	妇人损娠方	1	P. 3596	无	无	无
	妇人不用男女	1	P. 2666	无	无	无
	妇人月水不止	1	P. 2666	无	无	治妇人月水不止方等
	妇人肠中子死	1	ДХ00924	无	无	治子死腹中方
	妇人产后血不止	1	P. 2666	无	无	疗产后血泄不禁止方
	妇人产后腹中痛	1	P. 2666	无	无	治产后腹痛方
	妇人乳中热毒肿	1	P. 3596	无	无	疗热毒肿方
	妇人欲得多子法	1	S. 4433	无	无	有得子相关方
	妇人两三日产不出	1	P. 2666	无	无	有治产难方
	妇人子死腹中及衣不出	1	P. 2666	无	无	治胞衣不出方
	妇人新产后断气欲死方	1	ДХ04996	无	无	无
	血下不尽,烦乱腹满热闷方	1	P. 3930	无	无	无
	产后风虚劳损……	1	P. 2662V	无	无	无
	产后虚腊……	1	P. 2662V	无	无	治产后虚羸方
七画	疗长	1	S. 4433	无	无	无
	疗五蒸	1	S. 1467	无	无	有疗方

（续表一一）

笔画	医方名	出现频次	所在卷号	中医方剂大辞典	中医大辞典	医心方
	疗五种淋	1	P. 3378	无	无	除五淋
	疗五种痔病	1	P. 3378	无	无	疗五痔方
	疗风胗	1	S. 5435	无	无	无，有治风疹相关的翳方
	疗风赤眼	1	S. 5435	无	无	治积年风赤眼方
	疗风冷热不调方	1	P. 3378	无	无	无
	疗甘（齿）疼	1	P. 3378	无	无	疗牙疼方
	疗发落	1	P. 3378	无	无	治发落方
	疗发肿方	1	P. 3596	无	无	有相关
	疗发令黑方	1	S. 1467V	无	无	治白发令黑方
	疗耳聋	1	S. 5435	无	无	疗耳聋方、治耳聋方等
	疗耳风疼	1	P. 3378	无	无	无
	疗耳脓出方	1	P. 3596	无	无	无。有耳脓血出方
	疗伤寒	1	P. 3596	无	无	治伤寒若干方
	疗卒死	1	P. 3596	无	无	治卒死方
	疗带方	1	P. 3596	无	无	疗妇人带下方
	疗骨蒸	1	S. 1467	无	无	疗骨蒸单方
	疗疮方	1	P. 3596	无	无	治疔疮方
	疗恶肿	1	P. 3596	无	无	疗一切恶肿……方

（续表一二）

笔画	医方名	出现频次	所在卷号	中医方剂大辞典	中医大辞典	医心方
	疗恶疮久不效方	1	S. 5435	无	无	治恶疮方
	疗恶刺入肉后诸药不能出方	1	S. 5435	无	无	治恶刺方
	疗痃癖	1	S. 1467	无	无	治痃癖方
	疗黄丸	1	P. 3596	无	无	疗黄病……方等
	疗聋方	1	P. 3596	无	无	疗耳聋方等
	疗淋方	1	P. 3596	无	无	有
	疗腰痛	1	P. 3596	无	无	治卒腰痛方
	疗瘿方	1	P. 3596	无	无	治瘿方
	疗人心痛	1	S. 6177V	无	无	治心痛方
	疗人时气	1	P. 3378	无	无	避时气疫病法
	疗人风疮方	1	P. 3378	无	无	无
	疗人赤白利	1	S. 6177V	无	无	治赤白利方
	疗人赤白利不止方	1	P. 3378	无	无	治赤白利方
	疗人被恶刺	1	S. 6177V	无	无	治恶刺方
	疗人患骨蒸	1	S. 1467	无	无	疗骨蒸单方等
	疗人久患心痛	1	P. 3201	无	无	治心痛方等
	疗人风痰病方	1	《药方》（羽田亨藏）	无	无	无
	疗人上气咳嗽方	1	P. 3378	无	无	上气咳嗽杏仁丸方
	疗人有诸打损疮	1	S. 5435	无	无	无

(续表一三)

笔画	医方名	出现频次	所在卷号	中医方剂大辞典	中医大辞典	医心方
	疗人一切百种风病	1	P. 3378	无	无	治一切风病方
	疗人腹皮痛不止方	1	P. 3378	无	无	无
	疗人劳瘦少力，煎桃柳枝汤	1	P. 3378	无	无	无
	疗人因夜后不睡，忽□□痛方	1	S. 5435	无	无	无
	疗人身上忽有热肿……	1	S. 5435	无	无	无
	疗干癣方	1	S. 5435	无	无	干癣方
	疗口疮方	1	S. 5435	无	无	口疮方
	疗口喎……方	1	P. 3378	无	无	无
	疗久噎方	1	P. 3596	无	无	治食噎不下方
	疗牛疫方	1	P. 3144	无	无	无
	疗反胃方	1	S. 3347 P. 3596	无	无	有
	疗心痛方	1	P. 2882	无	无	治心痛方等
	疗头风方	1	P. 2666	无	无	治头风方等
	疗自缢死	1	P. 3596	无	无	治自缢死方、治自经死方等
	疗多冷气	1	S. 5435	无	无	无
	疗赤眼方	1	S. 5435	无	无	治目赤痛方、疗大赤眼胎赤方等

(续表一四)

笔画	医方名	出现频次	所在卷号	中医方剂大辞典	中医大辞典	医心方
	疗时行方	1	P. 2662	无	无	治时行病发黄方等
	疗呕哕方	1	P. 3596	无	无	治卒呕哕……方
	疗卒吐方	1	P. 3596	无	无	无
	疗鬼疰方	1	P. 3144	无	无	治鬼疰病……方
	疗消渴方	1	S. 3347 P. 3596	无	无	有
	疗湿癣方	1	S. 5435	无	无	有
	疗溺水死	1	P. 3596	无	无	治溺水死方等
	疗雀目方	1	P. 3596	无	无	治雀目术
	疗脚气方	1	S. 5435	无	无	唐熏脚气法等
	疗鼻衄方	1	S. 5435	无	无	治鼻卒衄方等
	疗鼻塞方	1	P. 3596	无	无	有鼻塞相关方
	疗鼻中生疮方	1	P. 4038	无	无	治鼻中生疮方
	疗鼻血不止方	1	P. 3378	无	无	治鼻血出不止方
	疗一切疟方	1	P. 3201	无	无	有
	疗大便不通	1	P. 3378	无	无	疗大便不通方
	疗大便不通方	1	S. 5435	无	无	有
	疗大小便不通	1 2	P. 3144 P. 3596	无	无	治大小便不出方

（续表一五）

笔画	医方名	出现频次	所在卷号	中医方剂大辞典	中医大辞典	医心方
	疗无子儿方	1	S. 4433	无	无	无。有治妇人无子方
	疗火烧疮方	1	P. 3596	无	无	火烧疮方等
	疗皮肤不仁	1	P. 3201	无	无	无
	疗产后痢方	1	S. 5435	无	无	产后痢诸病无不效方
	疗杂偏风方	1	S. 3347	无	无	治卒偏风方
	疗妇人产难	1	P. 3378	无	无	治产难方
	疗妇人产衣不出	1	S. 6177V	无	无	治胞衣不出方
	疗妇人八九年无子	1	S. 6177V	无	无	治妇人无子方等
	疗妇人月水不止方	1	S. 6177V	无	无	治妇人月水不止方等
	疗妇人胎在腹中死	1	P. 2666	无	无	疗胎死腹中……方
	疗妇人两三日产不出	1	S. 6177V	无	无	治产难方
	疗诸疟验方	1	P. 3201	无	无	疗一切疟方等
	疗诸漏疮方	1	S. 3347	无	无	疗一切恶疮十年以上并漏疮及疥癣作孔久不瘥方
	疗诸疮膏药方	1	S. 5435	无	无	无
	疗诸疟蜀漆丸方	1	P. 3201	无	无	无
	疗诸冷气男(疾方)	1	S. 5435	无	无	无

（续表一六）

笔画	医方名	出现频次	所在卷号	中医方剂大辞典	中医大辞典	医心方
	疗诸冷疾腰腹□□□	1	S. 5435	无	无	无
	疗眼开不得	1	P. 3378	无	无	治产后心闷眼不得开方
	疗眼胎赤风赤经三二十年不效	1	P. 3885	无	无	疗大赤眼胎赤方
	疗猪啄疮方	1	P. 3596	无	无	有
	疗缠尸骨蒸	1	S. 1467	无	无	有骨蒸相关
	疗豌豆疮方	1	P. 2882	无	无	治豌豆疮方
	疗癫痫狂方	1	P. 3596	无	无	癫痫有灸方
	疗霍乱诸方	1	P. 2882	无	无	治霍乱方
	疗口血不止方	1	P. 3378	无	无	有相关方
	疗失音不语方	1	P. 3596			有
	疗男子冷疾方	1	S. 5435	无	无	无
	疗男子房损方	1	P. 3960	无	无	无
	疗男子阳痿不起方	1	P. 3960	无	无	治男阴痿……方
	疗狂言鬼语方	1	P. 3596	无	无	狂言鬼语方
	疗时气天行方	1	P. 3144	无	无	无
	疗时患遍身生疱方	1	P. 3596	无	无	无
	疗服石人疮方	1	《疗服石方》	无	无	无
	疗服石人寒水石方	1	《疗服石方》	无	无	无
	疗忽患腰痛方	1	S. 5435	无	无	有灸腰痛法等

(续表一七)

笔画	医方名	出现频次	所在卷号	中医方剂大辞典	中医大辞典	医心方
	疗鬼魅等病方	1	P. 2565	无	无	无
	疗髓实诸病方	1	P. 3885	无	无	有髓实相关
	疗天行时气之方	1	P. 2662	无	无	无
	疗天行后热毒痢	1	P. 3885	无	无	有疗热毒痢甚数出不多腹中刺痛方?
	疗天行病后呕逆不止方	1	P. 3885	无	无	无
	疗伤中血不止方	1	S. 5435	无	无	金疮血不止方
	疗瘦病人粪酒方	1	P. 2565	无	无	疗瘦病方
	疗牙齿痛不可忍方	1	P. 3378	无	无	治牙齿痛方
	疗咳嗽久远未效方	1	S. 5435	无	无	疗卒咳嗽方
	疗患肺不计新旧方	1	S. 5435	无	无	有治肺相关
	疗蛊水遍身洪肿方	1	P. 3596	无	无	无
	疗腹满积年不损方	1	S. 3347	无	无	疗腹满如石……方
	疗腹满如石,积年不损方	1	P. 3596	无	无	疗腹满如石积年不损方
	疗上气积年垂脓血方	1	P. 3596	无	无	治上气……方
	疗上气咳嗽,腹满,体肿欲死方	1	P. 3596	无	无	有上气咳嗽等

(续表一八)

笔画	医方名	出现频次	所在卷号	中医方剂大辞典	中医大辞典	医心方
	疗小儿头疮久不效方	1	S. 5435	无	无	治小儿头疮方
	疗小儿风疳泄痢兼至□□不多见物方	1	S. 5435	无	无	无
	疗伏连传尸骨蒸殗殜	1	S. 1467	无	无	无
	疗竹木刺在皮内不出方	1	P. 3596	无	无	诸竹木刺在肉中不出方
	疗疟久不差灸之立愈方	1	P. 3201	无	无	老疟久不断者方
	疗丈夫四十以上七十以下不及少年方	1	P. 4038	无	无	无
	疗脚忽痹躄不随及冷痹方	1	P. 3596	无	无	主冷痹脚气
	疗脚弱久不能立面目黄口食不下方	1	P. 3201	无	无	无
	疗十二种风……	1	P. 3596	无	无	无
	疗九种心痛……方	1	P. 3378	无	无	九痛丸
	疗扑损手足痛……	1	S. 5435	无	无	无
	疗冷热上气关隔……	1	S. 3347	无	无	无
	疗孩子心腹胀满……	1	P. 2662	无	无	治心腹胀满方

（续表一九）

笔画	医方名	出现频次	所在卷号	中医方剂大辞典	中医大辞典	医心方
	疗贼风入身，角弓反张……	1	P. 3596	无	无	无
	疗积年风劳冷病……	1	P. 3596	无	无	无
	疗黄……方	1	P. 2662	无	无	疗五种黄方等
	赤眼方	1	P. 3596	无	无	治积年风赤眼方
	芮草膏	1	P. 3731	无	无	无
	灸急黄方	1	P. 2662	无	无	疗黄病……方
	启喉方	1	《辅行诀脏腑用药法要》	无	无	无
	尿血方	1	P. 3596	无	无	有
	妙香丸	1 1	P. 2637 P. 2703	有	有	无
	妙清酒	1	P. 3596	无	无	无
	妙香丸子方	1	P. 3043	无	无	无
	鸡心汤	1	S. 1467V	无	无	无
	鸡子沐汤方	1	S. 1467V	无	无	无
	阿魏酒	1	P. 3596	有	无	无
	麦门冬汤	1	《疗服石方》	有	有	有
	时气生疱方	1	S. 6084	无	无	无
	补中调心汤	1	《辅行诀脏腑用药法要》	无	无	无
	妊娠欲得男法	1	S. 4433	无	无	有欲生男相关方

(续表二〇)

笔画	医方名	出现频次	所在卷号	中医方剂大辞典	中医大辞典	医心方
	妊娠欲变为男	1	S. 4433	无	无	无,有治妇人欲得转女为男法
	羌活补髓丸方	1 1	S. 1467 P. 3885	无	无	有
	男子欲得妇人爱	1	P. 2666	无	无	无
	坠落腹内淤血不通方	1	P. 3596	无	无	治淤血在腹内方
八画	青盲	1	P. 2665	无	无。作为病证名收入	目青盲无所见方等
	治痔	1	龙 530	无	无	有
	治瘘	1	龙 530	无	无	有肺瘘等方
	治噎	1	龙 530	无	无	有
	治匶	1	龙 530	无	无	无
	治大热	1	龙 530	无	无	有相关
	治寸白	1	龙 530	无	无	有
	治口疮	1	龙 530	无	无	有
	治无子	1	龙 530	无	无	有
	治无子法	1	S. 4433	无	无	治无子法
	治中恶	1	龙 530	无	无	有
	治中恶卒心痛、腹满急刺痛方	1	P. 2662V	无	无	治中恶方
	治中风失音半身不遂方	1	P. 2662V	无	无	治中风失音方

（续表二一）

笔画	医方名	出现频次	所在卷号	中医方剂大辞典	中医大辞典	医心方
	治中蛊	1	龙 530	无	无	治蛊方
	治月闭	1	龙 530	无	无	有
	治风眩	1	龙 530	无	无	三光散方
	治风头方	1	S. 1467V	无	无	疗风头痛
	治风通用	1	龙 530	无	无	有
	治风头痛方	1	P. 3930	无	无	有
	治风肿毒肿	1	龙 530	无	无	有相关
	治风疹多年不差方	1	P. 2662V	无	无	风搔隐疹方
	治风邪惊狂及风癫风痓诸方	1	S. 1467V	无	无	无
	治火灼	1	龙 530	无	无	治人火灼烂疮长毛发方
	治心烦	1	龙 530	无	无	疗霍乱心烦方
	治耳聋	1	龙 530	无	无	有
	治耳聋方	1	P. 3930	无	无	有
	治耳痛方	1	P. 3930	无	无	有
	治耳中血出方	1	P. 3930	无	无	无
	治耳中脓水出	1	P. 3930	无	无	耳卒肿出脓者方
	治耳鸣方并沸闷方	1	P. 3930	无	无	
	治虫疼	1	P. 3885	无	无	无
	治产难	1	龙 530	无	无	有

(续表二二)

笔画	医方名	出现频次	所在卷号	中医方剂大辞典	中医大辞典	医心方
	治产后病	1	龙 530	无	无	有相关
	治产后腹痛方	1	P. 3930	无	无	有
	治产后小便不通方	1	P. 3930	无	无	无
	治产后血不止方	1	P. 3930	无	无	疗产后血泄不禁止方
	治产后卒得欲死方	1	P. 3930	无	无	无
	治产后在褥赤白痢方	1	P. 3930	无	无	赤白痢方
	治产后儿脏返出不入方	1	P. 3930	无	无	无
	治产后虚弱肠中百病方	1	P. 3930	无	无	无
	治产后瘀血在脐下不出方、妨痛方	1	P. 3930	无	无	无
	治产后风虚瘦弱……方	1	P. 3930	无	无	无
	治产后风虚，口噤不能言……方	1	P. 3930	无	无	治产后中风口噤方等
	治产血闷方	1	P. 2662V	无	无	产后血闷攻心欲死
	治产中风流肿浴汤方	1	P. 3930	无	无	无
	治产难及胎衣不出方	1	P. 3930	无	无	产难
	治阴颓	1	龙 530	无	无	有

(续表二三)

笔画	医方名	出现频次	所在卷号	中医方剂大辞典	中医大辞典	医心方
	治阴瘘	1	龙 530	无	无	有
	治阴冷大方	1	S. 4433	无	无	疗妇人阴冷方
	治阴冷热方	1	S. 4433	无	无	治阴冷令热方
	治阴冷急热方	1	S. 4433	无	无	无
	治劳复	1	龙 530	无	无	有
	治时气	1	P. 2635	无	无	避时气疫病法
	治呕吐	1	龙 530	无	无	有
	治呕畹	1	龙 530	无	无	有
	治秃人	1	P. 2666	无	无	治秃头方
	治肠鸣	1	龙 530	无	无	无
	治转筋	1	龙 530	无	无	有
	治齿痛	1	龙 530	无	无	有
	治金疮	1	龙 530	无	无	有
	治泄精	1	龙 530	无	无	有
	治面疱	1	龙 530	无	无	有
	治面上黑皯	1	P. 3930	无	无	治妇人面上黑子方
	治面上一切诸疾方	1	P. 3930	无	无	有面相关
	治面热卒赤肿方	1	P. 3930	无	无	有面热相关方
	治恶疮	1	龙 530	无	无	有
	治蚘虫	1	龙 530	无	无	无

（续表二四）

笔画	医方名	出现频次	所在卷号	中医方剂大辞典	中医大辞典	医心方
	治痈疽	1	龙530	无	无	有
	治消渴	1	龙530	无	无	有
	治黄疸	1	龙530	无	无	有
	治虚劳	1	龙530	无	无	有
	治脱肛	1	龙530	无	无	有
	治惊邪	1	龙530	无	无	无
	治宿食	1	龙530	无	无	有
	治温疟	1	龙530	无	无	有
	治腰痛	1	龙530	无	无	有
	治瘀血	1	龙530	无	无	有
	治痰饮	1	龙530	无	无	有
	治溺血	1	龙530	无	无	治小便血方
	治嗽方	1	P. 3930	无	无	有
	治鼻痈	1	龙530	无	无	无，有治鼻方
	治鼻息肉	1	龙530	无	无	有
	治鼻衄血	1	龙530	无	无	无，有治鼻衄方
	治鼻疳方	1	P. 3930	无	无	无
	治鼻血不止方	1	P. 3930	无	无	有相关
	治瘦病	1	P. 3930	无	无	疗瘦病方
	治瘦病方	1	P. 2662V	无	无	有
	治漆疮	1	龙530	无	无	有
	治蹉折	1	龙530	无	无	无

（续表二五）

笔画	医方名	出现频次	所在卷号	中医方剂大辞典	中医大辞典	医心方
	治霍乱	1	龙 530	无	无	有
	治瘿瘤	1	龙 530	无	无	治瘿方等
	治癫痫	1	龙 530	无	无	癫痫有灸方
	治囊湿	1	龙 530	无	无	有
	治人阴瘙	1	P. 3960	无	无	无
	治人吞肿	1	P. 2666	无	无	无
	治人疟病	1	P. 2666	无	无	治疟病方等
	治人痔病	1	P. 2666	无	无	治诸痔方等
	治人盗汗	1	P. 2666 ДX00924	无	无	治阳虚盗汗方
	治人口疮方	1	P. 3930	无	无	有
	治人阴下瘙	1	P. 3960	无	无	无
	治人眼赤方	1	P. 3144	无	无	治人眼赤痛方
	治人患恶疮	1	P. 2666	无	无	治恶疮方等
	治人小便不利	1	P. 2666	无	无	妊身小便不利方等
	治人玉门宽方	1	S. 4433	无	无	令女玉门小方等
	治人腹胀心痛	1	P. 2666	无	无	无
	治人失音不语方	1	P. 3930	无	无	治失音方等
	治人阴边生瘙疮	1	P. 3960	无	无	治阴生疮方等
	治人眼中冷泪出	1	P. 2666	无	无	无

（续表二六）

笔画	医方名	出现频次	所在卷号	中医方剂大辞典	中医大辞典	医心方
	治人产妇小便不通	1	P. 2666	无	无	无
	治人卒死其脉如常方	1	P. 3930	无	无	治尸厥方
	治人卒得不省昏迷无觉知者方	1	P. 3930	无	无	无
	治三尸法	1	S. 2438	无	无	去三尸方
	治口臭方	1	P. 3930	无	无	
	治口气臭方	1	S. 4329	无	无	治风齿、齿败口气臭方
	治小便利	1	龙 530	无	无	有相关
	治小儿初生	1	P. 2635	无	无	有相关
	治小儿舌上疮	1	P. 2666	无	无	治小儿舌上疮方
	治小儿聪明多智	1	P. 2635	无	无	聪明益智方
	治不得眠	1	龙 530	无	无	有
	治目肤翳	1	龙 530	无	无	有
	治目热痛	1	龙 530	无	无	目赤热痛相关
	治发秃落	1	龙 530	无	无	有
	治吐唾血	1	龙 530	无	无	唾血
	治血闷方	1	P. 3930	无	无	产后血闷方
	治声暗哑	1	龙 530	无	无	无
	治齿痛方	1	P. 3930	无	无	有
	治乳房方	1	P. 3930	无	无	有相关
	治唇烂方	1	P. 3930	无	无	有相关

（续表二七）

笔画	医方名	出现频次	所在卷号	中医方剂大辞典	中医大辞典	医心方
	治倒产方	1	P. 3930	无	无	逆产
	治喉痹方	1	P. 3930	无	无	有
	治喉痹痛	1	龙 530	无	无	无
	治喉痹并毒气方	1	P. 2662V	无	无	治喉痹方等
	治喉肿邪气恶毒入腹	1	龙 530	无	无	喉肿
	治腹胀满	1	龙 530	无	无	有
	治腹澼下利	1	龙 530	无	无	下利
	治鼠漏疮	1	P. 3885	无	无	有漏疮相关
	治一切冷方	1	P. 3930	无	无	凡一切冷方
	治一切疰方	1	P. 2662V	无	无	治一切疰无新久方等
	治一切冷病方	1	P. 2662V	无	无	凡一切冷方
	治一切呕吐方	1	P. 2662V	无	无	治呕吐方第十六等
	治一切黄入腹者	1	P. 2662V	无	无	疗黄病……方
	治一切天行、一切时气热病	1	P. 2662V	无	无	无，有天行相关
	治一切冷气吃食不消化却吐出方	1	P. 2662V	无	无	无
	治一切热病……	1	P. 2662V	无	无	有
	治大小便痢	1	P. 2662V	无	无	无
	治大便不通	1	龙 530	无	无	有
	治大腹水肿	1	龙 530	无	无	有

(续表二八)

笔画	医方名	出现频次	所在卷号	中医方剂大辞典	中医大辞典	医心方
	治上气咳嗽	1	龙530	无	无	有
	治上气气断方	1	P. 3930	无	无	无
	治上气咳嗽方	1 1	P. 3930 Дx10298	无	无	有
	治小便淋涩	1	龙530	无	无	小便淋结方
	治久风湿痹	1	龙530	无	无	风湿痹病七星散方
	治女人带下	1	P. 2666	无	无	妇人带下
	治女人难产方	1	P. 3930	无	无	有相关
	治女人产后干呕方	1	P. 3930	无	无	产后呕逆不能食方
	治女人产后得热疾方	1	P. 3930	无	无	产后热病
	治女人交接辄出血方	1	S. 4433	无	无	女人交接辄血出方
	治中风脚弱	1	龙530	无	无	中风脚弱
	治心下满急	1	龙530	无	无	心下满
	治心腹冷痛	1	龙530	无	无	治人心腹痛……方
	治头上疮方	1	P. 3930	无	无	治小儿头面身体疮方
	治头白屑方	1	P. 3930	无	无	疗头风痒多白屑方
	治头面疳疮	1	P. 3930	无	无	有疳相关
	治头风沐汤方	1	S. 1467V	无	无	治头风方
	治头皮顽肿方	1	P. 3930	无	无	无

（续表二九）

笔画	医方名	出现频次	所在卷号	中医方剂大辞典	中医大辞典	医心方
	治头中风痒白屑风头长发生发膏方	1	S. 1467V	无	无	疗头风痒多白屑方
	治妇人无子	2 1	P. 2666 S. 6177V	无	无	治妇人无子方
	治妇人少乳	1	P. 2635	无	无	下乳散方
	治妇人难产	1	P. 2666	无	无	治产难方第九
	治妇人崩中	1	龙 530	无	无	有
	治妇人阴宽大	1	S. 4433	无	无	治阴宽大令窄小方
	治妇人数失男女	1	P. 2666	无	无	数数失子藏胞衣法
	治妇人产后肠中痛	1	ДХ00924	无	无	无
	治妇人产后腹中痛	1	P. 2666	无	无	治产后腹痛方
	治妇人产后疼痛不止	1 1	P. 2666 S. 6177V	无	无	治产后腹痛方
	治妇人产衣经宿不荫	1	P. 2666	无	无	治胞衣不出方
	治妇人欲得面白方	1	P. 2662V	无	无	美色方
	治妇人腹中子死不出	1 1	P. 2666 S. 6177V	无	无	治子死腹中方
	治男令大方	1	S. 4433	无	无	玉茎小方
	治男子卵肿如斗	1	P. 3960	无	无	治阴卵肿方
	治咽喉痛方	1	P. 3930	无	无	喉咽痛等

(续表三〇)

笔画	医方名	出现频次	所在卷号	中医方剂大辞典	中医大辞典	医心方
	治咽喉及舌肿方	1	P. 3930	无	无	治喉咽肿痛方
	治咽喉干,咳嗽,语无声方	1	P. 2662V	无	无	有
	治骨蒸瘦病	1	P. 2662V	无	无	无
	治鬼疰尸疰	1	龙 530	无	无	有
	治食蟹中毒	1	龙 530	无	无	有
	治食石药中毒	1	龙 530	无	无	无
	治食诸鱼中毒	1	龙 530	无	无	有
	治食诸菜中毒	1	龙 530	无	无	有
	治贼风挛痛	1	龙 530	无	无	有相关
	治贼风角弓反张方	1	P. 2662V	无	无	角弓反张等
	治积聚症瘕	1	龙 530	无	无	治症瘕方
	治疳食䶥方	1	P. 3930	无	无	疗急疳方等
	治眼中翳方	2	P. 3930	无	无	有翳相关
	治眼热赤方	1	P. 3930	无	无	有眼赤相关
	治眼热暗方	1	P. 3930	无	无	无
	治眼风赤痒方	1	P. 3930	无	无	有相关
	治眼冷疼痛方	1	P. 3930	无	无	有眼痛相关
	治颈头面风	1	龙 530	无	无	五脏散方
	治暴风瘙痒	1	龙 530	无	无	治目痒痛方
	治下瘀血汤方	2	P. 3596	无	无	无,有瘀血方
	治五舌重舌方	1	P. 3930	无	无	治重舌方

(续表三一)

笔画	医方名	出现频次	所在卷号	中医方剂大辞典	中医大辞典	医心方
	治牙痛有虫方	1	P. 3930	无	无	治牙痛方
	治牙齿风疼虫疼膏方	1	P. 3885	无	无	治牙齿痛方
	治令女人面白	1	P. 3930	无	无	有面白相关
	治咳嗽吐血方	1	Дx10298	无	无	治吐血方
	治胎衣不出方	1	P. 3930	无	无	治胞衣不出方
	治胎在腹死不出方	1	P. 3930	无	无	有
	治诸黄神验方	1	P. 2662V	无	无	疗黄病……方等
	治诸黄神妙炙方	1	P. 2662V	无	无	疗黄病……方等
	治饮食中毒烦满	1	龙 530	无	无	有
	治服药过剂闷乱	1	龙 530	无	无	有
	治蜘蛛及蚕咬人	1	P. 2666	无	无	无
	治被伤聚血腹满方	1	P. 3596	无	无	无,有腹满方
	治天行时气热病后变成骨蒸	1	P. 2662V	无	无	无
	治气急暖胀不下食心闷方	1	P. 3930	无	无	无
	治热病后呕吐不欲得吃食方	1	P. 2662V	无	无	无
	治欲令发长及涂头中多白屑方	1	S. 1467V	无	无	无
	治卒中邪魅……	1	S. 1467V	无	无	无

(续表三二)

笔画	医方名	出现频次	所在卷号	中医方剂大辞典	中医大辞典	医心方
	治丈夫夙虚目暗……方	1	S.4433	无	无	无
	苦参汤	1	P.3596	有	有	无
	苦参吐汤方	1	P.2662	无	无	无
	苦偏风项强	1	S.3347	无	无	无
	松脂丸	1	S.6052	有	无。有松脂膏	有
	松笋变白方	1	P.4038	无	无	无
	虎眼汤	1	P.3596	无	无	无
	肾劳方	1	P.3930	无	无	无
	肿毒方	1	S.5435	无	无	治恶脉肿毒方
	钗子法	1	P.3093	无	无	无
	狐刺方	1	S.6084	无	无	无
	备急丸	1	P.2565	有	有	有
	卒吐方	1	P.3596	无	无	有相关方
	泻心汤	1	《辅行诀脏腑用药法要》	有	有	无
	泻肝汤	1	《辅行诀脏腑用药法要》	有	有	有
	泻肾汤	1	《辅行诀脏腑用药法要》	有	有	有
	泻肺汤	1	《辅行诀脏腑用药法要》	有	有	有
	泻脾汤	1	《辅行诀脏腑用药法要》	有	有	无

(续表三三)

笔画	医方名	出现频次	所在卷号	中医方剂大辞典	中医大辞典	医心方
	沸闷方	1	P. 3930	无	无	无
	定志丸	1	S. 1467V	有	有	有
	采黄精方	1	S. 2438	无	无	无
	固元补肾汤	1	《辅行诀脏腑用药法要》	无	无	无
	建中补脾汤	1	《辅行诀脏腑用药法要》	无	无	无
	抵圣转腹中诸滞物……	1	S. 5435	无。有抵圣丸、汤、散等	无	无
九画	茵芋酒	1	P. 3596	有	无	无
	茵陈丸	1	P. 3731	有	无	无
	茵陈汤	1	P. 2662	有	有	有
	茯神汤	1	S. 1467V	有	有	有
	柏子膏	1	S. 6052	无。有柏子仁膏	无。有柏子仁丸	无
	栀子方	1	《疗服石方》	无	无	无
	栀子汤	2	《疗服石方》	有	有	栀子散方等
	厚朴丸	1	S. 5435	有	有	无
	面脂方	1	S. 4329	有面脂	无	无
	面药方	1	P. 2662	有	无	无
	面散方	1	S. 4329	无	无	无
	面膏方	2	S. 4329	有	无	无

(续表三四)

笔画	医方名	出现频次	所在卷号	中医方剂大辞典	中医大辞典	医心方
	钟乳丸	1	P. 2565	有	有	无
	钟乳散	1	ф356	有	有	无
	鬼魇死	1	P. 2666	无	无	无
	前胡汤	1 1	P. 3287 《疗服石方》	有	有	有
	前胡十一味汤	1	P. 3287	无	无	无
	染发方	1	《换须发方》(羽田亨藏)	无	无	染白发大豆煎
	染髭及发方法	1	P. 2882	无	无	治白发令黑方第四
	神仙粥	1	P. 3810	有	有	无
	神明白膏	1	P. 3731	有	无。有神白散	老君神明白散
	神仙定年方	1	P. 4038	无	无	无
	神妙补心丸方	1	S. 5598	无	无	无
	荠苨汤方	1	《疗服石方》	有	无	有
	胡散止法	1	P. 2882	无	无	无
	洗百疮方	1	P. 3596	无	无	
	绝谷仙方	1	S. 2438	无	无	无
	绝谷不饥方	1	S. 2438	无	无	无
	养生补肝汤	1	《辅行诀脏腑用药法要》	无	无	补肝汤
	独活半夏汤方	1	P. 3201	无	无	无
	除咳逆短气方	1	ф356V	无	无	治短气方
	急黄疸黄内黄方	1	P. 3596	无	无	疗黄病……方

（续表三五）

笔画	医方名	出现频次	所在卷号	中医方剂大辞典	中医大辞典	医心方
	临川何诠二十四处传得方	1	P. 4038	无	无	无
十画	桂枝汤	3	P. 3287	有	有	有
	桃花散	1	P. 2565	有	有	有
	热疮肿	1	P. 3930	无	无	升麻膏治丹疹诸毒、肿热疮方等
	柴胡汤	1	P. 2662	有	无	有
	柴胡发泄汤	1 1	S. 1467 P. 3885	无	无	有
	健行方	1	S. 5795	无	无	无
	疾风方	1	P. 3093	无	无	无
	消渴方	1	S. 6084	无	有	有
	涌泉方	1 1	P. 2637 P. 2703	无	无	无
	通声膏	1	P. 4038	有	有	无
	换须发方	1	《换须发方》（羽田亨藏）	无	无	有须发相关
	匿齿口臭	1	P. 3596	无	无	口臭方等
	铅梳子方	1	P. 4038	无	无	无
	秘泄津液方	1	P. 2565	无	无	无
	胸膈心肺热	1	P. 2662V	无	无	无
	胸中气塞短气方	1	P. 3596	无	无	治短气方
	畜小儿惊啼	1	P. 2666	无	无	治小儿惊啼方第九十三

(续表三六)

笔画	医方名	出现频次	所在卷号	中医方剂大辞典	中医大辞典	医心方
	调中理肾汤	1 1	P. 2882 P. 3596	无	无	无
	胸中气塞短气方	2	P. 3596	无	无	短气方
	烦乱腹满热闷方	1	P. 3930	无	无	无
十一画	理中丸	1 1 1	P. 2565 P. 2882 P. 3596	有	有	有
	理疗少发多疮……	1	S. 5435	无	无	无
	黄龙汤	1	P. 3596	有	有	有
	黄芩汤	1 1	P. 3378 《疗服石方》	有	有	有
	黄连散	1	P. 2565	有	有	有
	黄芩葱豉汤	1	《疗服石方》	无	无	无
	菊花丸	1	P. 3596	有	有	无
	眼药方	1	P. 2882	无	无	无
	眼上白晥	1	P. 2665	无	无	无
	脚气方	1	S. 6084	无	无	有
	脚下肉刺方	1	S. 6084	无	无	有
	脚气冲心闷乱欲死方	1	P. 3201	无	无	无
	脚气肿满上冲故急捋脚方	1	P. 3201	无	无	香港脚肿痛方
	脚气……欲死方	1	P. 3201	无	无	有相关方
	麻汤方	1	《疗服石方》	无	无	无

（续表三七）

笔画	医方名	出现频次	所在卷号	中医方剂大辞典	中医大辞典	医心方
	麻黄汤	1	P. 3201	有	有	有桂枝麻黄汤
	麻子汤方	1	《疗服石方》	无	无	无
	堕胎方	1	龙 530	无	无	治妊妇欲去胎方
	欲得男法	1	S. 4433	无	无	欲生男
	常服补益方	1	P. 2565	无	无	治服石补益方
	断伏连祷法	1	S. 1467	无	无	无
	得证知无生法	1	P. 2637	无	无	无
	蛊水遍身洪肿方	1	S. 3347	无	无	无
十二画	煮石法	1	P. 3885	无	无	无
	葛根汤	2	P. 3287	无	有	有
	葱豉汤	1	《疗服石方》	有	有	有
	硫芒膏	1	P. 2565	无	无	无
	硫黄苏方	1	S. 5435	无	无	无
	紫苏煎	1	P. 2662V	无	无	无
	紫菀汤	1	P. 2662V	有紫菀汤	有紫菀汤	无
	喫草方	2 2	P. 2637 P. 2703	无	无	无
	痫狂方	1	S. 6084	无	无	有相关方
	滑石散	2	P. 3287	有	有	有
	犀角散	1	P. 2662	有	有	无
	犀角膏	1	P. 3731	有	有	无

(续表三八)

笔画	医方名	出现频次	所在卷号	中医方剂大辞典	中医大辞典	医心方
	犀角豉酒方	1	P. 3201	无	无	无
	遗尿不禁方	1	S. 6084	无	无	治遗尿不禁方
	黑帝要略方	1	P. 3960	无	无	无
	温胸中气塞短气方	1	P. 3596	无	无	治短气方
十三画	遣心法	1	P. 2637	无	无	无
	腰痛方	1	S. 6084	无	无	有
	腰脚痛	1	P. 2665	无	无	治服石腰脚痛方
	解石方	1	《疗服石方》	无	无	有服石相关
	解狗毒	1	龙 530	无	无	无
	解铁毒	1	龙 530	无	无	无
	解蜂毒	1	龙 530	无	无	无，有治蜂螫人方
	解大戟毒	1	龙 530	无	无	无
	解马刀毒	1	龙 530	无	无	无
	解巴豆毒	1	龙 530	无	无	无
	解半夏毒	1	龙 530	无	无	无
	解防葵毒	1	龙 530	无	无	无
	解芫花毒	1	龙 530	无	无	无
	解杏仁毒	1	龙 530	无	无	无
	解附子毒	1	龙 530	无	无	无
	解鸡子毒	1	龙 530	无	无	无

（续表三九）

笔画	医方名	出现频次	所在卷号	中医方剂大辞典	中医大辞典	医心方
	解矾石毒	1	龙 530	无	无	无
	解莨菪毒	1	龙 530	无	无	无
	解桔梗毒	1	龙 530	无	无	无
	解射罔毒	1	龙 530	无	无	无
	解狼毒毒	1	龙 530	无	无	无
	解诸菌毒	1	龙 530	无	无	有
	解野芋毒	1	龙 530	无	无	无
	解野葛毒	1	龙 530	无	无	无
	解雄黄毒	1	龙 530	无	无	无
	解蜈蚣毒	1	龙 530	无	无	无
	解蜘蛛毒	1	龙 530	无	无	无
	解蜀椒毒	1	龙 530	无	无	无
	解踯躅毒	1	龙 530	无	无	无
	解藜芦毒	1	龙 530	无	无	无
	解百病药毒	1	龙 530	无	无	无
	解食金银毒	1	龙 530	无	无	无
	解蛇虺百虫毒	1	龙 530	无	无	治众蛇螫人方
	解斑蝥芫青毒	1	龙 530	无	无	无
	解恶气瘴毒百毒	1	龙 530	无	无	无
	痰饮内消方	1	P. 2565	无	无	治痰饮方

（续表四〇）

笔画	医方名	出现频次	所在卷号	中医方剂大辞典	中医大辞典	医心方
	搦腹死不出方	1	P.3596	无	无	无
	腹内瘀血不通方	1	P.3596	无	无	无
	腹满药所不治者	1	P.3596	无	无	治腹满相关方
十四画	蔽生目	1	P.2665	无	无	无
	槟榔汤	1 1	P.2662V P.2755	有	有	有
	膏摩方	1	S.1467V	无	有膏摩	无
	鼻血出不止方	1	P.3596	无	无	有
十五画	摩风膏	2	P.3287	有	有	无
	摩膏方	1	P.3201	有	无	有
十六画	橘皮汤	1	P.3378	有	有	有
	瘿方	2	P.3596	无	无	有
十七画	薰衣香方	2	S.4329	无	无	熏衣香方
十八画	瞿麦汤	2	P.3287	有	有	治淋瞿麦散方
	瞿麦芍药汤	1	P.3287	无	无	无
二十画	髓实方	1	S.1467	无	无	治髓实方
	灌耳方	1	《辅行诀脏腑用药法要》	无	无	灌耳相关
725	鼍鱼甲汤方	1	S.1467V	无	无	无

上表直观展示了敦煌写本医籍医方与《医心方》医方的比较情况，可以看到部分敦煌写本医籍医方与《医心方》医方的重合率明显较高，如 P. 2662V、P. 2665、P. 2666、P. 3596、P. 3930 等。以上写卷中的医方有和《医心方》中医方完全相同的，也有相似度极高的医方。敦煌写本医籍中的杂抄医方，正可借助和《医心方》相同或相似度高的医方，来进行考源。

第二节　敦煌写本医籍与《医心方》医方对比考源

——以 P. 3596 为例

通过将敦煌写本医籍中的医方和与之时代相近的日本汉文医籍《医心方》中的医方对比，发现两者不少医方名与组方内容具有极高相似度。以下以敦煌写本 P. 3596 为例试作论证，该写本杂抄各类病证的医方名 81 个，药方和灸方 212 首。81 个医方名中有 53 个《中医方剂大辞典》《中医大辞典》词条未收，却见于《医心方》。再对比组方内容，其中 73 方与《医心方》的 83 方具有极高相似度，似出同源。并且，敦煌写本连续抄录的医方，《医心方》也连续征引，这种情况见于多处，绝非偶然，更佐证了二者同源的说法。具体对比如下。

排列顺序遵循敦煌写本 P. 3596 中的出现先后，每一组先列敦煌写本中的原文，次列《医心方》的原文，①若有按语，再列其后。

一、组方内容相似

医方名相同、相近或有异，组方内容相似度高，均收于此。

① 敦煌写本 P. 3596 的原文，参照《法藏敦煌西域文献》（上海古籍出版社，2002 年）；《医心方》的原文，参照［日］丹波康赖撰、高文柱校注《医心方》（华夏出版社，2011 年），以及仁和寺本原文。

(1)

第二，疗黄丸一切虚热壅滞结而不通方：黄连(三两)，大黄(三两)，黄芩(三两)。右三味，捣筛，蜜和为如梧子许，食后服五丸，日三。稍加，以痢为度。(P. 3596)

《拯要方》疗一切虚热气壅，滞结不通，三黄丸方：黄连(二两)，大黄(二两)，黄芩(三两)。上件三物，捣，蜜和丸如梧子，食后服三丸，日三。(《医心方》卷三“治虚热方第廿四”)

按：《医心方》与写本相比，用药完全相同，剂量较小，往前推溯，国内传世文献《金匮要略》泻心汤方用药完全相同，剂量更小。

(2)

第四，疗溺水死经宿者犹可救方：①右取皂荚末如鸡子许，绵裹，内下部中。伏头，面向下。须臾，水即从鼻口出，仍多取灰，表里覆藉灰没身，水尽即活，大效。(P. 3596)

《小品方》治溺水死已经二宿者可活方：捣皂荚作末，以绵裹，纳死人下部中，须臾牵出，即活也。又云：治溺水死方：以灶灰布着地，令厚五寸，以甑倒覆灰上，以溺人覆伏甑上，口中水当出也。觉水出，复更别熬灰令暖，置之溺人口中，水已出极多便去甑，即以暖灰壅溺人通身，但出口鼻耳，小时便苏醒则活也。又方：令二健人抱溺人，倒卧沥溺人，水出尽便活也。(《医心方》卷第十四“治溺死方第七”)

②又方：熬砂令暖以覆上下，但出鼻耳口眼，沙湿即活。(P. 3596)

《集验方》治溺水死方：熬沙以覆死人，使上下有沙，但出鼻口，中沙温湿，须易之。(《医心方》卷第十四“治溺死方第七”)

按：①②等编号为笔者所加(下同)，写本连续抄录的疗溺水死方，《医心方》出处分别为《小品方》《集验方》，往前推溯，《金匮要略》有用灶灰相埋治溺水方。

（3）

第十，疗卒死：以葱黄刺鼻中，入七寸，使眼中血出，男左女右。（P. 3596）

《龙门方》疗卒死方：……又方：以葱黄心刺鼻中，入七八寸，男左女右，立验。（《医心方》卷第十四"治卒死方第一"）

按：写本与《医心方》相似，《千金要方》有类似医方，龙门石刻药方中该方与《医心方》完全相同。

（4）

第一，疗恶（种）［肿］方：恶（种）［肿］疼痛不可忍。（P. 3596）

①又方：无问冷热大小，取莨菪子三指捻，熟挼，勿令破，吞之，验。（P. 3596）

《救急单验方》疗一切恶肿疼痛不可忍无问冷热大小方：取莨菪子三枚，捻熟，挼勿令破，吞之，验。（《医心方》卷第十六"治毒肿方第三"）

按：《千金翼方》《外台秘要》有用莨菪子治肿痛方，炮制方式有别，写本和《医心方》则极为相近。

②又方：痈肿，取灶下黄土和胡葱捣，涂之，甚效。（P. 3596）

《陶景本草注》：伏龙肝捣筛，合葫涂，甚效。（《医心方》卷第十五"治痤疖方第七"）

按：《医心方》原文缺主治，敦煌写本可参。

③又方：取蔚臭草，捣取汁，服如鸡子，滓封上，暖易之。（P. 3596）

《拯要方》治疔疮方：捣茺蔚茎叶敷肿上，服汁令疔毒内消也。（一名益母草。）（《医心方》卷第十六"治疔疮方第一"）

按：蔚臭草，即郁臭草、茺蔚、益母。

④方：取灶下黄土，和酢涂之，良。（P. 3596）

《医门方》云……疗痈疽肿一二日，未成脓，取伏龙肝下筛，醋和如泥，涂烂布上贴肿，燥即易，无不消。（《医心方》卷第十五"治痈疽未脓方第二"）

（5）

又方：疮中风水肿疼：皆取青葱叶及干黄叶，煮作汤，热浸。（P. 3596）

《龙门方》治凡疮中风水肿痛方：取青葱叶及干黄叶，和煮作汤，热浸之。（《医心方》卷第十七"治诸疮中风水肿方第十七"）

（6）

第二十七，疗腹满如石积年不损方：取白杨柳东南枝皮（去苍皮，从风细细刮削五升，熬令黄），以酒五升，热淋讫，即以绢袋盛滓，内此酒中，密封，再宿，一服一盏，日三。（P. 3596）

《龙门方》疗腹满如石，积年不损方：取白杨树东南皮或枝，去苍皮，护风细押削五升，熬令黄，酒五升，热淋讫，即以绢袋盛滓，还纳此酒中，密封，再宿服之。（有旁注：《大观证类本草云》：每服一合，日三。）（《医心方》卷第十"治大腹水肿方第十八"）

按：《外台秘要》有用白杨木东南枝，主治相同。

（7）

第二十九，疗失音不语方：……又方：煮桂汁含咽，效。又方：煮大豆，煎汁如汤，含。（P. 3596）

《千金方》治卒失音方：浓煮桂汁，服一升，覆取汗。亦可末桂着舌下，渐咽汁。又方：浓煮大豆汁含之。豉亦良。（《医心方》卷第三"治中风失音方第十一")

按：写本是连续抄录两方，《医心方》也是连续引录两方。

(8)

第四十，疗消渴方。①生胡麻油一升，顿服，良。(P. 3596)

《龙门方》疗消渴方：生胡麻油一升，顿服之，立验。又方：烂煮葵汁，置冷露中，每渴，即饮之。(《医心方》卷第十二"治消渴方第一")

②又方：取故破屋上瓦末一升五合，水二升，煮三五沸，顿服，验。(P. 3596)

《葛氏方》治卒消渴小便多方：……又方：破故屋瓦煮之，多饮汁。(《医心方》卷第十二"治消渴方第一")

③又方：取桑根入土三尺，去白皮，炙令黄，去恶皮，细切，以水相淹，煮取四五升，浓为度，饮甚效。(P. 3596)

《集验方》治渴，日饮一斛者方：入地三尺取桑根白皮，炙令黄黑，细切，以水令相淹煮之，以味浓为度，热饮之。勿与盐，与米非嫌，大验。(《医心方》卷第十二"治渴利方第二")

④烂煮葵汁，置冷露中，渴饮。(P. 3596)

《龙门方》疗消渴方：生胡麻油一升，顿服之，立验。又方：烂煮葵汁，置冷露中，每渴，即饮之。(《医心方》卷第十二"治消渴方第一")

按：①④两方，写本中间间隔了几方，《医心方》中连续引录自《龙门方》。①②两方及其后的第三方，写本是连续抄录，龙门石刻药方也是连续的同样三方。②方，《医心方》引录《葛氏方》。

(9)

第四十一，疗反胃方：①大黄(四两)，甘草(二两，炙)，以水三升，煮取一升，分服，时已。(P. 3596)

《葛氏方》治胃反不受食食毕辄吐出方：大黄(四两)，甘草

（二两），水三升，煮取一升半，分再服之。（《医心方》卷第九“治胃反吐食方第九”）

②又方：捣生葛根汁，服。（P. 3596）

《救急单验方》疗反胃方：捣生葛根，绞汁二升，服验。（《医心方》卷第九“治胃反吐食方第九”）

③又方：炙两乳下三寸。扁鹊云：随年壮。亦云：三十壮。（P. 3596）

《救急单验方》疗反胃方：捣生葛根，绞汁二升，服验。又方：炙两乳下三寸，扁鹊云随年壮，华佗云卅壮，神验。（《医心方》卷第九“治胃反吐食方第九”）

按：②③两方，写本间隔了一方，《医心方》中连续引录自《救急单验方》。

（10）

第三十二，疗偏风：以草火令遍体汗，差。（P. 3596）

《龙门方》治卒偏风方：以草火炙，令遍身汗流，立瘥。又方：大麻子捣，以酒和，绞取汁，温服。熬蒸亦佳。又方：黑胡麻捣末，酒渍，服七日后瘥，验。（《医心方》卷第三“治偏风方第三”）

又方：黑胡麻捣为末，酒浸七日后，服，立差。（P. 3596）

（11）

疗癫痫狂方：……又方：阴茎近本穴中三壮，差。（P. 3596）

《葛氏方》云癫病方：炙阴茎上宛宛中三壮，得小便通，便愈。（《医心方》卷第三“治中风癫病方第廿二”）

（12）

疗时患遍身生疱方。①初觉出，即服三黄汤，令极利，疱即减。又方：饮铁浆一小升，立差。（P. 3596）

《救急单验方》疗时患遍身初觉出方：即服三黄汤令利，即灭。又方：饮铁浆一小升，立瘥。（《医心方》卷第十四“治伤寒豌豆疮方第五十七”）

②又方：小豆一合，平旦和水服之，甚良。（P. 3596）

《救急单验方》疗时患遍身初觉出方：即服三黄汤令利，即灭。又方：饮铁浆一小升，立瘥。又方：小豆末一合，和水服，验。（《医心方》卷第十四“治伤寒豌豆疮方第五十七”）

按：这三方，写本中前两方与第三方中间间隔了三方，《医心方》是引录《救急单验方》的连续三方。

（13）

疗发种方：……又方：马粪薄，干即易。妇人发，亦差。（P. 3596）

《经心方》疗发背方：以冷石熨肿上，验。又方：马粪敷，干易之，妇人发乳亦瘥。（《医心方》卷第十五“治痈发背方第四”）

（14）

疗腰痛。取鹿角末，和酒服。服方寸匕，日再服，往。又令患人正立，取一筳竹度患人，从足至脐即断竹，以其竹重北，用从足上至脊尽竹头，灸随年壮。灸可藏竹，勿令人见妙。（P. 3596）

《医门方》疗卒腰痛不得转侧方：鹿角一枚，长五六寸，截之。烧鹿角令赤，纳酒中浸之。须臾又燥，还纳酒中。如此数度，破碎，便即浸之一宿，平晨空腹饮令醉也，必愈。（《医心方》卷第六“治卒腰痛方第七”）

写本中后面的灸方，《医心方》以下两方可参。

《葛氏方》治卒腰痛不得俯仰方：正倚立，竹以度其人足下至脐，断竹，及以度背后当脊中。灸竹上头处，追年壮。毕，藏竹，勿令人得之。(《医心方》卷第六“治卒腰痛方第七”)

《小品方》云：灸腰痛法：令病人正踦立，以竹杖注地度至脐，以度注地背正灸脊骨上，随年壮。灸竟藏竹，勿令人得之。(《医心方》卷第六“治卒腰痛方第七”)

(15)

第四十一，疗呕哕方。①芦根五两，切，以水五升，煮取三升，分服。不差更服时，兼童子便一小合，即差。(P. 3596)

《千金方》治干呕哕厥逆方：……又方：浓煮三斤芦根，饮汁。(《医心方》卷第九“治干呕方第十七”)

②又方：卒吐方。逆灸两乳下一寸，七壮。(P. 3596)

《千金方》又云：灸胃反食吐方：灸两乳下各一寸，以瘥为度。(《医心方》卷第九“治胃反吐食方第九”)

(16)

第四十二，疗久噎方：……又方：生姜橘皮汤，服，差。(P. 3596)

《葛氏方》治食卒噎方：……又方：生姜五两，橘皮三两，水六升，煮取二升，再服。(《医心方》卷第廿九“治食噎不下方第廿七”)

(17)

反花疮：煎枝叶为煎，涂之，验。又方：烧马齿草附之。又方：烧末盐灰附之，验。(P. 3596)

《龙门方》治反花疮方：取柳树枝叶为煎，涂之，大验。又方：烧马齿草灰附之，验。(今按：《千金方》捣封之。)(《医心方》卷第十七“治反花疮方第九”)

《救急单验方》疗反花疮方：烧盐末，附，验。(《医心方》卷第十七“治王烂疮方第九”)

按：写本连续三方，龙门石刻药方也连续同样的三方，《医心方》连续同样的两方，三者似为同源。

(18)

洗百疮方：取槐白皮、柏叶各一大握，剉。以水三升，煮取一升，洗百疮并可，甚良。(P.3596)

《救急单验方》洗百疮方：取槐白皮、柏叶各一大握，剉，以水三升，煮取一升，洗百疮并瘥。(《医心方》卷第十七"治诸疮烂不肯燥方第十六")

(19)

第四十六，疗猪啄疮方：初生似节后宅痂，疼痛不可忍，名为猪啄疮，取猪鼻烧作灰，附之，差。(P.3596)

《救急单验方》疗初患似疖后破无痂疼痛不可忍名猪啄疮方：烧猪鼻作灰，附，立瘥。(《医心方》卷第十五"治痤疖方第七")

(20)

疗火烧疮方：取新出牛尿涂之，差。(P.3596)

《龙门方》火烧疮方：新出牛屎涂，瘥。(《医心方》卷第十八"治汤火烧灼方第一")

(21)

疔疮。东行母猪粪，和水绞汁，饮一升，差。欲死，黄龙汤一升，暖，以木拗口灌之，即活。(P.3596)

《救急单验方》疗犯疔疮疮根入腹欲死方：取东行母猪粪，和水绞汁，饮一升，瘥。又云：已死者，取大黄龙汤一升，暖之，以木拗口灌，即活，甚验。(《医心方》卷第十六"治犯疔疮方第二")

按：写本连续抄录的两方，《医心方》也连续引录。

(22)

第十四，疗狂言鬼语方：①针刺大拇指甲下少许，即差。(P. 3596)

(《葛氏方》)狂言鬼语方：针其足大拇指爪甲下，入少许，即止。(《医心方》卷第三“治中风狂病方第廿三”)

②又方：甑带急缚二手大指，灸左右胁屈屈肘头，两火俱起，各七壮。须臾，鬼道姓名，道讫，去，乃徐徐解之，有验。(P. 3596)

《小品方》又云：卒狂言鬼语方：以甑带急合缚两手父指，便灸左右胁下对屈肘头，两火俱起，灸七壮。须臾鬼语自云姓名，乞得去，徐徐诘问，乃解其手也。(《医心方》卷第三“治中风狂病方第廿三”)

按：上述两方，写本连续引录，据《医心方》出处看，引录自二书。龙门石刻药方，与写本一致，连续抄录两方。

(23)

疗大小便不通方：服大黄汤，利即愈。又方：服大黄朴消丸，亦差。(P. 3596)

《录验方》治黄疸大小便不利面赤汗自出此为表虚里实大黄汤方：大黄(四两)、黄柏(四两)、栀子(十五枚)、消石(四两)，凡四物，切，以水一斗，煮得二升半，去滓，纳消石复煎之，得二升，分再服，得快下乃愈。(《医心方》卷第十“治黄胆方第廿五”)

又方也见于本写卷另一处：

疗大小便不通。取大黄、朴硝等分作丸，良性，服立差。(P. 3596)

薛公曰：不下服大黄、朴消等下之，即瘥。(《医心方》卷第十九“服石发动救解法第四”)

皇甫谧云：或大行难，腹中坚固如蛇盘，坐犯温久积，腹中干粪不去故也。消酥若膏，使寒服一二升，浸润则下。不下更服，下药即瘥。薛公曰：若不下，服大黄、朴消等下之。秦承祖云：朴消、大黄煎，治胃管中有燥粪，大便难，身体发疮解发方：大黄（金色者二两）、朴消（细白者二两），凡二物，以水一斗，煮减三升，去滓，着铜器中，于汤上微火上煎，令可丸。病人强者可顿吞，羸人中服可，后宜得羊肉若鸭糜肉羹补之。（《医心方》卷第二十“治服石大便难方第三十七”）

（24）

头下生瘰疬方：人参、甘草、干姜、白芷，四物各等分，捣。（P. 3596）

《刘涓子方》治寒热瘰在颈腋下皆如李大方：人参（四分）、甘草（四分）、白芷（四分）、干姜（四分），凡四物，皆同份，冶合筛，先食服方寸匕，日三。少小服半方寸匕，良。一方以酒服。（《医心方》卷第十六“治瘰方第十三”）

（25）

鼻血出不止方：……又方：熬盐三撮，和酒服。（P. 3596）

（《葛氏方》）又云：大衄，口耳皆血出不止方：……又方：熬盐三指撮，以酒服之，不止，更服也。（《医心方》卷第五“治鼻衄方第卅六”）

《葛氏方》金疮中筋交脉血出不可止尔则血尽杀人方：急熬盐三指撮，酒服之。（《医心方》卷第十八“治金疮血出不止方第九”）

（26）

耳卒疼痛方：蒸盐熨之。又方：附子、菖蒲绵裹塞耳。葱白、磁石尤。（P. 3596）46

《葛氏方》治耳疼痛方：蒸盐熨之。（《医心方》卷第五“治耳卒痛方第三”)

《录验方》云：菖蒲散治耳聋方：菖蒲、附子(分等)，下筛，以酒和如枣核，绵裹，卧时塞耳，夜易之，十日愈。(《医心方》卷第五“治耳聋方第一”)

《小品方》治风聋耳中鸣方：……又方：附子、菖蒲分等，捣，以绵裹，塞两耳，甚良。(《医心方》卷第五“治耳鸣方第二”)

《医门方》治耳痛方：附子、菖蒲分等，末，以乌麻油和如泥，取如豆灌耳中，立愈。(《医心方》卷第五“治耳卒痛方第三”)

(27)

疗聋方：①巴豆(三分)，生松脂，二味和捣，绵裹，内耳中，日夜各半时。若患两耳，先治一耳。(P. 3596)

《小品方》治耳聋方：巴豆(十四枚，去心皮)、松脂(半两，炼去滓)，凡二物，合捣，取如黍米粒大，着簪头，着耳中，风聋即愈。(《医心方》卷第五“治耳聋方第一”)

②又方：附子醋浸令液，取如枣核大，绵裹塞。(P. 3596)

《范汪方》治耳聋方：……又方：以淳苦酒微煎附子五六宿，削令可入耳中，裹以絮，塞耳。(《医心方》卷第五“治耳聋方第一”)

(28)

疗耳脓出方：取成练矾石如小豆，内耳中，不过三日，差。又方：取伏龙肝，以绯纱裹，塞耳。(P. 3596)

(《葛氏方》)又云：耳卒肿出脓者方：末矾石，着管中吹入耳，三四过当愈。(《医心方》卷第五“治耳卒痛方第三”)

《救急单验方》疗胝脓血出方：取成练白矾石如小豆纳耳中，不过三，瘥。(《医心方》卷第五“治聤耳方第四”)

《葛氏方》聤耳耳中痛脓血出方：釜月下灰吹满耳，令深入，无苦即自丸出。(《医心方》卷第五"治聤耳方第四")

(29)

赤眼方：以绳从顶施至前发际中，屈头，灸三百壮。青荆烧令汁出，点眼。(P.3596)

《龙门方》疗大赤眼胎赤方：以绳从顶旋，量至前发际中，屈绳头，灸三百炷，验。又方：青荆烧令出汁，点眼眦，验。(《医心方》卷第五"治目胎赤方第廿三")

按：上述医方，龙门石刻药方中与《龙门方》完全一样。

(30)

疗雀目方：摄取耳尖，灸壮。又方：生雀头血傅目，燥痛止。(P.3596)

《葛氏方》治雀盲方：以生雀头血敷目，可比夕作之。(《医心方》卷第五"治雀盲方第十五")

(31)

疗鼻塞方：细辛、瓜蒂茎等分，末，吹鼻内，须臾涕下，自然通。(P.3596)

《拯要方》疗齆鼻不闻香臭方：细辛、瓜蒂分等为末，以吹鼻中，须臾大涕出，恒能久自通。(《医心方》卷第五"治鼻塞涕出方第卌一")

(32)

疗竹木刺在皮内不出方：……又方：烧角灰，水和涂，立出。(P.3596)

《葛氏方》诸竹木刺在肉中不出方：……又方：烧鹿角末以水和涂之，立出。远久者，不过一宿。(《医心方》卷第十八"治竹木壮刺不出方第十九")

(33)

疗卒吐方：取灶底黄土，药秤一斤，以水三升，研，澄饮之，不过三度，立差。(P. 3596)

《龙门方》疗卒吐血不止方：取灶底黄土一斤，以水一大升三合，研，澄饮之。(《医心方》卷第五“治吐血方第四十七”)

(34)

坠落，腹内淤血不通方：蒲黄，和酒服之，良。(P. 3596)

《小品方》治从高堕下腹中崩伤瘀血满断气方：服蒲黄方寸匕，日五六过。(今按：《龙门方》和酒服。)(《医心方》卷第十八“治从高落重物所方第廿二”)

(35)

搦腹[中]死[胎]不出方：以酢煮水豆，令汁浓，去滓，饮三升，胎出。又方：取桃根煮汁，极浓，用澄及渍膝下，胎出。(P. 3596)

《博济安众方》：醋煮赤豆，服三升，儿立出。(《医心方》卷第廿三“治子死腹中方第十三”)

《葛氏方》云：以苦酒煮大豆，令浓，漉取汁，服三升，死胎即下。(《医心方》卷第廿三“治子死腹中方第十三”)

《龙门方》云：桃根煮浓，用浴膝下，立出。(《医心方》卷第廿三“治子死腹中方第十三”)

《如意方》云：去胎术：……又：煮桃根，令极浓，以浴及渍膝，胎下。(《医心方》卷第廿二“治妊妇欲去胎方第卅七”)

(36)

治下淤血汤方：大黄(三□)、桂心、桃仁(十六枚)三味，以水一升，煮取三合，分三服。(P. 3596)

《葛氏方》治妇人月水不利结积无子方：大黄、桃仁、桂心(各三两)，捣末，末食服方寸匕，日三。(《医心方》卷第廿一

"治妇人月水不通方第廿")

(37)

小儿霍乱吐乳不止方：煎人参汤服，立差。(P. 3596)

(《博济安众方》)小儿吐乳方：人参(二两)、橘皮(一两)、生姜(一两)，以水一升半，煎取八合，细细服之。(《医心方》卷第廿五"治小儿风不乳哺方第六十五")

(38)

治被伤聚血腹满方：豉一升，以水三升，煮三沸，分再服。(P. 3596)

(《千金方》)被打伤有瘀血方：……又方：豉一升，以水三升，煮三沸，分再服。(《医心方》卷第十八"治被打伤方第廿")

(39)

疗带方：……又方：炙脐左右一寸，百壮。验。(P. 3596)

《龙门方》疗妇人下方：……又方：炙脐左右各一寸五分，各三百壮。(《医心方》卷第廿一"治妇人崩中漏下方第廿三")

(40)

心痛：①生油温。又方：当归酒。(P. 3596)

《救急单验方》又云：一切心痛方：生油半合，温服，立愈。又方：服当归末方寸匕，和酒服，瘥。(《医心方》卷第六"治心痛方第三")

②方：独颗蒜一头，书黑，服。(P. 3596)

《龙门方》疗恶疰入心欲死方：独头蒜一枝，书墨如枣大，并捣，以酱汁一小合，顿服，立瘥。(《医心方》卷第十四"治注病方第十一")

按：上述《龙门方》中医方，与龙门石刻药方中基本一致，说明龙门石刻药方可能正是写本和《医心方》的来源之一。

(41)

匿齿口臭：烧矾石末，麝香，七日揩齿，即差。(P.3596)

《博济安众方》疗热毒风攻牙齿疼痛方：附子(一个，烧灰)、白矾石灰(一分)，右二味，为散，揩齿立瘥，极妙。(《医心方》卷第五"治牙齿痛方第六十六")

(42)

第五，疗自缢死：徐徐抱下，物断绳，卧地上。令二人极吹两耳，取葱心内两鼻中，刺深五六寸，眼中血出，血出无所苦。下部内皂荚末，小时如初生小儿啼，活，是扁鹊疗五绝法，一同。又方：抱之，徐徐就绳，慎勿卒举之。另一人从上，两手捋绳千遍。捋讫，然后解绳，悬其发，脚去地五寸许，塞两鼻，从笔筒纳口中嘘之。援物顿吹，微微以气引之，须臾肠中砻转，当是气通。或手动捞人，即须紧抱，慎勿放之。若发少不得悬者，令二人举胳膊，挟离地，依法捋绳勿废。须臾得活，然后放之。又方：毾㲪覆口鼻，两人极吹，月活。及至方：皂荚末如胡豆许，吹内鼻，嚏，即活。(P.3596)

《小品方》治自缢死方：旁人见自经者，未可辄割绳，必可登物令及其头，即悬牵头发，举其身起，令绳微得宽也；别使一人坚塞两耳，勿令耳气通；又别使一人以葱叶刺其鼻中，吹令通。又方：治自经死，慎勿割绳也。绳卒断，气顿泄去便死，不可复救也。徐徐抱死人，渐渐揉，令绳渐宽也，然后解下之。(《医心方》卷第十四"治自缢死方第十")

《千金方》治自经死方：凡自经死，勿截绳，徐徐抱解之。心下尚温者，氍毹覆口鼻，两人吹其两耳。(《医心方》卷第十四"治自缢死方第十")

《集验方》治自经死方：捣皂荚、细辛屑，取如胡豆，吹两鼻孔中止。止单用皂荚亦好。(《医心方》卷第十四"治自缢死方第十")

《葛氏方》云：自经死，虽已久，心下尚微温，犹可治也。治之方：末皂荚，以葱叶吹纳其两鼻孔中。（《医心方》卷第十四“治自缢死方第十”）

《龙门方》疗自经死方：皂荚末如胡豆许，吹两鼻中，嚏即活。（《医心方》卷第十四“治自缢死方第十”）

二、医方名相同，组方内容有异

（43）

理中丸：治一切气兼及不下食方：人参（一两），甘草（一两，炙），干姜、橘皮（各一两），右四味，蜜和为丸，如梧子许，每日空腹一酒下二十丸，日再服。渐渐加至二十九丸，忌冷水、油腻、陈臭桃李。（P.3596）

《录验方》治霍乱虚冷，吐逆下利，理中丸方：人参、甘草（炙）、干姜、白术（各二两），凡四物，捣下，蜜丸如弹丸，取一丸纳暖酒中服之，日三。（今按：《本草》苏敬注云：方寸匕散为丸如梧子，得十六丸，如弹丸一枚。）（《医心方》卷第十一“治霍乱方第一”）

按：虽都有“理中丸”之名，但主治和组方内容均有异。《伤寒论》有理中丸方，用人参、炙甘草、干姜、白术各三两，为细末，蜜和为丸，与《录验方》中主治及组方相类。写本理中丸与《录验方》理中组方内容不一样，是因为主治不同。

（44）

白秃方：取三月三日桃花未开者，阴干百日，与桑椹等分，以猪脂和，先灰汁浇，然后涂药。（P.3596）

《千金方》白秃方：煮桃皮汁饮之，并洗上。又方：桃花和猪脂封上。（《医心方》卷第四“治头白秃方第七”）

按：写本中的白秃方与唐代孟诜（612—713）所撰《食疗本草》

中治头上秃疮方基本相似，更可能与之同源。《医心方》白秃方标注出处为《千金方》，因而写本和《医心方》虽然名白秃方，但所抄录或引录的出处不同，炮制方式等有所不同。

(45)

疗淋方：灸两曲肘里大横纹头，随年壮。(P. 3596)

《拯要方》疗淋方：煮石燕汁饮之，良验，以水煮之。(《医心方》卷第十二“治诸淋方第四”)

按：上述疗淋方，名称相同，但治法迥异，考其原因，写本原文为“疗啉方”。“啉”，丛春雨、马继兴先生等均移录为“淋”，但与写本相同治法的，寻检诸书，《千金翼方》：“呀嗽，灸两屈肘里大横纹下头，随年壮。”[①]龙门石刻药方：“疗㗇方。灸两屈肘里大横纹下头，随年壮。”[②]㗇，即㤝，为哮。由此看，写本“疗啉方”为“疗哮方”更为合适。写本误抄致名称与“疗淋方”同。

三、小结

《医心方》与敦煌写本 P. 3596 前揭相似医方，《拯要方》3 方、《救急单验方》14 方、《医门方》3 方、《博济安众方》3 方、《龙门方》19 方、《小品方》7 方、《范汪方》1 方、《葛氏方》16 方、《如意方》1 方、《陶景本草注》1 方、《集验方》3 方、《刘涓子方》1 方、《经心方》1 方、《录验方》2 方、《千金方》6 方、薛公 2 方，共 83 方，对应 P. 3596 的 73 方，组方内容相似度极高。

《医心方》上述引书中，《拯要方》《救急单验方》《医门方》《博济安众方》等原书已佚，作者及成书年代无考。《龙门方》，作者及成书年代无考，一般认为是龙门洞石刻药方，但疑点颇多。《小品

① (唐)孙思邈著、李景荣等校释：《千金翼方校释》卷二七“针灸中大肠病”8，人民卫生出版社，1998 年，第 427 页。

② (北齐)师道兴著，张金鼎、孔靖校注：《龙门石刻药方》，山东科学技术出版社，1993 年，第 5 页。

方》，晋陈延之撰，约撰于公元 4 世纪初，原书亡佚。《范汪方》，晋范汪撰，原书亡佚。《葛氏方》，一般认为作者是晋代葛洪。《如意方》，梁简文帝萧纲所撰。《陶景本草注》，即梁陶弘景《神农本草经集注》，原书亡佚，存敦煌残卷和今人辑本。《集验方》，作者姚僧垣（499—583），原书已佚。《刘涓子方》，即《刘涓子鬼遗方》《鬼遗方》，刘涓子 5 世纪初所传，是目前存世最早的外科书，有传世宋刻本 5 卷。《经心方》，又称作《经心录》，作者宋侠，初唐人。《录验方》，又称《古今录验方》《古今录验》，唐甄立言撰（《旧唐书·经籍志》题为甄权撰），原书亡佚。《千金方》，全称《备急千金要方》，唐孙思邈撰。据考证，约撰于 650 年。薛公，唐代薛曜，《医心方》引有《薛侍郎补饵法》。从可考的时代看，引书从晋到唐均有。

关于"治"字与"疗"字的使用问题。《小品方》《范汪方》《葛氏方》《如意方》《陶景本草注》《集验方》《刘涓子方》全用"治"字，这些均为唐之前成书的。唐代成书的《经心方》《录验方》均仅 1 处用"疗"；《千金方》500 余处，用"疗"字仅 5 处，其余皆用"治"，以上三书 650 年前已成书。引用薛公的内容，不涉"治""疗"二字。《拯要方》《救急单验方》《医门方》《博济安众方》"治""疗"皆用，但"疗"多于"治"；《龙门方》也是二字皆用，使用频度基本相同。上述五书不能确定成书年代，但据"治""疗"的使用看，似晚于前述诸书。由上可见，并不存在"治"字避讳的问题。《医心方》成书于 984 年，也并不存在引用的书有宋刻本回改的问题。也就是说，在唐高宗李治（649—683 年在位）即位之前，上述诸书已传入到日本。如果《龙门方》为北齐成书，与上述唐之前写本多用"治"不符，初唐的写本，也是"治"多于"疗"。此《龙门方》是否为龙门石刻药方，存疑。为什么同一本书"治"与"疗"多不统一，这些方书中的医方杂采众书，照搬原书用法，也是情理之中。

再对照敦煌写本 P. 3596，44 处用"疗"，3 处用"治"。P. 3596 所抄各方的数字顺序混乱，可见是杂抄，非同出一书。有据避讳字考证为高宗之后睿宗之前写本，但有 3 处用"治"字，并未避高宗讳,但"葉"中的"世"改为"云",避太宗讳,说明是唐写本,为高宗即位之前的写本。如前所述,《医心方》所引诸书,高宗前已传入日本,敦煌写本与《医心方》内容同源也是合理的。P.3596 连续抄录的几方,《医心方》也连续征引,如前揭例中的第(7)(8)(9)(10)(12)(17)(21)(29)(40)等,更佐证两者系出同源。

第六章　敦煌写本医籍与日本汉籍用字比较

敦煌写本医籍是指敦煌莫高窟出土的涉医写卷，日本汉籍此处主要是指日本平安时代用汉文撰成的《医心方》《篆隶万象名义》《新撰字镜》等。为比较结果更为客观，此处选取的比较范围，国内的出土文献，除了主要选取敦煌写本医籍，还拓宽到敦煌写本碑铭赞中的一些用例，另有其他敦煌写本中的少量用例。域外文献，除了日本平安时代的汉文医籍，也适当扩展考察日本平安时代的汉文字书。敦煌写本医籍与日本平安时代的汉籍时代相近，敦煌写本医籍为出土文献，未经传世篡改，日本平安时代的汉籍为保存较好的域外文献，选取的几部均为抄写而成，必然反映出当时汉字使用的实际状态，都是研究汉字不可多得的珍贵资料。二者比较研究，更能真实反映中古用字的时代特色。下面既作敦煌写本医籍与日本平安时代汉籍的共时比较，也循着俗字形体演变作历时考证，力图利用这些宝贵的第一手资料真实反映汉字在历史上的使用情况及演变轨迹。

国内传世字书收录汉字多有选择，当时使用的一些俗体多被忽略，与敦煌写本、域外文献实际用字比较可以看到明显的区别，有些俗体在传世字书中是不收的，但在敦煌写本与《医心方》等文献中实际运用广泛。敦煌写本、《医心方》与域外字书相比，又表现出不同的特点来，敦煌写本与《医心方》等属于实际用字，部分简体俗体只是零星出现，但在域外字书中我们可以看到当时部分简化偏旁已经定型，并且在字书中单独立部，可以比较系统地反映当时简体俗体的地位上升情况，这些字书就如同是给当时的简体俗体整理归类。但字书在选择字头的时候，多为当时的正字、通字，除非是要列出异体时，才会把俗体作为字头列出。但在字头之下的阐释中，用字显得随意一些，正俗通均会使用。

这里主要选取敦煌写本与日本汉籍中使用的现代简化字与部分偏旁简化的过渡形态的字体，意在为现代简化字溯源提供依据，为现代字典的编纂提供较早的例证，为汉字形体演变找到实际用字的佐证，可以较为清晰地看到汉字形体流变。

敦煌写本医籍原卷有脉、肉（宍、宍）、筋（葝、簕、舶、舶）、亦（烈）、并（並、併）、于、坚、灾、暖（煖）、紧、与（与）、蚕、无、乱、只、万、为（爲）、号、群、因、弃、肋、补、尔等字的使用，这些字中有一直作为简体字流传，后被现代简化字所采用而沿用至今的，也有仅在一段历史时期使用，字典、辞书也未收录，仅保存在出土文献或域外文献中的特殊俗体；也有在中古时期就已经是正字的，这些用例，正反映了历史上汉字的实际使用状态。上述这些字例，在《医心方》《篆隶万象名义》《新撰字镜》中大多有。这些用例，或可补充字典未收之字例，或为已收字例提供中古书证，补充已收字例书证，或提前已收字例书证，为现代简化字溯源提供例证。敦煌写本医籍与日本汉籍用字情况比较，既可互相参证中古用字的共性，又可互为补充，更为全面展示中古实际用字特点。

第一节　敦煌写本医籍与《医心方》用字比较

《医心方》用例参考东京博物馆藏半井家本，以下列举的用例很少是孤证，大多是在书中多次出现，这里仅取其中一两例以作说明。每个字例之下，先列《医心方》的用字，再比较敦煌写本医籍中的用例。具体如下：

(1)“脉”字

脉数而滑者,有宿食,下之即愈。[①]（《医心方》卷第一“治病大体第一”）

按:上例中“脉”字原文为“脉”。敦煌写本 S. 76“通经络,气血脉,黑人髭发,毛落再生也”中的“脉”字,原卷为“脉”。“脉”字在敦煌写本中,比“脈”使用得更为普遍,“脉”字的用例是非常多的。《龙龛手镜》:“脈俗脉今。”[②]中古时期“脈”为俗字,“脉”为当时的今字、通用字,因此多用“脉”而少用“脈”,敦煌写本与《医心方》中的用例证实,均是如此。

(2)“肉”字

①肉

治咽中肉脔方。[③]（《医心方》卷第五“治咽中肉脔方第七十四”）

按:上例中“肉”字原文为“肉”。

②宍

炙羊肉熨之,勿令甚热,无羊肉用肝。[④]（《医心方》卷第五“治目为物所中方第廿七”）

按:上例中两个“肉”字原卷均为“宍”。敦煌写本 S. 5614、P. 2115、P. 2378 中“藜芦除鼻中息肉”的“肉”字,原卷均为“肉”;敦煌写本 P. 2755 中“藜芦除鼻中息肉”,原卷“肉”字为“宍”。“宍”似为

① [日]丹波康赖:《医心方》,抄本,东京博物馆藏半井家本,第 11 页。后文引用《医心方》,均使用此半井家本,为行文简洁,仅标注书名及页码。

② (辽)释行均:《龙龛手镜》,中华书局,1985 年影印本,第 415 页。

③《医心方》,第 3 页。

④《医心方》,第 25 页。

“宍”的连笔草写,《干禄字书》:“宍肉,上俗下正。”[1]由此看来,中古时期,“肉”已为正字。敦煌写本医籍与《医心方》中原文用“肉”的情况相当普遍。

(3)“筋”字

①筋

以绵缠筋头。[2]（《医心方》卷第五“治目为物所中方第廿七”）

按:上例中“筋”字原文为“筋”。

②觔

诸阳为风寒所客,则筋急,故口噤不开也。[3]（《医心方》卷第三“治头风方第七”）

按:上例中“筋”字原文为“觔”。

③䔧

三日入筋,筋急缩痛。[4]（《医心方》卷第三“治一切风病方第二”）

按:上例中“筋”字原文为“䔧”。

这三字的使用,敦煌写本医籍均有,P. 2378“呕吐汤煎干葛,筋转酒煮木瓜”中的“筋”字原卷为“筋”,Дx08644“往来于筋中”等中的“筋”原卷均为“觔”,P. 3287“风府在项后两筋间,入发际一寸”、Дx02869A“往来于筋中”中的“筋”写本原卷皆为“䔧”。《干禄字书》:“觔筋,上通下正。”[5]“觔”为中古通用字体,“筋”为正字,因而

---

① 施安昌编:《颜真卿书干禄字书》,紫禁城出版社,1990 年,第 57—58 页。后文引用《干禄字书》,均引用自此书,为行文简洁,仅标注书名和页码。

②《医心方》,第 25 页。

③ 同上。

④《医心方》,第 12 页。

⑤《干禄字书》,第 22 页。

使用均较广泛。

(4)“亦”字

①亦

其剧者,身体亦有痛痒。[①]（《医心方》卷第十七“治丹毒疮方第一”）。

按:上例中“亦”字原文为“亦”。

②亽

其孔穴相去亦皆半之。[②]（《医心方》卷第二“明堂图第十二”）

按:上例中“亦”字原文为“亽”。敦煌写本也是二字皆用,P. 3093“亦可预设一盆子沙土在旁”中的“亦”原卷为“亦”,Дx11074“一吸脉亦再动”中的“亦”为“亽”。

(5)“并”字

身疾并鬼神,要毒及灾重。[③]（《医心方》卷第一“治病大体第一”）

按:上例中“并”字原文为“并”。敦煌写本医籍中也有“并”,P. 3596“灸掌中并中指节上”中的“并”原卷为“并”。还使用“並”,如P. 3930“如斯之病,并无不差”中的“并”原文为“並”。也有用“併”的,P. 4038“入铁臼中捣一万余杵,并手捻为颗”中的“并”原文为“併”。《干禄字书》:“並竝,上通下正。”[④]敦煌写本医籍与《医心方》中“竝”字使用不多见,通字“並”与俗体“并”使用较多。

---

① 《医心方》,第3页。
② 同上书,第70页。
③ 同上书,第7页。
④ 同上书,第43页。

(6)“于”字

虽不中于外邪，病从内生。[①]（《医心方》卷第一“治病大体第一”）

按：上例中“于”字原文为“于”。敦煌写本 P. 3287 中“今并其脉状及以客病、针、药、灸、熨，具条于下”中的“于”字原卷为“于”，敦煌写本中“於”的使用更为普遍，《医心方》中也“于”“於”并用。

(7)“坚”字

《千金方》云：诸呕哕，心下坚痞，膈间有水痰，眩悸者，小半夏汤主之。[②]（《医心方》卷第九“治呕吐方第十六”）

按：上例中“坚”字原文为“坚”。敦煌写本 P. 3201“脚气冷毒闷，心下坚，背膊痛，上气急，欲死者方”中的“坚”字，原卷用“坚”。敦煌写本医籍与《医心方》中均“坚”“堅”二字皆用，简体“坚”的使用不如繁体“堅”使用广泛。

(8)“灾”字

性既自善，内外百病皆悉不生，祸乱灾害亦无由作。[③]（《医心方》卷第廿七“大体第一”）

按：上例中“灾”字原文为“灾”。敦煌写本 P. 2675“村坊草野，小小灾疾，药饵难求”中的“灾”字原卷为“灾”。

(9)“暖”字

和生姜汁绵滤之，细细暖服之，不限回数。[④]（《医心方》卷第三“治一切风病方第二”）

按：上例中“暖”字原文为“暖”，为“暖”字误写。敦煌写本 S.

---

① 《医心方》，第 6 页。

② 同上书，第 30 页。

③ 同上书，第 2 页。

④ 同上书，第 16 页。

5435“右取牛粪暖水调”中“暖”，原卷为“暖”。写本也使用“煖”。《龙龛手镜》中“暖、煖”并为正字。

(10)“与”字

一日再发，汗出便解，更与桂枝麻黄汤。①（《医心方》卷第一“治病大体第一”）

按：上例中“与”字原文为“与”。敦煌写本 P. 3930“更与布手巾一二，与冷水渍之”中“与”字原卷为“与”，写本也用“㒳”，如 S. 5614“使如累十二豆重，当与意量之也”中的“与”字原卷为“㒳”。敦煌写本医籍与《医心方》“与”“與”皆用。

(11)“无”字

味辛，大冷，无毒。②（《医心方》卷第卅“五肉部第三”）

按：上例中“无”字原文为“无”。敦煌写本 S. 6052“一方无云母，有门冬”中的“无”，原卷为“无”。与《医心方》一样，“无”“無”皆用，“無”的使用相对较多。

(12)“乱”字

又须下而不与下之者，使人心内懊恼胀满烦乱浮肿而死。③（《医心方》卷第一“治病大体第一”）

按：上例中“乱”字原文为“乱”。敦煌写本 S. 5737“日月无光，人气大乱”中的“乱”字，原卷为“乱”。《干禄字书》：“乱亂，上俗下正。”④敦煌写本与《医心方》一样，“乱”“亂”二字皆用。

---

① 《医心方》，第 9 页。

② 同上书，第 33 页。

③ 同上书，第 4 页。

④ 《干禄字书》，第 52 页。

(13)“只”字

服乳人若多嗔，只得九年即死。[①]（《医心方》卷第十九“服石钟乳方第十六”）

按：上例中“只”字原文为“只”。敦煌写本 P. 3043“每要绝食时，只可吃三合已来，细细言之”中的“只”字原卷为“只”。“只”作为“衹”的简化字，是同音替代，敦煌写本与《医心方》一样，“只”“衹”二字皆用。

(14)“万”字

犹如影响报应，必不差违，当审察之，万无失一。[②]（《医心方》卷第二“诸病不治证第二”）

按：上例中“万”字原文为“万”。敦煌写本 S. 5614“荡千疴而除万病”中的“万”字原卷为“万”。敦煌写本与《医心方》一样，“万”“萬”二字皆用。《玉篇》：“万，俗萬字。十千也。”[③]《干禄字书》“万”“萬”为并正字。[④]

(15)“号”字

今举世之人，见药本方，号曰护命神散。[⑤]（《医心方》卷第十九“服石节度第一”）

按：上例中“号”字原文为“号”。敦煌写本 S. 406“呼之名草，号之作茶”中的“号”字原卷为“号”。

---

① 《医心方》，第 40 页。
② 同上书，第 12 页。
③ （梁）顾野王：《宋本玉篇》，中国书店，1983 年，第 342 页。
④ 《干禄字书》，第 51 页。
⑤ 《医心方》，第 9 页。

(16)“因”字

因人虚实之变，阳气有余，阴气不足。[1]（《医心方》卷第三“风病证候第一”）

按：上例中“因”字原文为“因”。《医心方》也用“囙”。敦煌写本Дx02683“因其衰而章之”中的“因”字，原卷为“因”。敦煌写本与《医心方》一样，“因”“囙”二字皆用，以二者作偏旁的也均有。《干禄字书》：“囙因，上俗下正。”[2]

(17)“弃”字

昔秦王东游弃算袋于海，化为此鱼。[3]（《医心方》卷第卅“五肉部第三”）

按：上例中“弃”字原文为“弃”。敦煌写本S.9987B_2V“岂得轻其贱秽，弃而不服者哉”中的“弃”字原卷为“弃”。

(18)“弥”字

疗风头痛眼眩心闷阴雨弥甚方[4]（《医心方》卷第三“治头风方第七”）

按：上例中“弥”字原文为“弥”。敦煌写本P.3201“得真防葵代龟甲弥善”中的“弥”字原卷为“弥”。为“弥”字的中古用例，非现代简化偏旁“尔”的类推简化字。

(19)“菉”字

《僧深方》治酒疸方：生艾叶一把、麻黄二两、大黄六分、大豆一升，凡四物，清酒三升，煮得二升，分三服。艾叶无生，用

---

① 《医心方》，第5页。

② 《干禄字书》，第22页。

③ 《医心方》，第33页。

④ 同上书，第25页。

干半把。[①]（《医心方》卷第十“治酒疸方第廿八”）

按：上例中“叶”字原文为“莱”，“莱”为“葉”字避讳，偏旁“世”改为“云”，避唐太宗李世民讳。敦煌写本也用“莱”，如P.2755“壮热不除，宜加竹叶”中的“叶”字原卷为“莱”。敦煌写本与《医心方》一样，“莱”“葉”皆用。

（20）“茵”字

又方：菊花、独活、茵草、防风、细辛、蜀椒、皂荚、桂心、杜蘅，可作沐及慰之。[②]（《医心方》卷第三“治头风方第七”）

按：上例中“茵”字原文为“菌”。“茵草二两”[③]（《医心方》卷第四“治发令生长方第一”）中的“茵”字原文为“菌”字。

敦煌写本也有“菌”字，P.2378、P.2755“茵草杀齿内之虫”中的“茵”原文为“菌”。《敦煌俗字典》认为敦煌写本中“菌”为“茵”字下误封口，为“茵”的俗字。[④] 但日本时代相近的文献也出现此写法，“菌”是否为“茵”的误写，值得再考虑。敦煌写本与《医心方》一样，“茵”“菌”二字皆用。

除了敦煌写本医籍与《医心方》均有的用例，《医心方》中还有以下用例，或与敦煌写本医籍之外的其他写卷用字相同。

（21）“肾”字

足小阴肾脉，主腰脊痛，大便难，口中热，喉中鸣，欲唾血。[⑤]（《医心方》卷第二“足部左右诸穴百六十九”）

按：上例中“肾”字原文为“肾”。《医心方》更多的是使用“腎”。

---

① 《医心方》，第36页。

② 同上书，第23页。

③ 同上书，第3页。

④ 黄征：《敦煌俗字典》，上海教育出版社，2005年，第419—420页。

⑤ 《医心方》，第37页。

(22)“门”字及以“门”为偏旁的字

①门

《龙门方》云耳边灸穴即出。[①]（《医心方》卷第五“治蚑入耳方第九”）

按:上例中“门”字原文为“门”。敦煌写本 S. 5630“闺门处治”中的“门”字原卷为“门”。敦煌写本与《医心方》一样,“门”“門”二字皆用。

②问

《素问》曰:夫九针者,天地之大数,始于一而终于九。[②]（《医心方》卷第二“针例法第五”）

按:上例中“问”字原文为“问”。敦煌写本 Φ096“问阿谁”中的“问”原卷为“问”。敦煌写本与《医心方》一样,“问”“問”二字皆用。

③闷

足大阴脾脉,主热病先头重频烦闷,腰痛腹满,两颔痛,逆气,大便难。[③]（《医心方》卷第二“足部左右诸穴百六十九”）

按:上例中“闷”字原文为“闷”。《医心方》中“闷”“悶”二字皆用。

④间

补汤间中自可进粥。[④]（《医心方》卷第一“治病大体第一”）

按:上例中“间”字原文为“间”。《医心方》中“间”“間”二字皆用。

---

① 《医心方》,第 9 页。
② 同上书,第 46 页。
③ 同上书,第 37 页。
④ 同上书,第 23 页。

⑤闬

肌肤薄脆，腠理开疏。[①]（《医心方》卷第一“治病大体第一”）

按：上例中“开”字原文为“闬”。敦煌写本P.2299“千轮足下有瑞莲开”中的“开”字原卷为“闬”。敦煌写本与《医心方》一样，“闬”“開”二字皆用。

⑥闻

以葛囊盛，枕之，虫闻香觉出，即差。[②]（《医心方》卷第五“治蚰蜒入耳方第八”）

按：上例中“闻”字原文为“闻”。敦煌写本S.2832“六趣闻道”中的“闻”原卷接近“闻”的形体。敦煌写本与《医心方》一样，“闻”“聞”二字皆用。

⑦闭

合口有空，张口而闭。[③]（《医心方》卷第二“孔穴主治法第一”）

按：上例中“闭”字原文为“闭”。《医心方》中“闭”“閉”二字皆用。

(23)黄

《医门方》疗黄病，身体面目悉黄如橘。[④]（《医心方》卷第十“治黄疸方第廿五”）

按：上例中“黄”字原文均为“黄”。该卷其他处涉及“黄”字，基本都用“黄”。敦煌写本S.388原卷也有“黄”字。

---

① 《医心方》，第20页。

② 同上书，第9页。

③ 同上书，第5页。

④ 同上书，第33页。

(24)偏旁“灬”写为“一”

①馬

《如意方》治白癜赤疵术：用竹中水如马尿者洗之。[①]（《医心方》卷第四“治赤疵方第廿”）

按：上例中“马”字原文为“馬”。敦煌写本 P. 2965“白马寺禅房沙门慧湛敬造经藏”中的“马”原卷为“馬”。敦煌写本与《医心方》一样，“馬”“馬”二字皆用。

②鳴

《千金方》治耳鸣如流水声，不治久成聋方。[②]（《医心方》卷第五“治耳鸣方第二”）

按：上例中“鸣”字原文为“鳴”。敦煌写本 P. 2524“鸣钟”中的“鸣”原卷为“鳴”。敦煌写本与《医心方》一样，“鳴”“鳴”二字皆用。

(25)以“纟”为偏旁的字

①红

两颊口唇皆患红赤，手足五心亦皆热。[③]（《医心方》卷第十三“治传尸病方第十三”）

按：上例中“红”字原文为“红”。《医心方》中“红”“紅”二字皆用。

②细

细辛二两。[④]（《医心方》卷第十一“治泄利方第卅”）

按：上例中“细”字原文为“细”。《医心方》中“细”“細”二字皆用。

---

① 《医心方》，第 22 页。
② 同上书，第 5 页。
③ 同上书，第 22 页。
④ 同上书，第 34 页。

③绝

阴阳不和,三瞧隔绝,津液不行。[1]（《医心方》卷第九“治气噎方第五”）

按:上例中“绝”字原文为“绝”。《医心方》中“绝”“絕”二字皆用。

④结

小腹有结而复下利者是也。[2]（《医心方》卷第十一“治泄利方第卅”）

按:上例中“结”字原文为“结”。《医心方》中“结”“結”二字皆用。

⑤绞

《录验方》治下腹中绞痛。[3]（《医心方》卷第十一“治重下方第卅一”）

按:上例中“绞”字原文为“绞”。《医心方》中“绞”“絞”二字皆用。

(26)“随”字

诸温热随汗孔而越,则不复。[4]（《医心方》卷十九“服石节度第一”）

按:上例中“随”字原文为“随”。敦煌写本 P. 4638“随七擒之飞将”中的“随”字原卷为“随”。

---

① 《医心方》,第 11 页。
② 同上书,第 33 页。
③ 同上书,第 35 页。
④ 同上书,第 9 页。

(27)“迹”字

《私迹方》温中汤，治寒下饭臭出方。①(《医心方》卷十一“治冷利方第廿”)

按：上例中“迹”字原文为“迹”。敦煌写本 P. 4638“访迹投崖”中的“迹”字原卷为“迹”。

第二节　敦煌写本医籍与《篆隶万象名义》用字比较

此处主要选取《篆隶万象名义》所收字体中的现代简化字或具有当时时代特色的俗体字，亦为比较需要，选取写本与《医心方》等均用其简体，而《篆隶万象名义》仅收其繁体的字例。《篆隶万象名义》原文有如下字例：②

(1)“脉”字

“脉：莫草反。”(第 70 页)

按：上例中“脉”字原文为“脉”。

(2)“肉”字

“肉：如陆反。”(第 65 页)

按：上例中“肉”字原文为“肉”。

(3)“筋”字

①筋

“筋：屋银反。肉力。”(第 70 页)

按：上例中“筋”字原文为“筋”。

---

①《医心方》，第 24 页。

② 此处参[日]释空海编《篆隶万象名义》，中华书局，1995 年。后面引文引自该书的，不再赘述书名，直接标注页码。

②簕

“腽:记两反。筋腽。”(第68页)

按:上例中“筋”字原文为“簕”。

(4)“亦”字

“蹟,子亦反。迹。”(第62页)

按:上例中“亦”字原文为“夂”。“夂”即“亽”,《篆隶万象名义》中“灬”基本都写成“一”。除了用“夂”,原文也用“亦”字,用“亦”字之处更普遍。

(5)“于”字

“宇:于甫反。”(第103页)

按:上例中“于”字原文为“亍”。

(5)“与”“與”及以“与”“與”为偏旁的字

①“与”字

“腴:与俱反。腹。”(第65页)

按:上例中“与”字原文为“与”。《篆隶万象名义》中,“与”字用得较为普遍,也用“與”。

②“與”字

“与:余据反。”(第59页)

按:上例中“与”字原文为“與”。

③“舁”字

“舁:余举反。党。”(第58页)

按:上例中“舁”字原文为“舁”。

④“歟”字

“欤,与於反。安气。”(第89页)

按:上例中“欤”字原文为“歟”。

(6)“乱”字

“誖:补溃反。乱,逆。”(第83页)

按:上例中“乱”字原文为“乱”。《篆隶万象名义》中“乱”的使用比较普遍,“亂”的使用相对较少。

(7)“只”字

“只:诸秽反。词,语。”(第 89 页)

按:上例中“只”字原文为“只”。前揭敦煌写本与《医心方》“只”为“祇”简体,与此处意义不同,“只”是语气词:“只,诸移反,语词。”只作为语气词使用由来已久。

(8)“因”字及以“因”“囙”为偏旁的字

①因

“因:於人反。”(第 288 页)

按:上例中“因”字原文为“因”。

②硇

“硇:口本反。”(第 224 页)

按:上例中“硇”字原文为“硇”。

③囙

“岫:所因反。”(第 5 页)

按:上例中“因”字原文为“囙”。

④姻

“姻:於神反。亲。”(第 23 页)

按:上例中“姻”字原文为“姻”。

⑤捆

“捆:於身反。”(第 53 页)

按:上例中“捆”字原文为“捆”。

⑥恩

“恩:于根反。爱惠,隐。”(第 72 页)

按:上例中“恩”字原文为“恩”。

⑦茵

“於申反。茵蓐。”(第 136 页)

按:上例中“茵”字原文为“茵”。

⑧駰

“駰:於身反。白杂毛。”(第 227 页)

按:上例中"駰"字原文为"駰"。

⑨絪

"於神反。絪。"(第277页)

按:上例中"絪"字原文为"絪"。

⑩裀

"裀:於仁反。身。"(第283页)

按:上例中"裀"字原文为"裀"。

中古时期虽"囙"俗"因"正,但上述例子可以看到,以"囙"为偏旁的在《篆隶万象名义》中收录不少,甚至多于以"因"为偏旁的字。

(9)"弃"字

"弃:去异反。废、忘。"(第58页)

按:上例中"弃"字原文为"弃"。

(10)"肋"字

"肋:力得反。脅骨。"(第65页)

按:上例中"肋"字原文为"肋"。

(11)"尔"字以及以"尔"为偏旁的字

①尔

"訿:子尔反。"(第83页)

按:上例中"尔"字原文为"尔"。

②弥

"勔:弥褊反。勉,免。"(第71页)

按:上例中"弥"字原文为"弥"。

③迩

"迩:邇字。"(第96页)

按:上例中"迩"字原文为"迩"。

④你

"咫:之你反。八寸曰咫。"(第108页)

按:上例中"你"字原文为"你"。

(12)偏旁“灬”写为“一”

《篆隶万象名义》中偏旁“灬”基本都写为“一”,如“馬、鳥、烏”,写成“馬、鳥、烏”,以之为偏旁的也是如此。如下例:

①馬

“跡,子亦反,马跡。”(第62页)

按:上例中“马”字原文为“馬”。

②媽

“妈:妄古反。母。”(第28页)

按:上例中“妈”字原文为“媽”。

③馳

“躅,驰录反。”(第60页)

按:上例中“驰”字原文为“馳”。

④闖

“闯:勑荫反。”(第106页)

按:上例中“闯”字原文为“闖”。

⑤駰

“駰:郁身反。白杂毛。”(第227页)

按:上例中“駰”字原文为“駰”。

⑥鳥

“恔:公鸟反。憭。”(第72页)

按:上例中“鸟”字原文为“鳥”。

⑦烏

“忬:乌只反。”(第79页)

按:上例中“乌”字原文为“烏”。

⑧為

“詠,为命反。哥,讴。”(第82页)

按:上例中“为”字原文为“為”。

⑨蔫

“蔫,於然反。”(第135页)

按:上例中“蔫”字原文为“蔫”。

《篆隶万象名义》中偏旁“灬”写为“一”,是非常普遍的现象,就不一一列举了。

(13)以“纟”为偏旁的字

《篆隶万象名义》中偏旁“糸”大多写作“纟”。如下例:

①结

“馤:近结反。香。”(第152页)

按:上例中“结”字原文为“结”。

②细

“羿:故细反。羽。”(第263页)

按:上例中“细”字原文为“细”。

③纳

“靸:舒纳反。小儿履。”(第267页)

按:上例中“纳”字原文为“纳”。

④绵

“鞭:补绵反。坚。”(第268页)

按:上例中“绵”字原文为“绵”。

(14)“随”字

“随:辞规反。”(第94页)

按:上例中“随”字原文为“随”。

(15)“辶”字旁的字

《篆隶万象名义》中“辶”字旁的使用很普遍了,“走”字部下收了“辶”字偏旁的字有182个,此处不一一列举,仅举下例:

“蹟,子亦反。迹。”(第62页)

按:上例中“迹”字原文为“迹”。

(16)“达”字

“达:他计反。”(第95页)

按:上例中“达”字原文为“达”。《篆隶万象名义》中也使用“達”,如:“瘌:力达反。”(第110页)例中的“达”原文为“達”。

(17)“蚕”字

“蚕:他弥反。蜸。”(第257页)

按:上例中“蚕”字原文为“蚕”。蜸,蚯蚓。

“蚕”始见于《尔雅》,“蚯蚓”义,后为“蠶”的俗体。可见,《篆隶万象名义》仍沿袭《尔雅》“蚕”的意义。《龙龛手镜》中“蚕”为“蠶”的俗体。敦煌写本医籍《美容方书》(S.4329)中“白蚕一两”“白芷、白蚕、萎蕤、白术、杏仁、桃仁、瓜仁,以上各一两,捣,和绵裹,洗面即用之”“白僵蚕(三分)”中的“蚕”字原文字形为“蚕”。《汉语大字典》所举例证为元代关汉卿杂剧《关大王独赴单刀会》中之例以及现代用例,敦煌写本医籍可为之提供更早的中古使用例证。

《篆隶万象名义》上述字例中的脉、肉、筋、簕、亦、于、与、乱、因、弃、结、随、迹等字的使用与敦煌写本多相同,与《医心方》的使用也相类。脉、肉、筋、因等字,据《干禄字书》《龙龛手镜》,为当时的正字或通用字,所以敦煌写本、《医心方》、《篆隶万象名义》等使用广泛,并不奇怪。乱、弃、结、随、迹等简体的使用,也相同或相类,反映出中古汉字实际使用状态的时代特征,手写的书体特征,俗、正、通字体可同时出现,使用并没有特殊的规范要求。《篆隶万象名义》即使作为字书,在字的使用上仍然存在随意性,因为该书的主要目的不是在正字,而是注音释义。但也体现出一定的标准性,如“與”(第59页)作为字书的字头出现,而不是“与”。“腎”作为字头出现,“腎:视忍反”(第65页),而不是“肾”。以“門”作为部首收字,而不是“门”,如“閇:闭字”(第106页),没有如《医心方》一样“閇”“闭”皆用。作为字书,还体现出不一样的是,“辶”“纟”这些偏旁字,在敦煌写本与《医心方》中是零星散见,并且与繁体交错、随意使用,如“迹”与“跡”、“结”与“結”,敦煌写本与《医心方》均有出现,使用哪一个是随意的。但在《篆隶万象名义》中,列有“辶”部,收有从“辶”的182字,可以看到当时简化偏旁的类推现象。作为手写的书体特征,偏旁草化、连写体现得非常明显,比如把“灬”写为“一”,《篆隶万象名义》贯彻得比较彻底,与写者的书写习惯或者时代惯用都有关系。

敦煌写本医籍与日本汉籍，除了使用的正、俗、通字例相同相近，用字特点也相似。在使用中，多个异体可随意使用，甚至同一写卷中多个异体同时出现，反映出在那个时代，对字并没有特别严格的规范要求，在写卷中体现得很明显。《医心方》也是如此，如“石关二穴”（《医心方》卷第二，第26页）中的“关”字原文为“閞”，同一页“在石关下一寸”的“关”字原文为“阏”。此外，敦煌写本医籍与日本汉籍偏旁上移形成俗体的情况也相似。“地胆破癥瘕息肉”中的“癥”，敦煌写本S.5614原文该字为“嶶”，P.2115原文该字为“嶶”，“以水七升，微火煮取三小升”（《医心方》卷第一，第9页）的“微”字原文为“嶶”。

第三节　敦煌写本医籍与《新撰字镜》用字比较

此处主要选取《新撰字镜》所收字体中的现代简化字，或具有当时时代特色的俗体字，《新撰字镜》原文有如下字例：①

（1）“脉”字

“脈：苟吾反。脉也。”（第34页）

按：上例中“脉”字原文为“脉”。

（2）“肉”字

“肉：如陆反。肥也。”（第29页）

按：上例中“肉”字原文为“肉”。《新撰字镜》中“肉”的异体比较少见，主要用“肉”字。

---

① 此处参[日]释昌住著《新撰字镜》，《佛藏辑要》第33册，巴蜀书社，1993年。标注的页码为该书中出现的页码。后面引文引自该书的，不再赘述书名，直接标注页码。

(3)“筋”字

“筋:居欣反。”(第455页)

按:上例中“筋”字原文为“觔”。

(4)“亦”字

“膳:亦作饍。”(第30页)

按:上例中“亦”字原文为“⺀”。《新撰字镜》中也用“亦”。

(5)“并”字

①并

“并:专也,杂也,合也,裹也,同也。”(第608页)

“腓:并非反。”(第31页)

按:上例中“并”字原文为“并”。

②並

“琨璋:并玉之名。”(第314页)

“并:浦鲠反。”(第660页)

按:上例中“并”字原文为“並”。

③竝

“并:浦若反。”(第660)

按:上例中“并”字原文为“竝”。

(6)“坚”字

“焠:令坚也。”(第51页)

按:上例中“坚”字原文为“坚”。

(7)“与”字,以“与”为偏旁的字

①与

“与:余吕反。上。赐也。”(第707页)

“会:与也。”(第58页)

按:上例中“与”字原文均为“与”。《新撰字镜》中“与”字的使用非常普遍,既作为字头收录,行文中也多有使用。

②舁

“舁:余据反。與字。”(第608页)

按：上例中“弆”字原文为“弆”。《篆隶万象名义》也收有此字。

(8)“乱”字

“泯：乱也。”(第325页)

按：上例中“乱”字原文为“乱”。

“亂乱：二同。治也，理也。”“亂：正绝曰乱。”(第702页)

按：“亂”“乱”二字字头皆收，表示一字二形。与国内中古字书《干禄字书》《龙龛手鉴》相比，《篆隶万象名义》与《新撰字镜》将一字的正俗通形体，用“二同”“二形”等方式标注，不注重标注出正俗通，《干禄字书》《龙龛手鉴》多标注出正俗通。

(9)以“因”“囙”为偏旁的字

①咽咽

“咽咽：乌前反，平。”(第113页)

“哙：咽也。”(第104页)

“吞：咽也。”(第17页)

按：“咽”“咽”二字字头皆收。

②烟烟

“烟烟：煙字。”(第51页)

按：“烟”“烟”二字字头皆收。

③姻姻

“姻：於身反。亲也，附也，依也。”(第175页)

“姻：上字。”(第175页)

按：“姻”“姻”二字字头皆收。

④洇洇

“洇洇：二形。”(第333页)

按：“洇”“洇”二字字头皆收。

⑤恩

“恩：乌痕反，平。”(第130页)

按：上例中“恩”字原文为“恩”。

用“因”“囙”的用例或以之为偏旁的字，《新撰字镜》中还有不少，如“鉏”等，不一一列举了。

(10)“弃”字

“弃：今作棄。”(第608页)

按：上例中“弃”字原文为“弃”。

(11)“尔”字，以“尔”为偏旁的字

①尔

“偂：世尔反。”(第71页)

按：上例中“尔”字原文为“尔”。

②你

“你：亦作祢。女履反。汝也。”(第72页)

按：上例中“你”字原文为“你”，“祢”字原文为“祢”。

③弥

“泯：弥忍弥宾二反。”(第325页)

按：上例中“弥”字原文为“弥”。

(12)偏旁“灬”写为“一”

《新撰字镜》与《篆隶万象名义》一样，偏旁“灬”大多写为“一”，如“馬、鳥、烏”，写成“馬、鳥、烏”，以之为偏旁的也是如此。如下例：

①馬

“马：莫下麻把二反。”(第250页)

按：上例中“马”字原文为“馬”。从马旁的字，“马”旁均为“馬”旁。

②鳥

“鸟：都皎反。”(第458页)

按：上例中“鸟”字原文为“鳥”。从鸟旁的字，“鸟”旁均为“鳥”旁。从“乌”旁的字，原文基本都为“烏”。

(13)以“纟”为偏旁的字

《新撰字镜》中有“糸”部，“糸”部之下的字头，皆写作“糸”。字头之外行文有写作“纟”的，如下例：

①结

“濈:子结反。”(第 325 页)

按:上例中“结”字原文为“结”。

②细

“眙:眼细谙。”(第 101 页)

按:上例中“细”字原文为“细”。

③绝

“滅:绝也。”(第 331 页)

按:上例中“绝”字原文为“绝”。

④给

“龚:给也。”(第 586 页)

按:上例中“给”字原文为“给”。

(14)以“辶”为偏旁的字

《篆隶万象名义》中“辶”字旁的使用很普遍了,“走”字部下收了以“辶”为偏旁的字有 182 个,《新撰字镜》卷九专门立了“辶”部,收了从“辶”的 284 字(第 527 页)。此外,其他部也有用从“辶”的字,如下例:

①迹

“跡:迹同字。”(第 135 页)

按:上例中“迹”字原文为“迹”。

②送

“鬼:送身也。”(第 524 页)

按:上例中“送”字原文为“送”。

③达

“达:他计反,在辶部。”(第 590 页)

按:上例中“达”字原文为“达”。

(15)“门”字及以“门”为偏旁的字

“閤:闺门也。”(第 245 页)

按:上例中“门”字原文为“门”。《新撰字镜》中字头用字基本用“門”，行文用“门”旁的不少。如下例：

“閘：闭闬门也。”(第 247 页)

按：上例中“閘”原文为“閘”，“闭”字原文为“闭”，“闬”字原文为“闬”。

(16)“桒”字

“桒：树叶动。”(第 382 页)

按：上例中“叶”原文为“桒”，敦煌写本与《医心方》都有该字。《新撰字镜》与敦煌写本、《医心方》一样，也使用“葉”。如：“专：葉也。”(第 655 页)

(17)“礼”字

“禮：卢俗反。”(第 617)

“礼：上古文。”(第 617)

按：《新撰字镜》中“禮”“礼”二字字头皆收。同一字不同形体兼收的，除了将字头并列，如前面提到的“亂乱：二同。治也，理也”(第 702 页)，还有就是这里的形式了，分别列为字头，各自解释，但紧紧相邻。“禮”“礼”二字虽各自解释，但前后相续，紧紧相邻的。

(18)“录”字

“录：徒计余志二反。”(第 712 页)

按：上例中“录”原文为“录”。

上述例子只是举例，并非穷尽，但已经可以看出，《新撰字镜》与敦煌写本、《医心方》、《篆隶万象名义》用字有相似之处，也有自己的特点。值得一提的是，《新撰字镜》卷七专门有“本草之异名”(第 435 页)收录本草药名异称，卷八有“本草鸟名”(第 466 页)。可见当时的本草著作影响是较大的。

《篆隶万象名义》《新撰字镜》均是字书，但在用字的选择上，正、俗、通均有使用，在敦煌写本与《医心方》中可能只是零星、偶尔的使用，但在《新撰字镜》中可能已形成变形部首的专门部类，比如“辶”部，《说文解字》“辵”部，《篆隶万象名义》“走”部，《新撰字镜》单独立“辶”部。通过这些字书，可以更明显地看到字的形体的系统变化。

中古汉字已经有正、俗、通之分，但就上述敦煌写本与日本汉籍具体用字来看，可能正体用得较多，如正体“肉”使用广泛；也有通用字体使用较多，如“脉”；也有俗体使用较多，如“并”，但是基本上可以这样认定，无论正、俗、通，在具体使用中，比较随意，均有使用，并不是有了正体，就摒弃俗体，大多情况是二者并用，同一页中二者均可能出现。对正字的使用，要求不是那么严格。

第四节　从半繁半简俗体字看汉字形体流变

上文通过考察出土文献敦煌写本与域外文献日本汉籍用字字例，可以看到中古实际用字状态，也为汉字形体流变的考证提供了资料和线索，循此试作考证。

汉字简化是汉字发展史上的重要现象，现代简化字即现行汉字，有许多都是直接或间接来源于历史上的正、俗、通字体，在上文敦煌写本与日本汉籍中的用字中已作列举。这一节我们重点选取半繁半简的一类特殊字体来作考证，这类字体仅简化部分偏旁，简化偏旁多为草写形成，渐渐固定下来成为草书楷化简体，从中可见繁体到现代简化汉字演变的过渡形态。繁化和简化一样，也是汉字形体演变的方式。某些字的部分偏旁在形体演变过程中亦会繁化，繁化之后的形体使用不广，影响不大，繁化之前的简体却被持久使用。简化和繁化形成的半繁半简字体多不见于传统字书，但在出土简牍、写本以及碑铭及至域外汉字中，并不少见。实际的使用状态是和见于字书的当时通行的正体、通体等并行使用，同时出现在同一文甚至同一页中。此处主要列举敦煌写本中的字例，为求了解写本之后的使用情况，也兼及《宋元以来俗字谱》中的字例以及域外汉字。

一、部分偏旁简化的半繁半简俗体字

（一）以“讠”为偏旁的半繁半简俗体字

“讠”是现代《汉字简化方案》中所列的一个简化偏旁。“讠”始见于汉代，出现在居延汉简中，如“记”“计”“谭”等字。敦煌写本时代已是楷体的成熟期，“讠”作为“言”的草书楷化简化偏旁已经被广泛使用。“碑志上俗字使用得少，籍账、文案、写经、药方上使用得多”，[①]在敦煌写本中有大量的“讠”旁俗体字。其中不见于字书的“讠”旁半繁半简字，很好地记录和保存了汉字简化过程的具体状态，反映了汉字从繁体楷书发展演变到简体楷书的轨迹。《宋元以来俗字谱》中亦有不少以“讠”作偏旁的半繁半简俗体字，反映这种从繁到简的演变过程是一直存在的。

1.“讳”字

《阴处士碑稿》（P. 4640）[②]“曾皇祖讳”、《沙州释门索法律窟铭》（P. 4640）“讳奉珍”、《翟家碑》（P. 4640）“皇考讳涓”、《吴僧统碑》（P. 4640）“皇考讳绪芝”中原文均用“讳”字。字形演变：諱—讳—讳。

2.“证”字

《吴僧统碑》（P. 4640）“遏能证员寂之行”、《后唐清泰六年（939年）河西都僧统阴海晏墓志铭并序》（P. 3720）“证三教而穷通”中原文均用“证”字。字形演变：證—证—证。“証”也是“证”的繁体，“証”与“證”在上古是两个不同的字。《说文・言部》：“証，谏也。”《说文・言部》：“證，告也。”“證”除了承担别的意义亦有“谏”义，《吕氏春秋・诬徒》：“愎过自用，不可證移。”高诱注：“證，谏。”再

① 施安昌：唐人《干禄字书》研究，《颜真卿书〈干禄字书〉》，北京：紫禁城出版社，1992，第 94 页。

② 本文涉及英藏、法藏敦煌文献，均查证四川人民出版社《英藏敦煌文献》及上海古籍出版社《法藏敦煌文献》原卷。

后，“証”也与“證”通用，《正字通·言部》：“証，与證通。”段玉裁注：“今俗以証为證验字。”现代简化字选取了“证”为“証”“證”的简化字。

3.“議”字

《阴处士碑稿》(P.4640)“唐朝正議大夫”“議正朝门”中原文均用“議”字。字形演变：議—議—议。

4.“詠”字

《李明振氏再修功德记》(P.4640)“悬鱼发詠”中原文均用“詠”字。字形演变：詠—詠—咏。

5.“讃”“谘”字

《金刚般若波罗蜜经讲经文》(P.2133)“冥司称讃足威光”中原文为“讃”字。《沙州释门索法律窟铭》(P.4640)“庆谘逾扬”、《住三窟禅师伯沙门法心谘》(P.4640)、《张淮深造窟记》(S.5630)“共谘本生之曲”中原文均用“谘”字。据《宋元以来俗字谱》，《目连记》中有“谘”字，《古今杂剧》有“賛”字。

字形演变：讚—讃—谘—賛—赞。“谘”“賛”字，看似现在的简化字，但现代简化字中未有该字，现代简化字中相应“讚”这一繁体的简化字为“赞”。

6.“護”字

《阴处士碑稿》(P.4640)“先贤世禄，以都護之同堂”、《沙州释门索法律窟铭》(P.4640)“神通護世”中原文均用“護”字。据《宋元以来俗字谱》，《取经诗话》有“護”字。

字形演变：護—護—护。護—護的形体演变是清晰的，“护”则是用形声造字法另造形体。

7.“論”字

据《宋元以来俗字谱》，《目连记》有“論”字。《通俗小说》已有“论”字的使用，《古今杂剧》使用“論”字。字形演变：論—論—论。

8.“讓”字

据《宋元以来俗字谱》，《列女传》有“讓”字。字形演变：讓—

讓—让。现代简化字选用形体更简的"上"来替代"襄"旁。

(二)以"言"为偏旁的半繁半简俗体字

1."訆"字

据《宋元以来俗字谱》,《岭南逸事》有"訆"字。字形演变:譏—訆—讥。

2."訍"字

据《宋元以来俗字谱》,《岭南逸事》有"訍"字。字形演变:議—訍—议。

(三)以"门"为偏旁的半繁半简俗体字

1."阇"字

《张淮深碑》(S.6973、S.6161、P.2762、S.3329缀合)"斥候绝突骑窥阇"中原文为"阇"字,"阇"为"窬"的异体。窥窬,亦作"窥覦",亦作"窥踰",觊觎、希求等义。

2."闢"字

《修佛刹功德记》(P.3490)"窃闻释宗龛闢宝"中原文为"闢"字。字形演变:闢—闢—辟。

3."闬"字

《医心方》中有"闬"字,据《宋元以来俗字谱》,《通俗小说》《古今杂剧》《目连记》《金瓶梅》有"闬"字,民国档案中也有"闬"字的使用。字形演变:開—闬—开。

4."関"字

据《宋元以来俗字谱》,《通俗小说》《古今杂剧》《目连记》《岭南逸事》有"関"字。字形演变:関—関—关。

5."闘"字

据《宋元以来俗字谱》,《目连记》有"闘"字。字形演变:鬥—闘—斗。

(四)以"马"为偏旁的半繁半简俗体字

据《宋元以来俗字谱》,《三国志平话》有"骂"字,《古今杂剧》有

“骎”字,《三国志平话》有“骊”字。

字形演变:罵—骂—骂;駈—骎—驱;驅—骊—驱。駈、骎为驅的异体。

(五)以“糸”为偏旁的半繁半简俗体字

据《宋元以来俗字谱》,《岭南逸事》有“総”“絵”“絢”字,《列女传》、《娇红记》《金瓶梅》《岭南逸事》有“継”字。

字形演变:總—総—总;繪—絵—绘;縐—絢—绉;繼—継—继。

(六)“灬”写为“一”的半繁半简俗体字

1.“爲”字

《服气休粮及妙香丸子方》(P.3043)“右件药各一两,新好者细捣为末,练蜜为丸”中前一个“为”原文为“爲”字(后一个“为”原文为“爲”字)。

简体“为”是草书楷化字,居延汉简中已见。此处“爲”,下面“灬”由于草写连笔最后简写为“一”。《服气休粮及妙香丸子方》(P.3043)中有“初一两息即教,九十五息放旦”,“旦”不避唐睿宗李旦①名讳,据此当为684年前写本。再往后,“灬”写为“一”的简化方式使用更广,如《宋元以来俗字谱》收录不少。

2.“馬”字及以“馬”为偏旁的半繁半简俗体字

《篆隶万象名义》《新撰字镜》中均有马部,其中的“马”及以之为偏旁的字,均写为“馬”或从“馬”。据《宋元以来俗字谱》,《三国志平话》《金瓶梅》有“馬”字。以“馬”为偏旁的:《太平乐府》有“駈”字,《金瓶梅》有“媽”字,《金瓶梅》有“罵”字,《三国志平话》有“驅”字,《取经诗话》《古今杂剧》《三国志平话》《太平乐府》《娇红记》《目连记》有“驴”字,《太平乐府》《目连记》有“驥”字,《列女传》《太平乐府》《岭南逸事》有“驪”字。

---

① 唐睿宗李旦(662—716),在位时间是684—690年和710—712年。

字形演变：馬—馬—马；駆—駆—驱；媽—媽—妈；罵—罵—骂；驅—驅—驱；馿—馿—驴；驥—驥—骥；驪—驪—骊。

3.“鳥”字及以“鳥”为偏旁的半繁半简俗体字

《篆隶万象名义》《新撰字镜》中均有鸟部，其中的“鸟”及以之为偏旁的字，均写为“鳥”或从“鳥”。据《宋元以来俗字谱》，《通俗小说》有“鳥”字，《取经诗话》《古今杂剧》《三国志平话》《金瓶梅》中有“鳳”字，《金瓶梅》有“鳮”字，《白袍记》《目连记》《金瓶梅》有“鸞”字。

字形演变：鳥—鳥—鸟；鳳—鳳—凤；鳮—鳮—鸡；鸞—鸞—鸾。

（七）“賢”字

《大唐陇西李氏莫高窟修功德记》（P. 3680）“卓然履道之賢”“文殊师利即普賢菩萨各一躯”，《大番故敦煌郡莫高窟阴处士修功德记》（P. 4638）“賢资近岁”，《莫高窟再修功德记》（P. 2641）“如乃人賢地杰”“北壁画普賢菩萨并侍从”，《修佛刹功德记》（P. 3490）“诱化诸賢”中的“賢”字，很显然，是介于“賢”“贤”之间的过渡字体。字形演变：賢—賢—贤。

（八）“賬”字

据《宋元以来俗字谱》，《金瓶梅》有“賬”字。字形演变：賬—賬—账。

（九）“鋳”字

据《宋元以来俗字谱》，《白袍记》有“鋳”字。字形演变：鑄—鋳—铸。

（十）“頋”字

据《宋元以来俗字谱》，《通俗小说》《三国志平话》《太平乐府》《东窗记》有“頋”字。字形演变：顧—頋—顾。“顧”“頋”二字《汉语大字典》等收录。

二、部分偏旁繁化的半繁半简俗体字

除了简化，也有部分偏旁繁化形成的半繁半简俗体字，如“𫇭”字。《茶酒论》(S. 406、S. 5774)“暂问茶之𫇭酒两家谁有功勋”，《〈平脉略例〉一卷》(S. 5614)“使如累十二豆重，当𫇭意量之也”，《张仲景〈五脏论〉一卷》(P. 2115)“普名之部，出本于医王，黄帝𫇭造《针灸经》”“脾𫇭胃通”，《庐山远公话》(S. 2073)“远公进步向前：愿舍此身𫇭将军为奴，情愿马前驱使”，《大番故敦煌郡莫高窟阴处士修功德记》(P. 4638)“好还人𫇭”中的“𫇭”字，各类字书均未见收录，“𫇭”字是“与”字的偏旁“一”繁化为“灬”而成，“𫇭”字的使用未多。敦煌写本更多使用“与”和“舆”字，其他出土文献，如战国包山楚简、秦睡虎地竹简、汉马王堆帛书等也多见“舆”字。

三、部分偏旁简化之后与另字同形

据《宋元以来俗字谱》，《金瓶梅》有“鐲”字写为“鈯”字的，将偏旁“蜀”简化为“虫”。《列女传》《通俗小说》《古今杂剧》《三国志平话》《太平乐府》《娇红记》《东窗记》《目连记》《金瓶梅》《岭南逸事》等“獨”写作简体“独”；《古今杂剧》“濁”写作简体“浊”；《通俗小说》《古今杂剧》《太平乐府》《东窗记》《目连记》《金瓶梅》“燭”写作简体“烛”。但“鐲”写作“鈯”，情况则有所不同，“鈯”字早已有之，与“鐲”并存，《说文解字》二字均有，但意义不同。《说文解字·金部》：“鈯，相属。”《宋本玉篇》：“鈯，鉏大貌。”①“鈯”为锹、臿、大犁之类的工具。《说文解字·金部》：“鐲，钲也。”“鐲”为古代乐器，形似小钟或指套在手腕脚腕上的环形装饰品。因而现代简化字仅简化左边的偏旁，“鐲”简化为“镯”。

---

① (宋)陈彭年等：《宋本玉篇》，中国书店，1983年，第328页。

四、小结

上述半繁半简俗体字除了“頋”以及写为“蝕”的“鐲”因与另字同形被《汉语大字典》等收录，其余基本不见于字书。在实际的使用中，半繁半简俗体字在汉简中已有，如“视”（居图 190.3），“神”（居图 148.38），“禄”（居图 311.6）等字。① 域外汉字中亦有，除了前文所列日本汉籍之外，新加坡 1969 年公布的第一批 502 个简体字中有“观”“鸡”“誹”“骄”等字，1974 年公布的《简体字总表》2248 个简体字中有“談”等字。

半繁半简俗体字很清楚地显示了汉字字形的演变轨迹，虽字数有限，但运用广泛。这些字虽为当时的俗体字，但俗字书也很少收录。如“讠”作为“言”的简化偏旁早在居延汉简中出现，在敦煌写本中也使用较多，但“讠”旁字不见于同为敦煌写本解说俗语的俗字书《碎金》（S. 6204、P. 2058、P. 2717、P. 3904）。《碎金》约为五代时期的抄本，其成书约在中唐，收录的主要是唐代民间口语、俗语及冷僻字。其中只出现“言”旁字，如“語”“誘”“許”“計”等，未见“讠”旁字。也不见于以收俗字多为主要特色的唐代字书《龙龛手鉴》中，《龙龛手鉴》只出现了“言”旁字，如“詎”“訽”“詮”“誠”“誘”“謂”“諺”“謂”“謡”“證”“訪”等，而未有“讠”旁字。也不见于正、俗、通三体兼收的唐代字书《干禄字书》中，《干禄字书》也只出现“言”旁字，如“訶”“訓”“諭”等，而未有“讠”旁字。更不见于唐代字书《五经文字》《新加九经字样》中，《五经文字》《新加九经字样》也只出现“言”旁字。张涌泉《敦煌俗字研究・敦煌俗字汇考》以“讠”旁作为俗体字简化偏旁的例子，但并未将“讠”旁字作为俗体字收录。

这些半繁半简俗体字很好地记录和保存了大量汉字简化过程

① 中国社会科学院考古研究所编：《居延汉简》（甲乙编），中华书局，1980 年。

的具体状态，也从一个侧面反映了历史上这一段时期汉字的实际使用状况，为汉语工具书的编纂提供更多的字例，也为现代部分简化字的考源溯流提供第一手的资料。

参考文献

陈存仁编校:《皇汉医学丛书》,上海中医学院出版社,1993 年
丛春雨:《敦煌中医药全书》,中医古籍出版社,1994 年
俄罗斯科学院东方研究所圣彼得堡分所、俄罗斯科学出版社东方文学部、上海古籍出版社合编:《俄藏敦煌文献》(1—17 册),上海古籍出版社,1992—2001 年
刘复、李家瑞编:《宋元以来俗字谱》,文字改革出版社,1957 年
马继兴等辑校:《敦煌医药文献辑校》,江苏古籍出版社,1998 年
马继兴:《出土亡佚古医籍研究》,中医古籍出版社出版,2005 年
潘重规:《〈龙龛手镜〉新编》,中华书局,1988 年
僧海霞:《敦煌〈备急单验药方卷〉考补》,《敦煌研究》2018 年第 6 期,第 77—84 页
上海古籍出版社、法国国家图书馆编:《法藏敦煌西域文献》(1—34 册),上海古籍出版社,1995—2005 年
尚志钧、尚元胜、尚元藕:《中国本草要籍考》,安徽科学技术出版社,2009 年
师道兴著,张金鼎、孔靖校注:《龙门石刻药方》,山东科学技术出版社,1993 年
唐耕耦、陆宏基:《敦煌社会经济文献真迹释录》第五辑,全国图书馆文献缩微复制中心,1990 年
王亚丽:《敦煌遗书中牲畜病名及牲畜病疗方考》,《敦煌研究》2012 年第 4 期,第 99—101 页
王亚丽:《文化的异域生存——以中医文化东传日本为例》,《中医

药文化》2019 年第 6 期,第 78—82 页
王亚丽:《敦煌写本医籍与〈本草和名〉相关文献互证》,《古籍整理研究学刊》2019 年第 5 期,第 85—91 页
王亚丽:《汉字形体演变中的一类俗体字》,《现代语文》2020 年第 4 期。第 19—22 页
许慎著,段玉裁注:《说文解字注》,浙江古籍出版社,1998 年
严绍璗:《汉籍在日本的流布研究》,江苏古籍出版社,1992 年
杨维益:《明治前日本汉医简史》,北京中医学院出版社,1983 年
张涌泉:《敦煌俗字研究》,上海教育出版社,1996 年
郑炳林:《敦煌:晚唐五代中外文化交融与碰撞》,高田时雄主编:《敦煌写本研究年报》2009 年 03 号),第 11 页
中国社会科学院历史研究所、中国敦煌吐鲁番学会敦煌古文献编辑委员会、英国国家图书馆和伦敦大学亚非学院合编:《英藏敦煌文献》(1—14 册),四川人民出版社,1990—1995 年
中国文化研究会编纂:《中国本草全书》,华夏出版社,1999 年
中国社会科学院考古研究所编:《居延汉简》(甲乙编),中华书局,1980 年
[日]岩本笃志:《敦煌本脉书小考——ロシア藏文献と"平脉略例"を中心に》,高田时雄主编:《敦煌写本研究年报》2016 年 10 号,第 387 页
[日]松浦典弘:《敦煌尼僧关系文书管见》,高田时雄主编:《敦煌写本研究年报》, 2007 年 01 号,第 137 页
[日]富士川游:《日本医学史》,东京:日新书院,1941 年
[日]深江辅仁:《本草和名》,日本宽政纪年八年(1796)和刻本,早稻田大学图书馆藏本
[日]源順著,那波道円校:《和名类聚抄》,早稻田大学图书馆藏本
[日]丹波康赖:《康赖本草》,[日]塙保己一编纂:《续群书类从》(订正 3 版)卷第八九三《杂部四十三》,东京帝国大学图书馆藏本
[日]丹波康赖撰,高文柱校注:《医心方》,华夏出版社,2011 年

[日]丹波康赖:《医心方》,抄本,东京博物馆藏半井家本
[日]释空海编:《篆隶万象名义》,中华书局,1995 年
[日]释昌住:《新撰字镜》,巴蜀书社,1993 年